陈应松 著

神农架 独摇草

中国工人出版社

····目录

吼 秋

一

雨在不停地下。这是八月，河谷地带的苞谷开始黄了——山里的秋天来得早；可不是那种收割季节的金黄，是一种垂头丧气的萎黄。雨打在叶子上，不会给它增添点晶亮的光点，只是让它更颓靡——雨下了十九天，往二十天里去了。一眨眼，山上的黄栌、水杉也黄了；灌木丛中突然出现了一株两株红叶植物，红得怪磨眼的。山坳里，有烤烟人家的烤房冒出了青烟。山上的雨岚在向大梁子上漫去，浸染出初秋的气色来。秋天的到来本该壮壮烈烈的。壮烈的红，通红；壮烈的黄，金黄。可今年的秋天一开始就在雨中煎熬。毛十三哪儿也去不了啦，捉蛐蛐的罐子哪网罩哪竹筒哪还空撂在门旮旯里。他炒了一碗洋芋，等女儿英子放午学回家来吃。没有女人的家，厨房不像厨房，锅不像锅，水缸都是破的。缺油少盐，灰尘弥漫。屋也漏，没心思去检漏。他点燃一支烟，坐在门槛里看雨。门口的篱笆石墙上，爬满了蛞蝓。两只鸡像没毛的秃鹫，在屋檐下湿漉漉地瞪着被苞谷和荒草遮没的小路。往山下看（他住在山腰），镇子乌黢麻黑地笼罩在雨水和水声里——堵堵河咆哮的秋汛好像要把小镇吞了。这小镇就紧挤挤地蹲在拐弯的河边。往下看时，那河水时刻都像要把小镇的基脚掏空，卷进漩涡去——小镇就像玩杂技似的窝在大梁子山脚的趾缝里，跃跃欲试地往水里一跃，就寻了个自尽去。

英子回来了，吃着洋芋时给他说：大梁子上的老裂缝跨不过去了。大人可以跨，小孩硬是不行了。有人搭了块板子，但滑溜，弄得不好掉进裂缝，就没命了。毛十三拿篾刀划篾正编蛐蛐笼子，正午时在雨声中人直犯迷糊，听到女儿说掉进哪儿就没命了，一听到“命”这个字儿，就一个激灵惊醒过来。女儿可是自己的命根子。他一个驼子，老婆跑了，就一个如花似玉小葱样的女儿，可不能没命啊。

“你说哪……哪儿掉下去？”

“大梁子上的裂缝啊。”女儿含着筷子，眼睛像唱歌的拨浪鼓砰砰地眨动着。

“啊？”

毛十三决定亲自将女儿送过裂缝去，也顺便看看那裂缝是咋回事。正在英子拿起雨衣要穿的时候，她尖叫着说：“爸，蛇！”

毛十三顺女儿的手指一看，一条青悠悠的蛇正钻入他后墙的一条裂缝。毛十三拿起一根扁担就向蛇打去，可那蛇钻得很快，只剩下一条尖细的尾巴，霎时间就不见了。只有那墙缝透出一股风一线光亮来。

“爸，这蛇要咬人的！”

“不会。”

“它不会再来呀，爸？”

“不会，它出去了。”

这么大一条蛇是从哪儿爬来的呢？这墙上的缝裂也渐大了，透出这么大的豁子，得找个时候一定弄点泥巴糊上。唉，没了女人的家，干什么都没动力。

爬上大梁子，雨雾紧锁，山色恐怖，无端一个冷噤，却不知从何处送来一股热风，怪异撩人。一见那个裂缝，果然变宽了。这裂缝可老鼻子啦，毛十三小时候就在——一条线一直拉到崖下放羊的古八根家，断断续续，宽宽窄窄。有人怕羊啊猪呀掉下去，就在宽处塞了些石头，慢慢也就填住了，草也长上了，不细看，一般人还看不到。可现在黑嗵嗵地张开了大嘴，好像渴得不得了，把个雨水哗哗地往嘴里灌。

毛十三把女儿背过缝去，就朝缝底下看。深不见底，不要说小娃子，就是一口肥猪下去，也没了命啊。心想着女儿天天打这儿经过，得搞个宽点的木板，上面还得垫上草袋。这当儿，一股白汽从底下蹿出来，热的！这热风是从底下飘出的，底下有柴草烧煮着么？突然又听到说话声，揪起头来一看，是古八根的傻儿子。

"……这里要冲条河，这梁子要拉一条瀑布下来哩。"

傻子绘声绘色地给他说着，说得毛十三心惴惴怔怔的，望着这个头发上挂满水珠子的大脸傻子，好恐怖！"水冲进缝里，只会越冲越大，泥巴下去了么。下面兴许有阴河和溶洞，懂么，傻×？"他说。这山该不是要崩了吧？这傻×的话让他不敢想。这儿一条河，一条瀑布一直挂到镇子上去？……傻子说的是谁告诉他的？傻子是畜生哩，畜生能见到鬼，预知后事……

要崩岩啊！毛十三整个身子就紧缩了，像一颗干掉的核桃。凭着他几十年在山里钻来钻去捉蛐蛐的经验，感觉不对劲儿了，傻子的话强化了他可怕的预感，就像有人拿锣噠噠地在他耳畔敲打一样。说到这山，这山他摸透啦，毛家沟镇谁不知道捉蛐蛐的毛驼子毛十三一家，爹没死时也是捉蛐蛐的，一只蛐蛐换回一口肥猪的毛十三，在镇上也是个人物。山踏在脚下，山听他的，可今日个这山陌生了咧。

大梁子上，树缩着头，四处静悄悄的，只有雨在令人烦躁地吵闹，鸟发出吱吱不安的叫声。他要赶快下山去，告诉别人，山不对头了，怕不是要崩要坠要往下锉了呢？

“你听见古八根家傻子说这里要冲一条河，要挂一条瀑布下来么？”他问一个龇着友善的牙上山打猪草的妇女。

妇女摇摇头，只是笑。

“古八根那傻子说，这里全要冲毁了，成瀑布，不是悬崖了么？那还有咱这坡，咱这镇子！”

那妇女还是笑。笑么，好，有你笑的。“山上你别去了，山裂那么大的缝。”他比画着，手势有些夸张。他只看到了那女的一排白亮亮的笑牙齿。

一个赶集的农民恰好在回路上，与他迎面走过来，他就问：“早晨你来时，那裂缝跨得过吗？”

那人说跨得过，似乎不知道他问这个的意思。他就说：“放羊的古八根的那傻子，说这儿要冲一条河——山要垮啦！”他干脆说了，意念越来越清晰：山要垮了，就是这个，山要垮了，把他的家，把别人的家以及田啊地啊屋啊全垮下去，压在小镇身上，把小镇埋了，冲到堵堵河中去。这事儿历史上有过，不然咋叫堵堵河。听爹在世时说过，说堵堵河有一年崩岩，把两个村全崩了，河里激起了几丈高的浪，有几十条船给抛向了山上，奇啊！河就堵了，一堵再堵，就叫了堵堵河。

毛十三沿着裂缝走下去，又遇见了一条蛇，一条黑漆漆的大蛇，钻进裂缝中去了。他想起“起蛟”的传说。听说雨下得大了，山腹里修炼的蛇就要起蛟了，借水路下海去，河水就要猛涨，山就要崩地就要裂，一个雷一炸，蛇就要成龙，腾空而去，老百姓就要遭殃了……

沟里水声隆隆，乱石间全是那白玉飞溅的恶浪。过去是条干沟哩，现在，坎子下全挂着水帘，有如万狮吼叫，惊心动魄。毛十三天天夜里在这沟里钻，现在却无路可走了。滚了一身泥，却见到一个凹处有个新起的炭窑，用芭茅盖着的。毛十三想，谁还有这大胆在这儿烧炭啊？再一看，看到了自己的表弟毛幺九。这毛幺九像一只野猴，张着饥寒的眼睛望着一坨泥巴似的毛十三。

“你吓了我一跳，驼子哥！你个要死的，吓我做什么？！”

“山要塌了！”

“你说什么？”

“山要塌了，你有这大的胆，还不快走啊幺九，山裂了这大的缝子……”

“你走哩，关我什么事，吓不住我的。中队的和政府的人全在忙沱石坡的拆迁，顾不过来哩，嘻嘻……”

“不要烧了！你不要命了？！”毛十三大吼。

“你不要命了么？！”他再吼。他抓住了幺九抱着的一大抱新砍树棍。不是树棍，就是树。他猛然想到去年那个让他毛十三背时倒灶的砍树的案子，莫非是表弟幺九犯的？——砍树人至今都没抓到，而森林中队的付队长提过毛幺九，可是我毛十三没见着，没见着就没见着，不能乱害人呀。可去年的那一顿好打，还破了一千块钱的财，还让老婆赌气跑了。

“幺九，去年的树是你砍的？”毛十三点着表弟的蒜头鼻子逼问。

“呵呵！”毛幺九诡谲地笑，离毛十三远了些，“我去年没砍树。”

“是你！”毛十三压上去，脸对着脸，很近。

“那……那又怎样啥？”逼急了，没退处了，就说了。

毛十三一阵寒心。“我说哩，我说哩！……”背了一年黑锅的毛十三泪都快下来了，“我要去告你，取回我一千块钱！一千块钱，幺九，你沉得住气啊，嫂子也跑了……”毛十三抹了把泪，把冤屈吐出来了，心里好受了些，“我说哩，我是说哩……”

“十三哥，你可手下留情，”表弟拉住他说，“这窑炭烧好了，我赔你的损失。”

“你咋就一声不吭呢？”毛十三望着表弟毛幺九，像不认识似的，“好你个幺九，幺九好你啊！”

那毛幺九忽然发炸了：“又不是我加害你的，你找森林中队去啦！你才怪人不知理哪表哥，你说话不照柄，让人家烦了，整你的枯肘拐儿，怪我，嘿！”

去年，去年。

去年的现在，毛十三在山沟里捉蛐蛐回家，走到公路上，见有人在搬新砍的树筒儿，就凑过去看了一下，森林公安中队的付队长就问他：“是你的树么？”毛十三说不是的。付队长说那你帮我们搬搬。毛十三拒绝了。这付队长心里不好受呀，一个平民百姓还是驼背敢不听中队我付队长的话？如果这样这世界就没个王法和怕惧了。半夜时分，可怜的毛十三就被两个中队的人破门而入给抓去了，硬说树是他砍的，他去看热闹被说成是去探听风声。毛十三哪能承认，于是一顿好打，两个大拇指给绑着踮脚靠在墙上一夜。中队的人要他说那树是他表弟毛幺九砍的。毛十三说他没见着，死不签字。中队就要他拿一千块钱来作保：保证在三天之内帮中队把偷树人捉来。这不明明白白是要黑他一千块钱吗？可怜每天半夜三更钻山沟捉蛐蛐积积攒攒的一千块钱，就给中队作了贡献。人是出来了，可老婆那个恨呐！毛十三，你这没长屌的，让中队给狠了！毛十三哭丧着脸说，你犟得过公安！老婆把抹腰（围腰）一解，丢下女儿，跑了。窝囊啊，打落牙齿往肚里吞啊，早知如此，听付队长的搬几根树，也不至于落这个下场。可嫌犯你也是害死人，砍了就砍了，大丈夫敢作敢当。今天，终于找到这个缩头乌龟了，还真是表弟毛幺九哩……

二

毛十三擦擦被雨水浸湿的眼睛，看到沱石坡那儿果然闹哄哄的堆满了警察和政府的人。对抗着哪，沱石坡有人又吵又闹不让拆房。可政府定了的事政府要做——做蛐蛐大集，渝鄂陕边城毛家沟蛐蛐大集。毛家沟这儿独产一种“月亮巴”的蛐蛐，头大尾厚，头上顶个圆迹，金晃晃的，斗须五寸长，后腿像青蛙的腿，一跳起来三尺高，叫得像金属，上了战场就是要以死相拼的。人豁出去了人要胜，虫豁出去了虫也赢，打遍天下无敌手，毛家沟的月亮巴，石头做的！

“……居民们，我的工程迟迟不能动工，不动工就不能保证让九月蛐蛐大集开市——只有一个月了，希望大家理解配合好吗？好吗——好吗——好吗？……”

电喇叭的回声在雨中曲曲折折幽幽咽咽，像没了电池一样。毛十三只看到穿着一式深绿色雨衣的人拉成一线，阻挡着那些向翻斗车和推土机进攻的人群。可一时砖头瓦块横飞，还砸中那呜呜叫着的、红蓝灯交叉旋转的警车。人多才不怕哦，人多就有胆，就有力量！毛十三兴奋得全身直筛，就像自己也参与了，就像为自己出了一腔怨气。砸得好啊！砸！砸他个蛮不讲理的付队长！付队长呢？毛十三拿眼睛去找付队长，想看他用手捂着眼睛，捂一把鲜血，腿瘸了，头破了，哇哇乱叫。可他只看见抓耳搔腮一脸忧郁的阮镇长。可怜的年轻的阮镇长，能干啊，听说要调到县里搞县长，这人能耐啊，常年卷着一只裤腿，跟人打招呼，见了背背篓的赶集山民，也和蔼地走过去，说：老乡，打的什么货啊？哈哈！这镇长讨人喜欢，准是个向上爬的料，不像武蛮的付队长，永远只在毛家沟狠的，没什么大出息。毛十三突然想到他要救救阮镇长，他不想站在拆迁的钉子户那边，他冲进人堆里就这么喊：

“山要塌了！大梁子要塌了！要塌下来了！大家停一停啊，山要崩岩了！山上的裂口一尺宽了！”

毛十三冒着飞来的砖头去拉大家，刚开始大家没在意，可看他又跳又叫的，中队和政府的人就要对他采取行动了。但是不对啊，他拉着的是扔砖头的人，双手是息事宁人的“语言”。

“山要塌了？”“他说山要塌了？”

闹哄哄的现场被毛十三固执的叫喊给破开了一条口子，注入一汪明闪闪的、和事佬的清水，这驼子哪根筋想通了要来与政府穿一条裤子维护领导威信？这也是混场子的，他算老几，他又能比手拿枪棒的中队警察？他还说山……山？！是啊，山！

“古八根家的傻子都说了山要冲成河，挂一条瀑布到这里来。”毛十三的手一比画，一劈。

扔砖的就停下了，政府和中队的也停下了。毛十三心里好得意呀，我这忽然计上心来是对的，我不与他们掺和，我这么，阮镇长一同情我理解我就会批条子，我那一千块钱就会要回来啦！我救镇长的驾，我又向他们报告了重大险情，我要立功受奖还制止了警察干部与老百姓的对峙对抗，我好聪明！

“山啊，山啊！……”

毛十三被人一推搡，就滚在泥水里了，全身都冰凉透了。那些人又去争斗，扭打成一团。

“山锉下来……”他听见人议论说。

他慢慢地就被人冷出了圈子，“呵呵呵！”他听见一些人笑他说。“这×，驼子，你管这闲事，让他们打好了……”他们说。

他们以为我毛十三就是在劝架呢。不是！我是在说山要塌了！

“山裂了大口子，是要塌了！”他像豹子一样怒吼地说。可嗓子破了，雨又大，许多人在雨伞和雨衣里，在屋檐下，听不到他说的啥。

毛十三来到了卖蛐蛐罐的老江铺子里，给他说了大梁子上的事。还有蛇。老江说：“十三，你把你的屎盆子端出来。”毛十三说：“为何？”老江说：“你把话说那么大，人家信的！还不如逮个砍树的、偷鸡的送把中队。”毛十三说：“老江，我可没有私心！古八根家的那傻 × 还说了，这面山，从山上挂一道瀑布下来，那不就是山劈下一半了么？”老江说：“傻子的话你也信？你这狗毛骚的，难怪中队罚你一千的！”毛十三说：“今年断是要起蛟的相。”老江说：“可不能瞎讲。”老江说：“十三你真是个混蛋。你说把镇子都塌没了，那不是否定阮镇长的政绩？时机不对啊，你这没心思的粗人，只会捉几只虫子！”

他说：

“看看吧，看看吧十三，你这可怜的人！毛家沟镇的今天是你能否定得了的？这房子，楼房相连，高大堂皇；这路，水泥铺道，三省通衢；商贾云集，铺面林立，东北人都来了。过去咱这儿是啥？深山老林，鬼不生蛋，街上大窝小坑，车来颠断你的肠子。是谁改变了这小镇面貌？难道不是我们阮彪镇长吗？人均收入，升了；GDP，涨了。GDP 是什么知道吗？我也不知道。一所希望小学，钱是谁搞来的？阮彪；木材加工厂、制刷制筷厂，谁引进来的？阮彪。阮彪么。暗暗攒劲赶县城，这是阮镇长的雄心大志。咱们得卧薪尝胆，想大的干大的。这不，一个大胆计划，三省蛐蛐大集，不是于你于我都有利么？他捞了政绩，咱得了实惠，说到底，还是在替老百姓办实事。这样的官如今天下能有几个？摊到咱毛家沟，是咱们沟里的福气啊！十三，你少放屁，快不要说了，小心中队的那付队长又把你收去，让虱子咬死你！”

老江咬牙切齿地教训着毛十三，隔壁古玩店的小伙就来找他借锤子。问借锤子何事，那小伙提走了老江的八磅锤就丢话说“怪哉”。老江与毛十三忙去看究竟。进那店里去，一农民从蛇皮袋子里倒出一堆圆溜溜的石头来，说是一窝石蛋，在山里捡的，捡时还热噜噜的，要卖给老板。老板没见过这玩意儿，就拿过一个看相孬的，搁在石阶上，挥起老江的八磅锤就砸。砸了几锤，石蛋开了，顿时一股腥臭的气味扑鼻而来，还淌出一些白黏黏的汤汁儿。老江看了，大嘴哑了，生生地呆怔在那里，脸看着看着像涂了一层石灰，大惊失色道：

“龙蛋啊！”

龙蛋？这老江说是龙蛋。毛十三还没走到镇尾，挖到龙蛋和起蛟的传说就风一样在镇上传开了。

三

雨下得真大，山上充斥着令人窒息的腐败毒气。还未黄透的叶子簌簌地飘落下来，野草半疯不疯，庄稼半熟不熟。毛十三回到家，想着等英子放学回来了，把她送到山那边下湾二秀家去。二秀是个寡妇，近来跟表弟幺九拉上了，合了锅儿。只能这么办了，二秀是个很热情的人，喜欢英子。

英子回来了，父女俩简单收拾了一下东西就走。上山，下坡，走小道，进了下湾，就见前面有个人，擦过身时，那人问：“是英子么？”毛十三一看，正是二秀。

“十三哥，我正要找你，你们怎么来了？”

毛十三说：“要出事了，大梁子裂那么大的口子，没准哪天垮球了。我是来把英子交给你的，在你这儿避几天。”

二秀嘴巴惊成个大鸭蛋，说：“是在传今年要起蛟哩。英子在我这儿没问题，我会好好照顾她的。”

毛十三问：“你找我有何事？”

“死鬼幺九！”她烦天烦地说。她就把事情说了——

今日下午，毛幺九不知从哪儿背了个小小的软骨人进沟，说是要祭窑，祭个活口。那人软软塌塌的，是个成年人。二秀给幺九送饭时，幺九就一个劲逼二秀喝酒。二秀不明就里，就喝。那幺九是想把二秀灌醉后，他就可放心大胆将那捡来的软骨人投进窑点火烧了。二秀喝着喝着，见草棚门口出现了一个活物，就是坨移动的肉团。二秀吓得酒醒了，问幺九是什么东西。幺九还没说话，那肉团就咧开嘴笑了。是个人哩！可毛幺九说这不是个人，是一种肉怪。说毛家沟就出这种肉怪，一到阴雨天，肉怪就出来了——只因这沟里死人太多，鬼魂让雨露一滋润，就附在野物身上活啦，就是这种肉怪。毛幺九要二秀别怕，含了一口酒，就势朝“肉怪”喷去，“肉怪”却打出了几声人的喷嚏：阿嚏！阿嚏！二秀心里全明白了，就问毛幺九：是你弄来祭窑的活口吧？毛幺九矢口否认。二秀就大嚷毛幺九你要杀人呀！毛幺九怕人听见了，就苦苦央求二秀别说出去。说他是在山外秭归抱来的，他说祭窑本来只想烧一只鸡或猴的，可想想这连天阴雨，毛家沟阴气太重，祭鸡祭猴压不住啊，压不住窑就要塌，窑一塌不就全完蛋了吗？至少要丢三千。于是毛幺九就做梦都想找个人来祭了。毛幺九还说，看到驼子表哥，还想把他丢进窑里烧了呢，他反正是个废人，烧了不就烧了。过去咱毛家沟烧炭，到宜昌买死囚，找土匪买绑票后要撕票的人头来祭，解放后这个就不敢了，可毛幺九想着这个事，让窑烧旺，他不就成毛家沟镇的大富人了么？二秀气得眼珠子都要滚出来杵他几下，说他若烧了这软骨人，她就与他散了。毛幺九哪敢与二秀散了，二秀可是天下难找的女人哩，就说好好，依你的。可你得给我找个替代品啊，条件是也要这么大，有鼻子有眼，还能打喷嚏的。我的天哪，我到哪儿找这样的东西去？

毛十三听到这事，不禁仰天长叹，咱毛家的人做了什么，养出这等荒唐的畜生！幺九啊，你比蛇蝎还毒啊。想了想，要二秀弄了五斤地封子酒，与她一起急急去了沟里。

一路泥水横肆，毛锦鸡无端在箭竹丛里惊叫，闷雷阵阵，天上地下都像有石头错动的声音，像一个巨人拿了磨子要磨碎这皇皇天地间的一切。山果然有撕裂的响声，就像撕一匹白布，就像随时都会接下来嘶啦一声，把山扯成两半……

酒在壶中亢奋地荡漾着，抵挡了毛十三内心的惊骇与怔忡。两人走到那极度隐蔽荒僻的炭窑处，毛十三就假模假样对表弟毛幺九说：

“山也要塌了，要死咱兄弟绑在一起，喝上这壶守天亮。”

毛幺九说：“你把我稳住，等人来抓我哪！”

毛十三说：“休得胡说。我听说你心里怵得难受，冒了险来陪你哩。”

毛幺九对二秀说：“我要的活口呢？”

二秀拿出一条鱼来，煎得焦黄，上了葱花，却还蹦跶着尾巴，说：“这。”

毛幺九见了酒鱼，肠子就翻动了，口水就往外汪。

毛十三说：“咱喝隔山杯。”让二秀站中间，两兄弟就举起酒杯，把酒往胃里倒。去了一斤酒后，毛十三又说：“兄弟，咱来连珠杯。”毛幺九怎么喝怎么好，左一杯，右一杯，一斤酒又没了。

两斤哪，可毛幺九纹丝不动，眼珠子还蓝闪闪的，就像秋高气爽，神闲气定的天空。眼里却是对毛十三的嘲笑：

“哥，红了！红了！你泪汪汪个啥哩？！”

“想起死去的爹娘。”毛十三说。

“倒酒唦，二秀！”

二秀也泪汪汪的，看看歪歪欲倒、驼背更驼的毛十三，不忍哪，手悬了那壶，不敢倾出。

“倒啊，二秀，难得你请我来喝酒。”毛十三一抹沉重的眼眉，伸出杯子。

“三响炮！”毛十三说。

“三响炮？！”毛幺九都愣了。

“这雨下得瘆人，鬼火重重的，得喝好了退鬼，窑我帮你点火，幺九弟。”毛十三说。

“你这哥。”三响炮就三响炮，难不倒毛幺九。毛幺九就先干了三杯，全是满当当的酒面。

毛十三喝着，心里拔苦拔苦。幺九幺九，你究竟是何方怪物？酒也灌不醉你，灾也退不了你，天不怕地不怕，你未必是牛魔王托生？

“咱、咱、咱喝急流水……”毛十三还这么自咬着卵撑好汉哩。话没说完，自己溜到地下去了。二秀和毛幺九把他拉起来，两个人又喝。又赶去了一斤急流水。毛幺九也渐渐晕了，听见那隆隆的雷声说：

“怕不是中队的人来捉我吧？”

“你还有个怕惧的！”

毛十三一杯酒向毛幺九泼去。毛幺九就木了，结着舌头说：

“十三、三哥，你、你发酒疯？”

“烧我呀，来烧我！”毛十三气得脸像紫茄子，眼像火漆果，下巴骨像碾苞谷的砻子。这时候，那软骨人就从棚外滚进来了，细看用一个小板凳撑着走路。毛十三也不惊，明知故问道："幺九，窑子里养着精怪啊。"

毛幺九说："祭窑的，碍着你什么事？"

毛十三摔了酒杯，说："胡说，这哪是秭归的活口，分明是咱毛家沟里的肉芝！"

毛幺九也糊涂了，问道："肉、肉芝？"

"咱这神农架老山产灵芝你也不知道？灵芝分几色？六色——紫、赤、黄、白、黑、青。这六色灵芝又分几种？五种——菌、石、草、木、肉。肉芝就是肉，人肉，人的鼻子与眼睛，吃了可长生不老啊！……"

二秀故意说："十三哥，这不就是肉怪？"

"芝与怪你们也分不清楚！芝就是芝，怪就是怪！幺九，你这禽兽不如的家伙，你可知肉芝是国家保护的植物，你还想拿它烧成一块栎木炭？不识货的东西！还不交给政府！"

二秀护着那软骨人，一膝朝毛十三跪下来，哭诉道："十三哥，他可是个人哪，你也糊涂了？！"

毛十三一脚蹬开了二秀，一时泪水滚滚，冲出棚子，外头是瓢泼大雨，漆黑一团。毛十三对着山喊道：

"塌下来吧，塌下来吧，塌死他们吧！这些禽兽不如的家伙，畜生，你把他们都埋了吧，老天爷！"

在闪电的光线中他看见那山上的裂缝，像一根擦得锃亮的大银钗子。等他回过头来，那软骨人两粒亮闪闪的小儿般的眼睛望着他，眼里满是求生的渴望和乞求。

云塌下来了，天更黑。山上满是奇怪的吼叫。

四

从早晨开始，通往大梁子的山路就挤满了人，路泥泞不堪，路边的庄稼已被踩踏成秃毛。毛十三爬上去一看，山野上全是伞花蓑衣阵。鸡鸭咋叫的？猪崽也叫。一只鸡扑棱棱从他的头上飞过，撵鸡人一个倒栽葱，又爬起来，顶一头泥浆青草喊："快给我抓住鸡！"几个人去抓鸡，一群人七股八岔地倒了，毛十三顺带一滑，抓住一棵小树，站稳，就见那围着的人中有人往裂缝里投鸡鸭、猪崽和呛人的雄黄粉。

"毛驼子，你挖到龙蛋了？"

"毛驼子，你拽到了龙尾？就是条大蟒么？"

有人给投鸡鸭雄黄的人说："一定要压住它！一定要压住！压不住咱们就没命啦，刚起的楼房啊！……"

裂缝里腾起一团黑气，人群就不自觉往后退了两步，喊道：

"吃了！吃了！蛟吃了！正吃哩！"

放羊的古八根老汉正在唾沫乱飞地给大伙讲着他家房子半夜无故被一块石头砸穿了。他这么说着，他的傻儿子手拿一根杨柳枝就挤进来说：

"这里要冲一条河，半个山直溜溜地挂一条瀑布！"

有人一棍子敲了他的头。他家老头古八根转过头来，听见儿子一声尖叫，也不知何事，说：

"这么大个洞……傻 × 呀？"

他儿子捂着头站起来说："就是挂一条瀑布嘛……"

"说福不灵说祸灵，这清晨巴早的，乌鸦嘴哩，镇子就没了？搬家么？搬么？"大家七嘴八舌地说。一个个忧心忡忡。

“我说了山保不住，你们不信我信。看啊看啊，老坟都塌了！”毛十三站在一座老坟上，脚跺着那坟，果然一个大窝。

有人说：“刚才踩塌的。”

可山上又鼓出了两个大包，红艳艳的土，就像野牲口给刨开的。

“看见了么？稀烂的，地底下涌出来的泥浆，完了！全完了！”毛十三喊，一脚红稀泥。

“这要跟镇里说啊！咱们在这儿胡球乱喊瞎掰没用的。”一个明心人说。

“我说了，都不信。”毛十三说。

“什么，阮镇长也不信么？不派人来，百姓的命也是命啊！咱们往山那边搬……”

叽叽喳喳的当儿，镇上来了两个人，对大家喊：“都下山去，都下山去！”

大家依依不舍，但还是渐渐散了。

毛十三在远远的地方看着那两个人。那两个人拿有别人遗下的一根长钩子，在裂缝里钩着。钩出了一只喳喳乱叫的鸡。毛十三走过去，那两个人就朝他笑笑，一个政府的稀毛癞给一个中队的烟牙齿使了个眼色，烟牙齿就要毛十三把鸡提着。

“那蛟不吃呢，”烟牙齿说，“咱们去吃。”

毛十三提着鸡，那两个人对他说：“阮镇长要找你哩。”毛十三信以为真，就跟他们下山去。经过顾老乡的“老乡客栈”，那两个人就说：“让顾老乡去煮鸡。”上了一个坡坎，毛十三进了院子，再上二楼，进了一个房间，门就砰地关上了。政府的那个稀毛癞就说：

“你不要喊了，毛驼子，你喊够了，胡喊球个啥，来了几个投资商，全被你喊跑了。”

毛十三见阵势不对，对他们说：“你们不是说阮镇长要找我的吗？”

那两个人嘿嘿嘿嘿地苕笑起来，中队的烟牙齿说：“你知道我们为什么不把你带到中队去？”

“我没有钱罚了，你们想怎么就怎么，我杀无血剐无皮。”

烟牙齿牙一龇，板了脸道：“二十四小时置留期过了就得放人，在这里，我关你一百天！”

毛十三站起来喊冤：“关我是为啥？我犯了什么法？”

那政府的稀毛癞就拿出一副麻将，哗啦啦倒在桌上，说：“搓麻搓麻，带点小彩啊！”

“我不搓麻，我没带子弹（钱）。我要弄清楚你们带我来这里是何事？！”

“还不是你嗓门儿大，”稀毛癞说，“搓麻还不好么，咱们打红中癞子杠……”

“四个红中杠？”毛十三说。

那中队的人骂骂咧咧到此时就拍桌子了：“别跟你扯淡了。你给我老实待着，毛驼子，你妖言惑众，唯恐天下不乱，破坏安定团结的和谐社会，去年的事还没醒神啊！你他妈的要把来这儿搞蛐蛐大集投资的人都吓跑，吓跑了你就一个人发财，毛家沟的蛐蛐都是你一个人的了，你算盘扒得蛮精咧驼子！”

“你、你、你，你咋这么说？”毛十三听的全是窦娥冤六月雪，一口痰堵，脸就瘀得紫突突的，“警察同志，你可把良心放在中间，不要诬陷好人啊！我说个实情话，是为镇子，你们愿听不愿听，也不能害我啊！”

“山要倒，要起蛟，龙生蛋被你挖到了？”那中队的打快板。

“我没挖龙蛋！”

“听说你会念闭山咒？——你把咒一念，山就闭了，这山别人捉不到一只蛐蛐，你一只又一只地捉，捉了换肥猪。”

“我不会念闭山咒！”毛十三眼泪快下来了，眨巴着，泪磨人哪。

“你说说咱毛家沟的蛐蛐看？”

“不就是月亮巴吗？你们的宣传资料上不是都写了嘛。斗须长，眼发绿，咱叫‘铜锈眼’，这眼别的蛐蛐儿害怕；叫声也怪，越怪越值钱，可如今少了，都捉没了……”

“你念了闭山咒的。”

“不是，没！就是稀少了。”

那两个人拿出了纸和笔，要他写下他是怎么散布谣言的，前因后果，要写清楚。那两个人带上门，毛十三听见他们在门外反锁暗锁的声音。他忙去拧门锁，拧不开，果然反锁了，他出不去了。窗外的雨在叭啦叭啦地下，雨帘从屋顶冲下来，又从山上冲下来。那窗外就是山。屋里一片嗡嗡的雨声。毛十三烦了，就踢门，踢了几下，门外引来了顾老乡，说毛驼子，你疯了哩！毛十三说：“开门，让我出去！”

顾老乡反拍着门说：“你可静静，驼子，常言说得好，吃一堑长一智，教训哩！”

毛十三说：“你放个什么屁，我是齐天的冤枉。”

顾老乡说：“那也是花钱买乖呀。鸡蛋碰不过石头，胳膊拧不过大腿。”

毛十三越听越气：“顾老乡，你仗谁的狠咧，老子砸了你的店子，× 你妈，开门！我娃子中午还要放学吃中饭！”

“别砸别砸，这个死驼子，又不是我锁的，你骂个甚 ×！我去喊他们来开门……”

五

毛十三跳窗逃跑是在灰霾晦暗的下午，雨下得人心惶惶。毛十三横了心，闭眼一跳，滚进大水沟里，菩萨保佑，只是腿擦了几块皮，没断着骨头。本来是往山上跑逃遁的，可又横了心，非得与政府辩个明白。不是说阮镇长要找我吗？镇长会找我的，如果我真有道理。鼓不打不响，理不辩不明。可一想到朝他咯咯乱笑的阉鸡一样的付队长，又怵。道理在有权人手里，你不服不行。可我是冤枉的呀，山裂了那么大的缝，满镇人都知道了，龙蛋又不是我捡的……

走到半路上，碰见个熟人，给他说县里已经来人了，到山上去看了。噢噢，这还差不多，可我还是冤，我报信，还要抓我，把我关起来，说我这说我那，人要是倒起霉来了，坐在家里也会碰见鬼。阮镇长啊阮镇长，我救过你哩，昨日在沱石坡，我替政府分了忧咧，站在你们这一边。问个明白也好啊，县里来的人咋说？我搬不搬家？没事最好啊，我家在这裂缝下，首当其冲的是我啊……

按照指点就到了招待所。一阵“哈哈”从一个房间里冲出来，一个人出来擤鼻子，一阵热浪就带出来了，把毛十三暖得一愣。那，那不是阮镇长么？还有些陌生人，可都是有身份有头脸的人，客人，都在哪！

“阮镇长！”

一身水淋淋的衣服，一个瘦小的驼背人突然出现在大家面前，就是一个找镇长解决问题的山民嘛。可镇长知道这个人的来历和来意。大喊大叫的家伙。不就是崩岩么？山要塌锉下来么？我们毛家沟的大梁子基岩主要是古生界和元古宇的白云岩、玄武岩和那些乌七八糟的粉细砂岩、泥岩和大量松散、残积的粉质黏土碎石层，该地区基岩岩性破碎，强度低，地又陡峻，堵堵河在此大拐弯，常年冲刷其基底，已将该大梁子底部掏空，又是古滑体，现已可能转入不可知的整体滑移和大破坏的最后阶段……悲哀呀，悲哀呀！这就是宿命，我阮彪在这儿几年苦心经营，想弄一番事业，原来是建在沙滩上的城堡，火山口的冰宫啊！几百年、几千年、几万年的古滑体与人相安无事，为何就在今日肇事？不选在别处？上游下游的荒郊野地滑它个球崩它个卵！我已将县里来的技术员安排在另一个地方，且万万保密。请你们拿出一个方案来并签字。是“可能”，还是“到了”；崩，还是不崩？你们签了，责任不在我也！两个县里的技术员吃着毛家沟的魔芋蒸鸡蛋、洋芋煮腊肉，犹犹豫豫，笼笼缩缩，不知如何是好。要说古滑体，咱全县多处都是，县城也是嘛。要严密观察，还要雨立马止住，这是保持现状的基本条件。雨下得太久啦，我们知道雨何时停呢？“是否需要马上转移？”阮彪敲着桌子以示果断，“你们一句话，我不会一个人丢了全镇几千父老乡亲走，生死与共，绑在一起！”……

“嗳？！这个驼背是不是你们说的那个蛐蛐大王啊？”

一个满头银发却眼尖如鹰的老者粗着喉咙就嚷开了。

“呃呃……是，是，是……”

镇长阮彪的心里拔苦拔苦的。老者兴致甚高，容易亢奋，没喝酒也像喝过酒的，话多，整天就像在酒桌上。

“快让他进来，快让他进来。”那老者热情相邀，一口山东话，站起来十足的山东大汉。他是省里的一个老干部，叫黄挺进。挺进中原时改的名字。五〇年时在这毛家沟堵堵河一带剿过匪。有感情啊，他说。在阮彪镇长的多次去省里相邀下，终于以他的能量抓来了几个大老总来到毛家沟，进行蛐蛐大集合作投资项目的考察、签字。黄挺进从来就是一个毛家沟蛐蛐产业的开发鼓吹者和热情推动者。

毛十三被老者安排到卫生间给换了一套干爽衣服，阮镇长就进来了，说：“你是蛐蛐大王，只讲蛐蛐的事，其他的事不与你相干，明白么？”毛十三到了这个地步，只有“明白，明白”。干爽衣服加上成了镇里领导和省里客人的座上宾，气氛就不同了。他只好“明白，明白”的不知道那和蔼老者要问他什么。没见过这阵势哩。

“……洞（懂）不洞（懂）？当年毛家沟里面的蛐蛐，哪注意那些小虫啊，尽是土匪，不是土匪就是老熊、豹子，”黄挺进说，“你就是毛大王？毛家沟镇的老居民了？好，好，好！”黄挺进老头儿拉着毛十三的手，“看见你们，就像看见当年热情欢迎我们的老乡！纯朴啊，看人哪，眼光发直，不拐弯，就像只山羊看着你，洞不洞？多好的山民啊！见了你，把个大肉口袋向后一甩，仔细一看，才知是个大肉瘤，大脖子瘿袋，甲状腺肿大，没盐吃啊，穷啊！一家一户没得衣穿……”

一个头发向后梳的男子插话道：“现在那大肉袋子已经绝迹了吧，没有了吧？有没有老人还有这种瘿袋的？”

那黄挺进老头儿极度不高兴有人打断他的话，拉着毛十三粗糙黢黑的手不仅没放，还左右甩了两下，说：

“你们听我说好不好？……我说到哪里了？”

“甲状腺肿大呀。”有人说。

“我说的是没有衣穿。算了算了。老乡，现在有没有衣穿啊？那时候，是用棕丝织的衣服……洞不洞？你们粮食现在够不够吃啊？”黄挺进老人夹烟的手上，烟灰就一截截掉到他的裤子上，他浑然不觉，其他人看着，也不好去给他拍打。

“蛐蛐大集搞起来，毛家沟老百姓就走上一条很好的致富路了。小阮呀，”他对阮镇长说，“像毛大王就是镇上的能人了，要借蛐蛐大集这股东风，培养出十个、二十个、二百个毛大王、刘大王、李大王来，不光捉，要产业化，要饲养。人工饲养，洞不洞啊？……这月亮巴，要好好培育……是不是月亮当顶捉的月亮巴最好，大王？”

毛十三成了大王，手放在山东老人肥厚的掌心里，真是温暖啊。面前的炭火旺旺的，像烧着一盆金子。他回答说：“是吧。”

“蛐蛐也分几品，跟人一样，洞不洞？”黄挺进说，“说上品，越荒野的地方，越有野性；山越高，品性越高。”

大背头说：“那喜马拉雅山顶的最好。”

黄挺进一肚子火，道：“你别打岔好不好。喜马拉雅山上全是雪，什么动植物都不能存活，你洞不洞?！……我说到哪儿啦？”

“您说上品嘛，”阮镇长说，“按黄老的标准，我们毛家沟的全是上品。”

“对的，对的。让我说完好不好？茅厕草丛，粪堆泥坑捉的，就是些下品，行话叫污虫。”

“那中品呢？”有人问。

黄老赌气了，总是有人插话，他就不快活了。他找烟，乱抠荷包，有人就给他一支烟，又殷勤地点上。点了烟，手头有东西分散注意力了，稀释了一些他的不快，说：

“让毛大王讲。”

阮彪镇长心里拔苦拔苦的，还等着看那两个藏在另一地的县技术员结论签字啊。毛十三也在想别的，山上那么大的口子，关他，逃跑，可他们还有说有笑哩……有人在说黄老也是个蛐蛐专家，阮镇长就很怪口气地问毛十三：“老毛呀，你给我们黄老和各位省里来的领导、老总汇报你是怎么捉蛐蛐的，你换了几头猪啊？”

毛十三条件反射，大呼：“我没换过猪！”

“领导又不是来查你的家产的，你怕么事？怕黄老砍你的人头剿你的匪杀富济贫啊？”

“哈哈哈哈……”

毛十三被笑得浑身生了牛蒡子刺一样的不舒服，没有说话，坐在火盆边冒汗，心烧，想喝水。可那精神昂扬的黄挺进老头儿还要发言：

“我在想啊，这毛家沟的蛐蛐为何斗须长，尾巴厚，盔甲一样，声音宏量苍劲，震撼人心？不光是生在这乱石沟里，还有一个很重要很重要的原因。”他深吸了一口烟，把在座的注意力全吸引过来之后，再接着说：“是这沟里杀人很多——五〇年我们在沟里与毛光山就打了两仗，打死了三百多土匪！血流成河啊！这蛐蛐喝了人血，喉咙就硬了，身壳子就硬了，就跟野牲口一样了，是不是这个道理？”

众人众口一词说“是是”，说：“太对了，黄老真是的，这是您一大发现啊，可写一篇文章在咱们县报上去发表。”镇里的人这么说。

“洞不洞。”黄老头儿得意扬扬地说。

“今天好像雨住了啊？”黄老头儿把头伸出门去看。

“好了好了，月亮一定要出来了。”黄老头儿说。

大家都在猜测这个思维飞快跳跃的老头儿又想引出一个什么话题来，七想八想之时，他就说出了——

“毛大王，我今晚跟你去捉蛐蛐！”

众人皆惊。

“收不收我这个徒弟啊，大王？”

大家就顺水推舟说：“一定要收，这可是重量级徒弟啊，黄老是副省级干部。”

毛十三被人簇拥，不能说话，一脸的惊惶里没有“好”或“不好”，“行”或“不行”的明确表示。黄挺进老头儿就跳起来：

“哈哈，我今天拜师啦！”

六

毛十三路过老江的铺子，看见里面空了城，架上的东西都打了包。老江把他拉到后头说：“驼子，你不是被抓了吗？”毛十三说：“我刚才跟阮镇长一起烤火咧。”又说：“今晚我还要带一个省里来的黄老去沟里捉蛐蛐。是副省级干部。”老江说：“我那个镇铺之宝，吼秋盆儿，被镇里买去了，晓不晓得？说是要送给省里来的一位老领导，是不是你说的这个黄老？”

毛十三想起来老江是有个好盆儿，苏州盆，就叫“吼秋”，雍正年间的，盆儿上还画了几张残荷，一对蛐蛐。

“一千块钱，还是赊账。我收来就是一千八，你说黑不黑！”老江一脸苦相诉苦道。

“搬吧搬吧，就是不起蛟，不山崩，咱也离开这镇子，到宜昌去摆摊，他要罚罚他的去。”

毛十三问罚什么，老江说：“不开门营业的就罚啊，一天一百，白天不准关门，都搬了多少！起蛟闹得凶，驼子，你可别把我供出来。”

毛十三只是笑，心里也苦，不想与他多说。就回去准备捉蛐蛐的工具。

雨遂人意，真渐渐小了，停了，云也散淡了。走到门口，已是黄昏，天色晦重，却见门口有个人。

“英子么？”

“爸！”

是英子，我的儿！“你坐在这里干什么？”

女儿英子迎向他说：“您没放下钥匙。”

毛十三想起真没放下钥匙，因为英子交给了二秀。就问：“不去二秀姨那儿，回来干什么？”

女儿说：“二秀姨替一个软骨人找家去了，我一个人，好想爸，想给爸做吃的，就回来了。”

毛十三听女儿说这样的话，手抚着女儿的头，才八岁哩，这娃。一颗泪珠子就要掉出来，喉咙就满了，半天才开了门。女儿淘米，他清理着捉蛐蛐的用具。

“我今晚要去捉蛐蛐。”毛十三对女儿说。

“今天你捉蛐蛐啊！”女儿咯咯笑他。

家庭气氛就有了。毛十三问：“梁子上的裂缝咋样了？”

女儿说：“就那样。”

一声山吼，像牛哞。这晚了还有什么牛在山上？这不是说的山吼么？黄颔蛇精在地底下，成精了，要出来，就吼。再一听，还是有低沉的吼声，又是几下。

“你听见有什么在吼么，英子？”毛十三侧耳听了半天，问女儿。

女儿在灶门口噼噼啪啪添柴，柴烧炸的声音那么大，不是白问了！女儿含混答了句什么，毛十三的耳朵还在门外。

“……你说什么？”他问女儿。

“我说，我们班上少了好多同学。”

“同学呢？”

“说山要垮，被亲戚接走了，不来上学了。”

是要垮，真是要垮。毛十三没了整理工具的心情，心里乱惶惶的。这可咋办哩，我不去捉蛐蛐了，我送英子到下湾去！

“英子，你一个人到下湾去行么？”

“不的。”

也不成。晚上让女儿一个人钻山，万一要是碰到野牲口或者坏人咋办？怕不过哩，娃子太小，又是个女娃。大人一个人走夜路也怵惊惊的。

山上一道蓝光，好骇人，横在大梁子与天空之间。天很低，可光怪怪的。吃着饭，想晚上的事、女儿。

门口有脚步声，两个捉他的人又来了。两个人站在门口，黑煞煞的，说：“啊，嗯，吃饭哪。”

毛十三没了食欲，停下碗。

“等你去。”他们说。

两个黑脸，两双泥鞋，四鼻子沉默鬼祟的气。女儿英子看她爸毛十三。毛十三的驼背对着他们。

“我自会去的。”他对他们说。

“噢。”那两个人在黑暗里埋着脸说。

毛十三放下筷子站起来：“英子，你收碗了，把门关好，电筒爸给你，放在枕头边，山上有个么响动，你可留心点啊，当跑的时候就跑。”

“跑哪儿啊？”女儿睁着大眼睛问他。

跑哪儿？往哪儿跑？大梁子上？镇上？其他没道儿。怎样才要跑？山垮下来，你怎么跑啊，皇天！

毛十三心里嘴里麻苦，跟着两个人就走了，听天由命吧，好歹今晚能躲过吧。就暗暗乞求菩萨保佑，毛家祖宗保佑。就这颗独苗啊，我毛十三没戏了，希望全部在乖巧可爱的英子身上了。

一弯黑色的残月现了下脸，就被乌云遮没了。

到了集合地，天，这哪是捉蛐蛐，是剿匪打仗开大会哩，阮镇长、付队长、政府的、中队的、省里客人一大群，叽叽喳喳，雨衣哗哗，呵呵哈哈。捉蛐蛐是个磨性子的静活儿，孤零零一个人，深更半夜，不就是孤魂野鬼么？钻山林，蹚坟岗，越无人处越去，早晨回家，带一身的阴气鬼气霉气苍苔气，谁人见了不躲着走？毛十三要是背不驼，能挑能扛下地干活，他会干这种叫花子营生！现在成了能人啦，啊呀，能人还兼红人哩。

“……当年啊，当年啊，有蛐蛐叫，咱们打伏击，潜伏起来，一潜伏一夜，山蚂蟥爬得满身都是。蛐蛐叫好听啊，比虎啸狼嗥好听多了。四川有个诗人叫流沙河的，说蟋蟀叫就是乡愁。蟋蟀就是蛐蛐，洞不洞？前些时看凤凰卫视，李敖说娘娘腔的诗人才有乡愁，愁什么愁——他是指一个叫余光中的诗人，洞不洞？话也不能这么绝对。我就有乡愁，军人出身怎么了？听蛐蛐一叫，就想起了当年的毛家沟啊。我一定要捉一对吼秋。吼秋是七声吧？今年一定要捉七声的吼秋！”

山在轰隆轰隆地响，在头上，闷雷似的，比秋虫的鸣咽响多啦。黄挺进老头儿耳也尖，说：

“啥在响？”

“那是地在哼。咱这儿山吼地哼很出名的，”阮镇长急忙解释说，“专家说了，是咱这儿的喀斯特地貌，地下溶洞多，一下雨，水就流入地下溶洞，地下就响——地下河哩。也有说是黄颔精，一种蛇，像牛叫。——听，是不是像牛叫？”

众人聆听，说：“有，有，真有，真像牛叫。”

“雷嘛。”黄老头儿固执地说。

“那三声五声的就不是好虫？”阮镇长向黄老头儿谦虚请教道，也把话岔开了。

“那不叫虫。听毛大王讲，毛大王？”

毛十三连说“在哩”，说：“黄老讲的在理。”

黄老头儿就说：“蛐蛐跟人一样，孬的多。有三声五声的，有一声没一声的。三声叫吟秋，五声的叫喊秋，都不叫吼秋，七声的才叫。有一声没一声的，那是孬虫儿，残破了。洞不洞？”

有人就问：“那七声叫吼秋，八声九声的呢？叫啥秋？”

黄老头儿恶狠狠地说：“个杂种，哪有八声九声，尽插嘴，不洞装洞！”

阮镇长就说：“八声九声就叫炸秋轰秋导弹秋了，嘿嘿……”

黄老头儿说：“还原子弹秋啰！”

听了半天，没听见一声半声。

黄老头儿就失望了，说：“这沟，这沟，树全砍光了！过去咱们在这儿全是双手合抱的大树啊，一片片一片片的，现在全是光石头，可惜呀，可惜呀！”

毛十三在前面战战兢兢地带路走着，头上的山像有人在拧哩，像拧一个人的胯子，毛十三也感觉到疼，自己身上在疼。

“……乱砍滥伐，乱捕滥猎，乱采滥挖，竭泽而渔，这是灭自己，洞不洞？咱们月亮巴虽不是保护动物，也要保护性地开发，重要的是人工饲养。没啦？一只也没有，怪哉！”黄老头儿发脾气。

“当年啊……那时候，没吃的，潜伏啊，就捋树叶子嚼着吃，吃香椿叶子。吃了就都脸肿了，我带的一个排，战士们全肿了，脸肿得像南瓜。”

“那是为啥？”有人问。

“狗屁的香椿叶，漆树叶！跟香椿叶子一个模样，我们外地人哪儿分得清，不是当地老乡告诉我们，我们要吃得没命了的！”

那阉鸡嗓的付队长说：“嘿嘿黄老您命大啊，漆树叶子毒大得狠，有吃了丢命的。”

“年轻！”黄老头儿说，“年轻，挺得住，那时才二十啷当岁嘛。”

“没有您们当年冒着生命危险，枪林弹雨，就没有我们今天幸福的生活啊嘿嘿。”阉鸡嗓付队长说。

黄老头儿的情绪又渐渐好了，一好，竟亮开喉咙唱起来——

乌梢坪，毛家沟，
钻天的大树映红了秋，
革命的战士，我们这一群，
钢腿铁脚，在这里战斗，
消灭土匪，保卫新中国，
林海青山把名留……

“唱得好！唱得好！”

“……八月八日八时八分……八月八日八时八分……”阮彪镇长一遍又一遍默念着，心里苦巴得像塞了一把太监草。“是”，还是“不是”。“是”，还是“不是”。二者只能取其一。情况危急，本镇长哪敢不诚惶诚恐，肉跳心惊！请两位县里来的专家在你们的考察结论上签字。要么“是”，要么“不是”。崩还是不崩，没有第三种答案，人命关天啊！可那两个家伙也是滑头，滑滑叽叽的像两条堵堵河的泥鳅。“这以待观察。”他们在酒桌上含糊其词地说。晚上，阮镇长敬了两桌酒，分在不同的地方。一千万,五千万,一个亿，三杯，我喝三响炮；是，还是不是。崩，还是不崩，大约几时崩？能撑个几月半年吗？还是全镇撤出？四杯，我喝急流水。相信科学，相信专家，尊重科学，尊重自然规律，一切听你们的了。老天爷啊，拉我一把。我引进五千万不容易啊，我就会什么都有了。我的蛐蛐大集，有蛐蛐园——旅游的；蛐蛐大集，五百个摊位，已交保证金的有两百个摊位了，渝鄂陕三省市商贾就要立即云集这深山中的毛家沟镇，哪会千年的山一朝崩掉，刚好赶在这几天？不！我不信！雨住了，天开了，山的裂势稳住了！至少再给我撑个几个月几年。明天，我就让毛十三去守点观察。可后天，八月八号八时八分……就是蛐蛐大集奠基仪式，投资合同签字仪式……毛家沟镇永不倒，大梁子永不倒，永远屹立在堵堵河边，月亮巴将是我首创的产业，借了黄老的一臂之力，我有这个大报道，年底县里换届，不就上去了吗？当然了，黄老的兴趣上来了，给市里、省里头儿说一句话，这才是关键啊！到时我就离开毛家沟了，一切不与我相干……

毛十三呢，又疲倦，又紧悚，看山山就在晃，往下倒，山抖索着。一块石头骨碌碌从山上滚下来，砸在他的后头。后头一大群人立马大喊：

“哪个！哪个在上头掀石头？！”

“队长去看看。”阮镇长给付队长说。都知道付队长不愿人家喊他付队长，喊了必瞪眼，阮镇长也不例外。

那付队长领了旨，就带两个警察向山上神神秘秘地包抄而去，大家躲在一边听动静。

闹了一会，没个所以然，又有些碎石泥巴落了下来，就听上面喊：

“没什么，没看见什么。”

毛十三想给他们说，放羊的古八根家也砸了大石头，他就说了。他说：

“古八根家屋顶也砸了块大石头。”

黑暗中有人扯他的膀子，敲他的驼背。他就噤声了。那付队长下来的时候，就要大家走快点，这一带上面松土石很多，雨下久了，有人开荒。听说开荒，黄挺进老头儿又怒了，大声说：

“鼠目寸光！鼠目寸光！这陡的坡能收个什么！要阻止农民瞎搞，洞不洞！农民看的是眼前利益，蝇头小利。这几天在山里走，看到几十年的天师栗遭砍的多啊，我问了，一棵天师栗上面的果子全摘下来也就是两百块钱，为这两百块钱，那些坏蛋不惜把树拦腰砍了，反正是国家的。严重的问题是教育农民！……”

毛十三被推推拥拥着就不敢走了。

不能走啊，前面就是表弟毛幺九的那个炭窑，没点火还好，走一步闻一步空气，看有没有柴烟子。

“走啊走啊，上面危险！”付队长吼他。

毛十三一听付队长的声音就腿虚。走一步，歇一步，还恨不得退两步。磨磨蹭蹭，毕竟得走。

“听听，听听吧。”毛十三对他们说。他好希望能听见蛐蛐的叫声，最好就在这里把一对黄老七声的吼秋给解决了。咦！有了，有蛐蛐儿叫了！

瞿瞿瞿瞿瞿瞿瞿……瞿瞿瞿瞿瞿瞿瞿……

那黄挺进老头儿耳朵灵得像哨猴，一个摆荡就窜到前头去了。毛十三暗暗叫苦，只好一屁股跌坐在水凼子里，大声喝喊道：

“这里，在这里！”

毛十三想把他们喊住，他猛烈地翻动石头，脚还踩着。一时所有的电筒光真还被吸引过来了。

不翻还好，一翻，果真翻出一只月亮巴。众人说：“在这，有了，有了，在这！”

毛十三手抖得厉害，这么多人一喊，哪能把蛐蛐罩住。那蛐蛐漆闪闪的身子就那么一弹，不跑左，不跑右，不跑后，就往前面弹去了。

黄挺进老头儿是打过游击的人，宝刀不老，拔腿就追。那蛐蛐跳一下，振一下翅，叫一下，又跳。总是在大家的电筒光里，可就是捉不到。

就听付队长阉鸡嗓子大喊一声："逮到了！"

毛十三一口呛进了浓厚的湿柴烟。

大家把电筒朝付队长手下照去，逮到了一个大家伙！

好大的吼秋啊——毛幺九！

毛幺九向毛十三啐了一口痰，挣扎着说：

"这窑是我跟毛驼子两个的！"

好一个玉石俱焚、大义灭亲的毛幺九！

七

毛十三重返中队的黑屋，与表弟毛幺九两个，冷冰冰地坐在没有铺盖只有芭茅草的木板"床"上。因为潮湿，芭茅黏乎乎的，里面有簌簌爬动的不知名的虫子，人不敢往那上面躺下去。墙上湿漉漉的，靠高窗的那儿趴着几条胀鼓鼓的壁虎，因为吃多了虫子和蜘蛛。千千万万的蜘蛛正挂在头顶，就像烦乱的星空。这叫置留室，外面用毛笔写着。窗户外头是小镇的垃圾场和臭水沟，臭水正汩汩向堵堵河流去，奔腾着腥恶的激情。小镇还是满有活力的啊！

"幺九，你何必要害我呢？如今我就是浑身是嘴也说不清了。"毛十三说。

"嘿嘿！"

“说呀，幺九！”毛十三牙齿发痒，牙根儿那里，想一口咬碎个什么，想变成一头野兽。

“嘿嘿……”

“幺九！”

“你给我截去了那活口，窑没祭，必毁了，果不其然。你搞了我的活口跑了，又带人来捉我，啥都毁啦！二秀也毁啦！毛驼子，你好狠心哩，你六亲不认，让我不得活哩！咳、咳、咳……”毛幺九呼天抢地哭了起来。

毛十三心乱了，就像千万只蜘蛛在心窝窝里爬动。我倒还悖了理？被人害了，又一场六月雪，我里外不是人了？越想越不对劲，就冲着那个角落里的泪人儿号叫起来：

“幺九！你才不是人哩，你好歹毒，你才六亲不认！你哭个什么？不是我截住那软骨人，你到时不吃枪子儿？我是救了你一命哪！你这等害人又毁山，砍树又烧人的坏蛋，中队关你一百年你也活该！”

“嘿嘿！”毛幺九笑起来了，好恐怖！“驼子哥，你是二进宫哩，还好意思……”

毛十三一个旋风惊起，饿狗扑食就抓住了毛幺九，照他的脸、嘴、头打击，边打边号叫：

“幺九，你这没人性的，你害得我好苦！我打死你！打死你这狗东西，短阳寿的，害人精！”

毛幺九抱着头嗷嗷乱叫，大喊“付队长”。无奈窗高墙厚，没有应声。

“山要塌下来了，我家英子还在屋里，你害我不能害你侄女呀，害人精！害人精！”

“住手，十三哥，住、住手，你是哥哩！……”

“打死你！打死你！打死你！害人精！害人精！害人精！”

“哥呀，哥呀，你让我烧了那活口没球事，阴气杀气压住了，就没今天，我损失了一窑好炭，驼子！你捉我得到了好多奖赏？”

两人在屋子里打得芭茅飞舞，木板飞翘，老鼠飞蹿。正打得不可开交之时，门就哐当开了，早晨的白光泄进来，照着两个血淋淋的花脸人。

“毛十三，出来！”

毛十三一瘸一拐地走出去，吸着自己流的血，来到了付队长的办公室，又见到了那个政府的稀毛癞。

“毛十三，今天有没有把握捉一对七声的吼秋？”政府的那个说。

毛十三肿着眼睛，满脸的伤痕，不说话。

“问你哩！”付队长用阉鸡嗓说。

“哪儿捉去，山都要塌了。你们也不跑，你们是金刚身？”他说。

“我们跟领导走，”政府的人说，“领导不怕我们不怕。”

“都是你们的祸害，砍树烧炭，山搒光了！”付队长喉咙都吼堵了。

“窑不是我的，他恨我，栽赃我！”毛十三喊冤。

“两只七声。”他们说。

“三声五声的都没，我到哪儿找去？又下雨了，山险哩，大梁子险哩。”

“快去快去，顺便也可以帮我们看看大梁子的事，真有个什么快快通知我们，我们还不是肉长的，哪个不怕！”稀毛癞忧郁地说。

“你是蛐蛐大王。”他们把他推出门去了。

可毛十三想到他要与他们交换，你这么急切填满那一个苏州盆，孝敬那黄老头儿，我还没提事哩。就蹭着脚不走说：

“我弄不到，我要是弄到七声的，我给你们？早就让宜昌老板收购了！”

“多少？”那政府的说。

“反正不少。”

“究竟多少？一头猪？”

“也、也没有这么……”

“你说个价。”

“反正，反正你们出不起的。”

“镇里出不起钱？”政府的人气晕了。

“你掉到钱眼里了，毛驼子！”付队长那一双弹簧眼快蹦出来。

“这样吧，我说了算，捉五声的，一百，七声的，两百。”政府的人说。

“两百一只？”毛十三快速问。

“一只。”

毛十三喜，可口里却说：“现在七声的不止这个价。你看今年的雨水。”

“那你说。”

“三百，两只六百好卖。”他鼓起胆说了这个价。

“你疯了，毛驼子！卖牛啊？”付队长拍了他一把，把他拍得一个趔趄。

“你宰政府的肥羊哈，”那个政府的稀毛说，“也行，你捉来，嘿嘿，你这个家伙，商品经济大潮，学得蛮快啊。”

那阉鸡嗓队长也笑起来，叩叩他的驼背：“这里背的全是金银财宝，你驼子有福！”

“我和娃子要吃饭嘛。”毛十三说。

八

毛十三只高兴了三分钟，就不相信了。这蛐蛐当然有值钱的，黄金有价虫无价。去年山东一只蛐蛐就有人花两万元买了。可镇上的话你信啊？那些人对咱小老百姓，有几句真话？

惑惑地、急急地往家里跑，看英子怎么样了。还好，英子把门锁了，门口有鸡的糠麸。把钥匙放在老地方。家收拾得干干净净；还洗了衣，晾了，煮了饭，炒了一碗盐水蒜汁蚕豆——这个他爱嚼，没事时磨牙齿和心性。毛十三看着清爽的屋子，想这个丫头以后是个依靠，能嫁个好人家。才八岁啊，我毛十三总算苍天有眼落了个好闺女，有个好闺女，老来就不孤单了。嚼着盐水蚕豆，泪水吧嗒吧嗒往碗里掉。

后墙的裂缝也大了。这是何事啊？不好，心总像提在手上的风筝线，揪拽得疼。是女儿太让我怜爱担心了。拿了捉蛐蛐的工具出去，镇里那人不是说要我顺便看看大梁子吗？不让我看我也得去看。

一看，山坡上全是像鸡子身上的羽毛一样层叠的小裂纹儿，一路向大梁子顶上延宕开去，远看，山体像一只趴在地上的大鸟，发了瘟症。毛十三站在那儿腿软软的，身上一阵阵发冷。正在七想八想踌躇不定时，有人喊他。抬头一看，大梁子上出现了二秀。

“我刚送了英子的。”二秀说。

“是你在我们家？……”

二秀脸没红，毛十三倒红了。原来是二秀做的，这女人心好啊。她还说把那个软骨人送秭归的公安局了，说幺九活该。

“镇上好多人都去了我们湾子，领导的家属都去了，村长接去的。你也去下湾。”二秀给他说，大大方方的。

可毛十三不敢看她了。“好好，英子就去你那儿，谢谢你了，我要去捉蛐蛐……”

他欲拔腿走，二秀就提高了声音说：

“还捉啊！学校人都跑光了，十三哥，好糊涂，你不是你一个人哩！”

毛十三望着她。

“还有英子，英子不能没有你，钱是小，命是大，你劝幺九不是这么劝的？”二秀一急，鼻子上就冒汗，耳根都是红的，她发脾气了。

“可是镇里要的，镇里说，一只三百，两只六百，说是这么说，我不敢不去啊。”

“我陪你去！”二秀说。

毛十三哪敢要她去，挪不动脚。二秀说：“十三哥，走啊！”

身边走着二秀，暖暖的，就是山塌下来也不改脸色。两人下到沟底，雨淅淅沥沥的，先去看那个窑。窑已砸得稀巴烂。两个人坐在废窑上，好一会，二秀就扯起嗓子号啕大哭起来，边哭边诉说：

“这个狗东西啊，哄我说可稳赚多少钱多少钱，哄走我三百块投进来砍树，没想到鸡飞蛋打了！……这个狗东西，一张油嘴怎么得了哟……”

毛十三就劝她说算了，悔不转来了。如果镇里真的兑现，我今天一定要捉它几只好蛐蛐，到时我来赔你的钱。

二秀说又不是你哄的我。

两人说着话，雨就大了，天上又是蓝闪闪的厉光，到处是哗哗啦啦的响动。毛十三就坚决要二秀回去，说他捉到蛐蛐了就去下湾。当他说“去下湾”几个字的时候，一股泉水般的暖流泻进心里。下湾是好地方哩。

“我就是今日把毛家沟翻个底朝天，也要捉到蛐蛐！”

一股力量和决心突然喷出来。他目送着二秀消失在雨雾中，攥紧拳头，暗暗为自己打气加油。

惨淡的天光在雨岚中穿梭，雨像波浪一样时起时伏。山里蔫蔫的植物趁着雨岚的间隙，向人沉重地传达着苦闷味，仿佛要把心里的苦水全吐出来似的。有毛猴在树上凄啼，呼唤着幼子。

英子啊二秀啊吼秋虫啊！吼秋虫二秀英子啊……毛十三想着这些。毛十三想着二秀。二秀不去看幺九了。他不敢问。脸上的殴伤是因为雨凝天暗，她没看出来。二秀。二秀的眼睛和嘴，手。二秀的和善和能干，待英子就像自己亲生的。可我是个驼子，钻山沟蹚坟山的捉虫人，我要捉到七声的吼秋！二秀，英子，英子，二秀，我今晚就到下湾去！

雨住啊，雨停啊，虫叫啊！

雨没住雨没停虫没叫。毛十三发疯了一样不停地翻着石头，一块又一块，一块又一块。翻得动的，翻不动的，都翻，就是一座山也要翻过来！钓一个洞又一个洞，蹚一道水又一道水，没有。山空了，没蛐蛐了，没一只，死绝了。什么也没有，一条蚯蚓也没有，一条蜈蚣也没有。沟里死气沉沉，电筒光照着的雾气，米汤般黏稠，一股奇怪的、刺鼻的硫黄味儿荡漾着。后来，雾，渐渐渐渐蓝了；雨，渐渐渐渐稀了。秋夜突然一下子静谧下来，就像步入了一个梦境……

这时候，一阵瞿瞿瞿瞿、瞿瞿瞿瞿的叫声从山缝里飘曳而来，胆怯而嫩气，像一个被许久遗忘了的记忆，一个清亮亮的故事，驾着初秋的寒意和神秘梦一样飘来……

七声，七声的吼秋！月亮巴！……

这里？那里？……好像要逗他玩似的。毛十三循着声音乱窜，可又来了一阵叮叮咚咚的雨声，雨打在树叶和植物上，把他的听力分散了。山林一阵不该有的噪响，来这儿捣乱了。乌鸦凄厉地从睡梦中惊起，拍打着翅膀，发出逃匿的怪叫；低沉的云彩掠过大梁子，浩荡东去。风加紧摇撼着山上的森林，连沟里的流水也不住地替毛十三哀求着，好像是在要雨和风停下来。

停下吧停下吧，让毛十三毛驼子逮到鸣叫的蛐蛐！

好一阵团团乱转。雨住了。树叶滴滴答答，山坡水光粼粼。雾气变成了乳白色，像呛人的柴烟一样自沟底向上无穷无尽地蒸腾；沟底就像一个煮得热烈的大蒸笼。毛十三手电的光线红暗起来，人也没劲了。昏昏沉沉的当儿，无意间抬起眼皮往头顶一看，呀，一弯小巧玲珑的月牙像一支银簪子挂在天上！山无风，水无声，树不动，山突然澄明如一幅画，美妙异常！

以为出现了幻听的毛十三，就在这时，又听到了一阵蛐蛐的叫声，万籁俱静，这叫声是多么分明，多么清脆：瞿瞿瞿瞿，瞿瞿瞿瞿……接着，潮水般的鸣叫声向他的耳畔送来。毛十三手电光所到之处，一只摇曳着修长斗须的月亮巴，正蹲在一块潮湿油亮的石头上。又一只！又一只！它们在石头上透气晾翅来了！毛十三张开网罩就向石头扑去。那些蛐蛐惊惶飞跑，鼓翼弹腿，你来我往，就像遇见了灯光的亢奋飞蛾，又像是喝醉了酒的酒徒。毛十三左一罩，右一罩，罩住了一只，又一只。

“哈哈！三百！……六百！又是三百！……又是三百！爹爹呀，祖宗呀！你们保佑我！肥猪啊，一头……两头……三头！……肥猪要满圈啦，我背时倒灶的毛驼子毛十三要发啦！”

毛十三心里叫着，叫得心尖发疼。竹筒里已经满当当挤进了全是七声的吼秋，多少只？记不得了记不得了！反正一只一只又一只，就像拾豆子一样地往竹筒里塞……电筒突然暗了，彻底地熄灭了。毛十三陷入了一阵未有准备的恐惧中。沸腾的心在黑暗中扑通扑通地跳着，平息着。不会吧？一口气我捉了……拍拍竹筒，里面是窸窸窣窣的声音，叫哩，叫得欢哩，全是真的，不是梦，不是梦！

再倾听，山野里铺满了蛐蛐的叫声，就像金属在敲打。一片吼秋声啊！瞿瞿瞿瞿瞿瞿瞿瞿瞿瞿瞿瞿瞿瞿瞿瞿瞿瞿瞿瞿瞿瞿瞿瞿瞿瞿瞿瞿瞿瞿瞿瞿瞿瞿瞿瞿……瞿瞿瞿瞿瞿瞿瞿瞿瞿瞿瞿瞿瞿瞿瞿瞿瞿瞿瞿瞿瞿瞿瞿瞿瞿瞿瞿瞿瞿瞿瞿瞿瞿……

好美妙的音乐，我毛十三捉了二三十年的蛐蛐，还没遭遇过这么大片大片的叫声啊，这人世间最美好的音乐，一起向我倾倒而来，硬是要把我搞晕啊，搞醉哦。别叫了，蛐蛐，这是怎么啦？这么吼秋，这个秋不热烈灿烂喷香金黄死才怪咧！不要叫了！不要叫了！我受不了了！

可蛐蛐的叫声没有止息，倒是更加雄浑浩荡：瞿瞿瞿瞿瞿瞿瞿瞿瞿瞿瞿瞿瞿瞿瞿瞿瞿瞿瞿瞿瞿瞿瞿瞿瞿瞿瞿瞿瞿瞿……天上地下，一派辉煌壮丽的鸣叫。

吼吧吼吧吼吧，秋，吼吧！

一团白汽像一匹白马撞着他向天空升腾而去，黑暗像捅了个大洞，空荡荡的。这时候，从“洞”里泻出一种从大山深处发出的“咔嚓咔嚓”的推挤声，就像无数只大兽在那儿磨牙，在吞噬着咀嚼着，饕餮着那些金属般的吼秋声……

“……开门！开门啊，二秀！英子！”

他老远就高喊着，在黑暗中跌跌撞撞翻翻滚滚地向家里奔去，手上拿着那个竹筒。他要把内心狂乱的兴奋告诉她们，他的亲人，在大喊大叫中压抑住心底里巨大的恐惧。

“……二秀！英子！我捉了一大网子七声的吼秋，全是大虫啊！……”

灌木和苞谷的叶子被什么拼命地揉搓，荒鸡在哀哀号鸣。山上全是那种比严冬还森冷的无情声响，和着那吼秋蛐蛐们的惊叫激荡起伏，树叶飒飒地飘落……一阵灼热的热浪像一群野兽猛然向他袭来，毛十三还以为是强人拦路打劫或者遇上了老熊给他一掌呢。又一阵更凶猛的热浪，真像老熊的爪子挥来，毛十三一个后仰，就摔倒在门口，头重重地磕在了篱笆的石头上，身子一麻，就什么也不知道了……

九

毛十三醒来的时候，东边的天空漫过一片薄纱样的绿霞，像树叶揉碎的汁儿。而山沟里，晦暗的雾霭中跳闪着一层阴森的鬼火，宛若无数支办丧事的蜡烛。他感觉头在石头上颠得生疼，地在抖索哩。一摸后脑勺，黏糊糊的，拿到眼前一看，血，怪不得！我到阎王那儿走了一遭。头沉，吃力地睁着眼，想起昨晚的事，看看身边，竹筒还在，里面叽叽喳喳的，虫子是真的。支起身子回身一看，大石头上，一群黢黑的山蚂蚁正在喝他流出的血。他又打起迷糊来，耳边好像有人在呼喊："崩了！崩了！山要劈下来，挂成大瀑布了！"谁？古八根家的傻子？不是嘛，没人，后来才发现是自己的声音在心里吼喊。脸上清凉，下雨了？黑雨！黑雨带沙。往飘来的方向一看，天，自家的苞谷地冲出一丈多高的黑水！

地穿啦，山真要出事了。他爬起来踢自家的门，踢不开，二秀与英子断然不在这里。门变了形啦。见门口竖着个喂鸡的破脸盆，拿起来就敲，同时冲天一喊：

"大梁子到寿啦，大梁子要崩啦！快跑呀你们！大伙儿快跑啊！"

毛十三敲着破脸盆，"噹噹噹噹噹！……"连滚带爬向镇上跑去，一路跑一路可着嗓子喊，敲……

……高举着红绿彩旗的摩托车队分成两排，在一辆中队警车的带领下，正威风凛凛地驰过街道。"呜呜"的警笛像是一只装腔作势、横蛮无理的老虎怪嗥着呼啸而去。每个摩托车后面的锣鼓手拼命敲打着手中的响器：哐哐，哐哐起，哐哐起哐起哐起……锣鼓手们在这郁闷的天气中加上兴奋，敲得大汗滚滚，街上的看客躲在礓礤坎子上、店铺门口，张着眼睛看着。走没多远，街上突然飞来一阵蝗虫，落满马路。奔驰的车队在这些飞来的蝗虫身上踝过。可蝗虫越飞越多，落到人们的身上，飞到店铺里，那蝗虫不仅有翅膀拍打的噪声，还有奇怪好听的叫声：瞿瞿瞿瞿瞿瞿瞿，瞿瞿瞿瞿瞿瞿瞿……有人就发现了，是月亮巴——吼秋虫！

当人们看清这虫子后，只眨眼的工夫，金黄色的蛐蛐就铺满了早晨的大街小巷。于是，人们开始抢这值钱的吼秋，窜上马路，与警车摩托车混合在一起，警车的警笛更急遽响亮瘆人，摩托车的喇叭哇哇喇喇，成千上万的蛐蛐在人们脚板的踩踏下，在车轮的碾压下碎成齑粉，翠绿色的浆汁儿飞溅在人们的脸上、裤腿上，飞溅到车手们的头盔上、店铺的排门上、柜台上，扑哧扑哧的炸裂声像炒豆一样蜂起；到处是蛐蛐们的残肢断翼，到处是凄厉的蛐蛐的叫声……

而更多的蛐蛐前仆后继、无所畏惧地朝大街上冲去，朝警车和摩托车队冲去，扑打着车身与人身，令人眼花缭乱。车队的摩托车手和锣鼓手们拼命地挥打着撞击他们的蛐蛐，车队歪歪扭扭地行进着，锣鼓声像溺水者们的呼叫，杂乱无章地持续敲响。遮蔽了天空的飞虫一落地就在车轮下挣扎着，又一时惊起，飞蹿，弹射；虫、虫尸、残体像狂风卷起的渣叶，放肆地在天地间狂舞飞卷，空气里充斥着一种肉腥和草腥的混合怪味儿……

这时，人们看到一个驼子——毛十三跳到大街上，拼命地敲起了一个破脸盆，用尽吃奶的劲儿声嘶力竭地高喊：

“要崩岩了！快逃啊！要滑坡了！大梁子要锉下来了，大梁子的寿时到了，大家别捉蛐蛐了，快逃命啊！……”

他横冲直撞，在摩托的队伍中像一个疯子，阻止着车队的前进。他分明看到在蛐蛐的暴风骤雨中，有许多人向他扑来，手拿着黑煞煞粗壮壮的电警棍；他分明看到了沱石坡奠基高台上一干领导、贵宾笑意吟吟地拿着扎了红绸的洋锹；还有那些神情怪异手拿机器的记者；他分明看到了他的宝贝女儿英子夹杂在一队身着校服的小学生中间，手舞着秋天盛开的山茶花齐声高喊着：“欢迎欢迎，热烈欢迎！欢迎欢迎，热烈欢迎！……”

八月八日八时八分八秒，一阵鞭炮的爆响，阮彪镇长手拿着讲稿，对着话筒说道：“尊敬的各位领导，各位嘉宾，各位朋友，女士们，先生们，在这秋阳高照、风和日丽的日子，我们毛家沟镇迎来了蛐蛐大集隆重的奠基仪式，这是我镇三千五百多名父老乡亲的大喜日子……”

毛十三没有听见下文，一句“大梁子要……”还没喊完，就被人狠狠地绊倒摁在了大街上，两排牙齿就像成熟的坚果被一阵秋风吹落，叭叭地蹦跶在地上。一口咸咸的血水涌出嘴里，他的那个敲打的破脸盆骨碌碌向沱石坡滚去，毛十三要抓住那个脸盆，他要敲。那是他家的鸡食盆。可他的手被人踩住了，嘴巴被堵住了。

“你别胡咧咧！打他的嘴巴！塞住他的臭嘴！”

一团臭熏熏的脏布硬塞进他的嘴里，他想用牙齿咬，没了牙齿，只有疼痛的牙床。

“山要……山要……要……崩……大滑坡……山的寿……”

嘴巴说不出，可这时，从天而降滚过来几块石头，小镇就战抖起来，一声沉闷的雷声拔地而起，小镇一闪，水泥路面就翘起了大块的路基。

奠基现场全乱了，人们像炸了窝的马蜂，跳下高台，夺路而逃。

掳他摁他整他的不见了，毛十三拉出嘴里的脏布，就对人大喊：

“往西跑，往下游跑！别往上游跑去啊……”

岩石纷飞，一栋又一栋房子像喝醉酒似的倒了。毛十三踩踏着鲜花和鞭炮的纸屑，喊着“英子！英子”。他看见他可爱的女儿转过头来，听见了他的呼唤，一张灿烂的笑脸向他奔来……

“英子，小心！”

一眨眼，他看见他的英子在一辆摩托车头前飞了起来，像一捆芭茅，抛向了空中，又落到十几米远的地方，打了几个滚就不动弹了。无数的摩托车从他的眼前飞飙而去。

“英子！英子！我的英子！”

毛十三发狂一样向英子跑去，他的英子横卧在马路上，一身的鲜血，手上还拿着那把山茶花。

“英子！好闺女！英子啊！你醒醒！”

他看见英子终于睁开了眼皮，看了他一眼，渗血的牙齿还朝他笑露了一下，就又闭上了眼睛。毛十三哭抖着，唤着英子，把她抱起来。腿没劲，虚脱了，就把英子搁在肩上。街面上烟尘滚滚，大地摇摇晃晃，堵堵河的水突然飞溅上天空，像无数道白色的柱子。街上的人东跑西跑，你来我往。不能往上游去，崩岩要堵住河水，去上游就完了！

“往下游，往西跑，往食品生猪站那边跑！”

毛十三扛着女儿，一只手招呼大家跟着他走，大声呼叫着吆喝着。那些人跟着他。他扛着浑身血淋淋的女儿，就像扛着一面鲜艳的旗帜，一个红桦皮火把。

人们跟着毛十三像一股洪流跑向下游。他们看到身后的小镇像画片一样折叠起来：屋，路，树。他们看到古八根的傻儿子还在那空荡荡的遗落了各种物品的大街上，手舞足蹈大喊大叫：“一道瀑布，一道瀑布挂下来……”山像一匹晾在竹竿上的竹席被狗的爪子抓了下来，它慢慢地、坚定地、沉重地向下锉着锉着，大家看到那山隆隆作响地冲进街上，巨大的碎石尘埃吞没了古八根的傻儿子。大梁子，高高的大梁子，恍眼间就只剩下半边了，像被屠夫的剁骨刀剁去了一半，齐刷刷的。那山梁上一股泉水冲腾出来，顿时，一条巨大的瀑布垂挂下来，就覆盖了那个叫毛家沟的小镇。堵堵河的水被截拦了，汹涌澎湃在远处——大梁子垮下的山石像一道冲天大坝把河堵住啦！

逃跑出来的人终于吁出了一口长气，他们一起把眼睛去看那个带他们跑出来的毛十三，毛驼子。毛驼子感觉到，他的女儿英子在他的肩上，渐渐冰凉了。

大梁子飞挂的瀑布正在早晨的阳光中有滋有味地轰响着，还幻出了一道巨大的彩虹，赤橙黄绿青蓝紫，好不奇艳动人。

喊 树

王世堂一共有三个孩子。有一个在多年前就见了阎王。那一年年景不好，这娃子在山上挖蕨根做粑，吃过后头肿得比南瓜还大，王世堂的老婆就在村委会墙上涂大粪驱邪，但还是没保住这娃子的命。王的老婆倒因为这事，被乡里抓去关了半个月。这死去的娃子眉清目秀，睫毛修长，像个洋种。王世堂另外两个儿子都是在石头上摸爬滚打、忍饥挨饿长大成人的，可没有一个比得上他们死去的哥，都长得怪头怪脑。有一个叫王二苕的，是老二，找了个患“巴骨流痰”（小儿麻痹症）的女人结婚，住进了深山后就没了音信，不知是死是活。倒是老三，叫王三苕的，虽不灵光，却读了个技校，到了城里工作，就是没有女人看上他，都快四十了。现在，突然有了信，让王世堂给他打一套家具，那是要结婚了。

这可是大喜事啊！王世堂高兴得快中风了。是有人从城里搭信来的。那时他正在山上刨洋芋，有个人喊他，是三苕儿时的伙伴，告诉他这事。他跌跌撞撞跑回家去，对着老伴的遗像就高声说：“娃他娘，老巴子（老婆）哎，三苕要结婚了，在城里结婚哩！搭信要我给他打家具。还说怕是媳妇怀上了，要得急。这可有孙子了！……”

王世堂哗啦哗啦地吃饭喝酒，让高兴出声，眼泪直往下掉。可静下心来一想，这可到哪里弄木材去？你这娃搭个甩信一说我就要办，没捎一分钱回来，老爹我哪有这多钱买木料呀？过去要一口柜子，或者一口箱子，还能找点存料或借点木头来做，现在，你有钱也买不到木料。家具要大料才行，山上哪有这样的大树？王世堂放下筷子望着山，山上也就是一些能做筷子的树了。江浙人烧炭的全回去了，没回去的留下来收板栗香菇；重庆偷树的农民来过几个，听说没树好偷，只好顺手牵羊弄走了一些党参苗。林业站的人种了些日本落叶松，材质不好不说，让羊吃了针叶嘴肿得嗷嗷叫，树底下寸草不生。这可是毒树，打家具害人的。要说打家具，最好的是樟木，苦楝也不错，都不生虫，紫杉也好，湘杉过得去，过去铁桦红桦也坚实。可这些全没啦。大点的樟树都有人收，挖掘机来挖的，城里人买去的，开价还高。有的一棵银杏，几百年的大树，万把块钱买走了，听说一到城里几天就死了，水土不服。

王世堂背着斧头，钻进深山里去找树。五天后回来，人已经冻得不行，脸色青黄，四肢抽筋，给腿上拔旱蚂蟥的力气都没了。回来用刀刮，才把满腿吸血的蚂蟥刮下来。他好歹弄回了一筒木头，是红桦。在一个山沟里，多年前别人砍伐后估计忘了，或是沟太深背不出来丢了。有几筒，有的腐烂了，选了一筒，拖到路口花了两天，晕厥过三回。这可要力气，力气都耗在了这筒足有一两百斤的木头上。差点丢了命，可又能打什么呢？

这还不说，刚进入臭娘子坳自家的院子，头上忽然掉下一坨东西，一摸，一大坨鸟屎。那个臭呀！抬头一看，是那些对他瞪着铜铃眼的苦哇鸟。这种鸟鬼头鬼脑的，不是因为经常衔些小鱼给他吃，早把它们连窝端了。它们的叫声阴阳怪气，心怀鬼胎，仿佛大有深意，对世界了如指掌。把白天叫成黑夜，把开心叫成灾难。特别是到了要下雨时，这种鸟叫得如丧考妣，凄凄惶惶，满树乱蹿，又哭又笑。树上的苦哇鸟，鸟窝至少有一二十个，可它们会叼来一些不知是哪儿的鱼，长条的，白净净的，通体透明。有人说这是从山洞涌出的一种鱼，无鳞，小眼，鱼腮里有一颗硬虫，懂这个的说是鱼虱，后来有人说这虱可以治噎死病，就是喉癌，他就留着了，送给患了此病的乡亲。山里人喜欢抽烟喝酒，又一年四季吃腌制的腊货，加上整天在火塘边烟熏火燎，爱得喉癌。自从有这鱼虱，上门讨要的不少，救活了十里八乡的不少人，有的还是晚期。鸟们衔来的鱼吃不完，就爱藏着。有一天王世堂发现树底下的小水洼里有鱼游动，捞了不少，却捞不完。院子里本来会散落些缺头断尾的鱼，后来发现鸟吃不完就藏在水洼里，这就留下了这种凶鸟，也算是它们前生欠王世堂的。这鱼当地人叫羊鱼条子，做火锅，放点酸菜，那个鲜呀，没东西比！麂子汤、果子狸，都靠边去。

但是，这一泡屎太腥臭，往上一看，那些苦哇鸟都坏心眼地望着他，狞笑，喉咙里发出呱哒呱哒的声音。王世堂当时那个气呀。他踢了一脚地上的木头，做什么呢？做张桌子却缺凳子。这泡鸟屎晦气！一块石头砸过去，鸟扑棱棱飞起来，有的飞走了，又落在树上，叫得更凶，像哭一样。就落下几片臭娘子树叶来，桃形的，绿莹莹的，油光闪亮的。人望高了，头就发晕，加上又冻又饿，差一点倒下去，扶住了树。树太大，抱不住，一屁股跌坐在了水洼里。

从没砸过鸟，这下闯了祸。苦哇鸟“苦哇，苦哇”的聒噪声像沾水的绳子，一圈一圈捆绑着这个夜晚，捆绑着王世堂。月亮从树缝里透出来，鸟在月亮里奔蹿跳跃，把月光撕得羽毛纷飞。月亮是一只大鸟，打不赢这黑压压的苦哇鸟。这时候，水洼里的两只小红蛙也呱呱地叫起来，两条小红蛇也从树洞里爬出来，游进水洼里，乱跑乱蹿。他睡不了了，再捡起一块砖头往上砸去，这一下，砸中一只，或者几只，几声凄厉的惨叫，一阵更大的混乱，后来总算停止了，安静了，只有一两声的啜泣，在清寂的夜空里飘零。

妈的，是要老子发狠的！他说。世界静了，小红蛙的嘀咕也很轻，两条小蛇也平静下来，慢慢划水，激起一圈圈的涟漪。这两条小红蛇从来就这么大，从来不吃红蛙。到了繁殖的春天，也没见有蝌蚪，红蛙也就是两只。这情景持续了至少二十年，仿佛时间停止了，仿佛这个梦境永远在梦里，没有醒来。人也产生了不会老去的感觉，身体里有使不完的劲儿，半斤的酒量一点不减。老婆死掉，人过花甲，也没有让他被悲伤和苍老打倒。说起来，这真是件奇怪的事儿。这蛙，蛇，还有鸟，鱼，与臭娘子树共生的一些古怪生灵，还有这树上一到春天就会孵出的一树毛茸茸的雏鸟，就像春天开出的满树鸟花，淡黄色的（羽毛丰满就变黑了）。还有更神的，这臭娘子树叶子，是可吃的，老婆发现的。她把这树叶打下来，用开水一焯，放一瓢灶灰，放在纱布里包着揉，揉出的汁是绿的，一会就凝固了，半透明的，就像碧玉，切成条，再加上酱油、醋、辣子、蒜末、姜末，就是别致的凉粉啦。这树叶，密密匝匝，啥时候胃口不好，啥时候做上一盘，辣凉辣凉的，入口爽滑，清凉透心，这日子！……

蛇在水里游动舞蹈，就像爪子在心里挠着痒痒。那一圈圈的波纹扩散着向树根荡去。这树蔸的根凸出土石有一尺多高，像虬伏的巨蛇，生瘤子，有人称为龙根。于是有乡亲在下面供了香烛，树枝上缠了许多红布条。

苦哇鸟在树上叫得怪瘆人的，拉出的屎又臭，满树做凉粉的叶子哪还能吃，全是鸟粪，当然择出一些洗了还是可以对付口里的馋虫。但鸟的叫声让王世堂这天彻底地烦了，他坐起来对着遗像说：

“老巴子，只好这样，我把树砍了给三苕打家具，我王世堂老了，只有这个能耐啊。”

老婆好像在考虑，也许在想别的事，看别处，目光躲闪他。

“三苕催得急，媳妇娃都怀在肚里了……我去山里转了几天，到哪儿找这大的树去？有也不让砍……”

她不同意？她肯定不会同意的。就凭这个，她要给王世堂做臭娘子粉吃，还要等儿子媳妇孙儿回来做臭娘子粉给他们吃。到了夏天，多大的阴凉，还有鸟叫（虽然不中听），六七月间，这叶子做出的凉粉最好吃了……

同意还是不同意，这个晚上他不想跟她吵架。只有当他磨斧头的时候，他才会与这个死去但时常在屋子里走来走去的女人摊牌。

早上起来，阳光打在树冠上，院子里一片明亮，苦哇鸟纷纷飞来飞去，直往水洼里丢鱼。前几天下了一场大雨，估计哪个泉洞里涌出来了不少的鱼。但人是不知道的，在很深的峡谷和山沟里。有一个来要鱼虱治病的乡亲，他要别人把鱼全捞去了。但他不好说这是最后一次。树真的很大，平常不会太在意，真的大啊，屋顶上全是伸展去的大枝杈，落叶一层层盖着屋顶，上面又长出草和厚厚的苍苔。完全可以打一整套家具，挂衣柜、双人床、五屉柜、电视柜、春台、梳妆台、碗柜、八仙桌加四条大长凳、摇窝，一些枝杈可以打两口箱子。

他的眼睛过于贪婪，甚至每一个部位每一根枝节做什么都有了想法。但不能让树猜到心思。这么老的树，鬼精了，心里比人还精。老子一锤子的买卖，想就想了，没别的路可想。铁了心想，不能让老婆跟自己辩理，没理，老子的斧头就是理。老婆是个很倔强的人，大儿子患病不是她去村委会泼粪的么？半个月回来，腰也打歪了，双拇指吊去了一层皮，可不低头，昂首挺胸，如英雄凯旋。

说干就干。因进山时间耽误了几天，我得为三苕把事办了。儿子在城里不会再回来，我又能活多少时间？那这树不也是别人家的了吗？与其如此，不如我先下手为强。就这样！

磨斧。

这就是要给树下马威了。他决定要下手时，煎了盘腌晒的羊鱼条子，还炒了个蕨粑，备下五六斤酒，准备与树拼命的。酒壮胆。他估摸着要对着树喊三天三夜，把它的魂喊死，否则不能动斧头。这是山里砍树的规矩，特别是大树。

臭娘子树呀，不怪我不客气了。娃子要活，你就活不了了。没谁与你有仇，相安无事几百年，几代人待你不薄，你也看家护院。娃子要你，你就贡献出来吧。这话过去没谁说，我是老了，说说你听。要是年轻，火气大不信邪，大吼几声就下斧。不吼也行，你能把爷怎地？

斧头摆在桌上，跟酒杯碰杯。几口把酒倒进去，鼓动起整个人，让肠子先烧起来，连着喉咙哩，再喉咙里喊。

磨刀的斧刃直对着树根。把阳光寒闪闪地抹在刃上，贼娃子亮。那个磨斧声，整个坳子里都听得到，就像要砍一百个野牲口似的。“嚓嚓——嚓嚓——嚓嚓——”斧头是用炮弹壳打的，钢火没得说，砍石头也不会卷刃。为啥要磨呢？吓你！先杀你的威风。不说话，哼哼着，吐出的气像石头，在水洼里直打滚。坚持磨。一个动作。就一个动作。这是聚气，气沉丹田。聚的是杀气。

斧头在磨刀石上发出那种很硬气的、阴沉沉的声音，短促、干脆、简洁、森冷、硬碰硬。斩尽杀绝的、削铁如泥的气概。不知怎么，这么磨着磨着，突然一阵空虚，心里空落。咋越磨心里越空哩？

“妈的，不就是臭娘子粉吗？老子不吃不就是了，你跟老子咕个么 × ！”他大骂。心里。心里挑起了与老婆的争吵。一定要大吵一架。是的，要大骂！这气提不上来。老婆在说砍你个死狗日的，今后没得臭娘子粉填你的屁眼了，没本事的！

老婆那张核桃脸就在门框子边上，大叫道：“它还有几个干儿子哩，以后到这里拜你啊？你是树啊？”

这里有这个习俗，不好养的儿子就要拜寄个干爹，不是人，是拜石头或者大树，每年还要上礼，提果品山货来，打的麂子啊獐子啊竹鼠啊。

“你装尸也没有这么高啦，你个矮趴尿罐！”死去的老婆跳脚骂。

“×× 干儿子，今年风调雨顺，有几个来看它的？啥 ×× 树爹，自己的亲爹都不养，捏到鼻子哄眼睛的！……”

内心惊涛滚滚。这种无声的驳斥增添着王世堂的勇气和力量，烧灼着他。

“你个臭婆娘滚一边去！都给老子滚远点！”

他骂出声了，他要爆发了，要把一切挡开。接着他要喊树了，要吼叫了！

他在空中挥舞着斧头，跳起来就对着树张口大喊大吼。这是从胸腔里发出的最强音，这是要压倒一切的声音，咆哮，歇斯底里，像是挣扎和绝望，是咽下最后一口气，吐出最后一口气的声音：

“嗷嗷嗷——嗷嗷嗷——”

他磨刀的时候树上的苦哇鸟依然在浓密的树叶间跳跃聒叫着，这一声大喊有点作用，如晴天霹雳，让树上立马噤声，安静了。是短暂的安静。

这一声好疼，嗓子。太猛，喉咙里火烧火燎，像是拖出来一个干枯的丝瓜。连肚脐眼也因为喊叫鼓成大包，牙齿龇开，带着酒馊味的浊重胃气冲向树颠。

但是，声音何其短促，喉咙何其狭窄，撕裂开也不顶事。旁边是深沟大壑，周遭是悬崖绝壁。这个臭娘子坳，在这些巨大石头和沟壑的深处，说是村庄，其实是一坨鸟粪，一块苔藓，可以忽略不计。这棵大树，从山上看，就是一棵小草。人呢，当然就是只爬虫。

这一喊，还唤来了风，山风飒飒，一会鸟声又活跃起来，鸟们一阵风似的飞走了，拉下一些鸟屎。留下的腾跃在风中，腾跃在自己一如既往的叫声中。它们个体多，叫得比王世堂长久。王世堂只有再吼喊，要连续吼喊，要把这树喊死，开弓没有回头箭。

“嗷嗷嗷——嗷嗷嗷——嗷嗷嗷——”

日头落山。他几乎气绝。他抓着树，手上攥着斧头，还不敢砍。他也没这个力气了。树叶还青碧油嫩的，枝杈坚挺，造型张狂，不露声色，在流散的晚霞中高高在上，所有的鸟都围绕着它飞，哇哇乱叫。在归巢之前，这些苦哇鸟每只都要绕树三圈，就像某种神秘的仪式，就像是对黑夜的敬畏和惧怕。然后，星星跳出来，树枝冠盖变成巨大的黑翼，覆盖住整个院落，覆盖住整个坳子。也像巨大的守护神，让所有的一切，暴露在天空、大山、野兽和千古荒凉的村庄与人，在它的卵翼之下，安然入梦。

他连做饭的力气都没有了，歪歪倒倒地向屋里走去。没有点灯。倒上一杯酒，咋喝不进去咧？喉咙疼，呼出的气都像是刀子划在喉咙上。

树睡了，树在嘲笑他。树太大。到了半夜，月亮偷偷摸摸地跑出来。在床上望着院子里的水洼，蛙出来了，蛇也出来了，跟没事一般，一样的跳跃，一样的游，一样的嘀咕。他的喊声消失了，一切跟过去一样。黑夜很深，山影很厚，风很狂。

酒醒之后他明白，这不是一两天的事。过去砍一棵枯皮松，皮奓得像凤凰展翅，喊几遍，皮就收拢了，像条夹了尾巴的癞皮狗，你再下斧。这树，哪吓得住它？不过也不怕，往脏处想，含了口粪喊，不由你不怕。你就是个山混子，树精，还能不怕人整的！

再喊再吼。

歇了一夜，喉咙滋软了些，喝了从屋后接的冰凉的山泉，他端出一把凳子，站上去，腰扎牛皮带，握紧斧子，喊。

从早喊到晚，没停。撒尿就对着它，头上的鸟屎往树上抹，吐痰，擤鼻涕，全对着它。站，坐，叉腰，擂拳，跺脚。眼睛喊凸，肠子喊断，心脏乱停。树还是树，还是青枝绿叶，稳如磐石，巍然不动。树皮，树杈，树冠，叶，根，连树上的鸟，鸟粪，都是原样，还是臭。鸟还是那样，站在高枝上，或偎在窝里，闲庭信步，吊儿郎当。叫，吃鱼，也丢几条鱼在水洼。掉些鱼渣。发些叽叽咕咕的梦呓。

这让他很受羞辱。打不死你呢？指鸟。这鸟是鸟类中最贱的，苦哇苦哇，传说是旧社会死了男人的苦媳妇，这么叫着哭着，变成了苦哇鸟。全是童养媳的后代。不是有鱼给我吃，有鱼虱能治些噎死病，我让你们在这里筑巢做窝，娶妻生子的？弄得一院子腥臭，家里像死了一屋人似的。结果呢？不想则已，一想是他娘的不吉的凶鸟。大儿死了，老婆死了，二儿不知生死，三儿快四十了才找个二婚女人。这些死鸟，瘟神鸟！打死你们！打死你们！

一根竿子就朝树上扑去。这是哪门子闹的？鸟自在歌唱，吃香喝辣，突然临头一棒，打得折羽乱飞，连哭带喊。随手还捡了一把屋檐下的破夜壶丢进水洼，“咕咚！……”让你们藏鱼去，臊死你们！……

他感到喉咙里开始咯血。

这个晚上，他想做臭娘子粉。就是准备做最后一顿的。打鸟打下的树叶，捏捏，新鲜，有汁水，树还是活的。就做些臭娘子粉吧，润润嗓子。一连喊了三天，喉咙完全嘶哑了，破了。揉着树叶，揉着搓着，咳嗽起来，一口血丝水涌出。喉咙里一定是血糊汤流了。

老婆在旁边帮他揉搓着，一只手那么不停地上下起伏，像搓板上搓衣的样子，边揉搓边拧，绿水就流下了盆子……

这是幻觉。没有老婆。没有人帮他。老婆在桌子上，在一张镜框里。老婆走了，不跟他吵了。接着将是什么离去？都会离去……好空虚呀……

杜鹃鸟划过夜空，叫声渐行渐远，“哥哥烧火——哥哥烧火——”

杜鹃啼血。那声音凄伤无比，也喊出了血，跟他喊树一样。

第四天，开门出来，突然一群苦哇鸟向他俯冲，用尖喙啄他，啄他的头，脸，眼睛。要将他啄瞎！王世堂猝不及防，眼睛一阵生疼，鼻腔被鸟喙拉出一块肉来，耳膜快被啄破，他号叫躲闪扑打。我的个娘呀，为何要攻击人呢？立马就想起这几日他做的事。那还不是断子绝孙的事！这群鸟有记恨心，好样的，全线反击，屎弹如雨。王世堂左支右绌，手忙脚乱，捂住眼暴露脑袋，头发嘶啦啦扯去了。去拿竿子和扫帚，奋起反抗，乱扑乱打，满院子撵鸟。鸟向更高的地方飞，更加狂烈暴躁地聒叫，愤怒地拍翅，到处是直朝他咒骂的猩红的雀舌，到处是屎弹。

王世堂吃惊这些鸟的癫狂执着，强烈的报复心。

一场搏斗。筋疲力尽。

“王世堂狗日的，你可做的好事！”老婆在门框还是在镜框里骂？

树却一动不动。树像石头立在那里。

“豁嘴哥……”

嘶声哑气的王世堂指着他端去的臭娘子粉，用自己也辨不清的声音唤尤豁嘴。

尤豁嘴住在岩壁旁，搭的个芭茅棚子，风不吹雨不淋，冬暖夏凉。他是个老鳏夫，吃惊地看着王世堂给他端来的辣味扑鼻的凉粉。这么好吃的凉粉王世堂为啥子给我吃？

“我喊不死这棵树……”他指了指碗里。

因为听不清楚，又指着碗里，树？粉？喊不死？全是些八竿子打不着的话，主要是完全没有声音，放个屁也比他响亮。尤豁嘴不知道王世堂喉咙怎么了，只见他指指戳戳对着喉咙。

“世堂，我看看……”

一口血水出来。慢慢讲。是树……娃子三苕……要打家具……要砍那棵臭娘子树……喊了三天还得罪了鸟……喉咙溃破了……

尤豁嘴总算听明白了，尤豁嘴嘴里嚼着臭娘子粉说：“你那棵树还不是树精！老树精，你不敢下手啊，费这么大的劲，走，我有治的法子！唉，是说这几天坳子里狗咋叫得这么凶哩。”

尤豁嘴提起当年在伐木队的板斧，就去了王世堂的院子。

尤豁嘴围着树气宇轩昂地转了几圈，也不说话，瞅着什么。后来他把手按住了一个地方，说：“就是这——”

说时迟那时快，尤豁嘴手起斧落，照准大树的瘤根就是一斧。这一斧，扎进去足有三寸深，拔出斧来，登时从砍开的口子里流出殷红的汁水来。

“你看，准的！你要放它体内的精血和灵气。”尤豁嘴晃着斧头说。

“嗷啊——”

尤豁嘴再陡然一声朝树怪喊，是那种稀奇喊法，像道士先生作驱鬼法事。这一声，连王世堂都吓了一跳，魂差点吓掉了。

这天，王世堂守着这刀口流出的红汁水。看它流。细细地流，不断线地流。

刀口里的红汁水足足流了一夜，把水洼全染红了。这是树血。

这一夜，苦哇鸟叫得忒凶，满树都是哭号声。

就一夜，整个树叶蔫了，霜打过一样。鸟声没了，只有有气无力的几只。到了下午，完全静了，树安静了，风声都是软的，发出干涩的、枯燥的挣扎声。

“王世堂呀王世堂，快去请木匠师傅，准备酒菜啦！”

回过头去，老婆在叫。她好高兴，变了个人似的，不再骂他。儿子三苕有家具了！

一房家具打得结结实实，新新崭崭。上了油漆后，光彩夺目，满院生辉。

王世堂把家具运到城里，把儿子媳妇高兴得不行。真是及时雨啊。铺上新床的当天，媳妇就在床上生下个大胖小子。这家伙，这么急着出来哩，你爹你妈还没扯结婚证哩。不是个四苕吗？管他四苕五苕，爷高兴！王世堂虽然喉咙伤痛说不出话，但喜得眼泪四溅，喉咙里发出咕哝咕哝的欢呼声。

有一天晚上，王世堂喉咙火烧火燎，起来到儿子的厨房找冷水喝。有一口囤水的大缸（因为经常停水），他舀了一瓢水正喝时，一低头看那缸里的水面上，竟映出一棵大树来，青枝绿叶，迎风摇晃，片片叶子都是桃形的。王世堂惊出一身冷汗，这不是那棵砍倒的臭娘子树吗？做成了家具的，它的魂没死，跟着木头跑到城里来了？

王世堂以为是幻觉，定眼看，分明是树影，清清楚楚，倒映在水面上。王世堂没有出声，这事儿不能说的。他推说有事，告别儿子媳妇胖孙娃，悄悄摸回老家。回去就在那个砍树的大坑旁烧香磕头。小水洼变成了大水坑，却没有了漂亮的红蛙红蛇，更不消说有鱼了，一坑死水。

过了几个月王世堂咽不进去东西，喝水都难下喉，喉咙里像塞了块火炭一样。自从喊树破嗓后，他常出现吞咽困难，说话嘶哑，咯血。也自采了些草药如八角莲、七筋姑、开口箭泡水喝，有点缓解，不几天又是原样。当病情越来越严重后，被三苕接到城里去看，最后确诊为喉癌。

喉癌就是山里人所说的噎死病。为不给儿子添负担，王世堂只好回到臭娘子坳想办法。

噎死病城里的高科技奈何不了，但有羊鱼条子腮里的鱼虱可治。这鱼虱现在到哪里弄去呢？

鱼没了，是鸟没了；鸟没了，是树没了。讨厌的苦哇鸟死哪儿去了呢？那么多，说不见就不见，一只都没了。你们是在哪儿叼来的这种鱼呀？问好多乡亲，都说不知道这鱼的出处。还有患噎死病的家人不知情，跑来继续找王世堂讨要鱼虱呢。王世堂哑哑地摆手示意没了，他现在也要这个东西。

王世堂只好拖着虚弱的病体进了深山去寻找鱼和鱼虱。打进山后王世堂就不知所终。鱼虱找到没有，不清楚。人在哪，也没人知道。

醉醒花

巴打匠，一个七十多岁的老头。打匠就是猎人。他有个独生子，叫巴安常。巴安常十分内向，不近女色，一个很可怜的山里小伙子。伐木队伐到五荒岭时，巴打匠就把儿子巴安常交给了伐木队，当临时工，也吃四十八斤粮，也拿二十九块钱，只是没有转正——转为正式国家工人。

伐木队有一些女工，当时叫“苞谷墩子”，因为长期吃苞谷，都长得一个个跟苞谷似的，丰满健壮，乳房直挺挺的像将军。可这些女工也不属意巴安常。伐木队看中的是巴安常会伐树，当有什么危险，比如上悬崖爬树或是有搭挂——那些粗大的缠在被伐树上的藤子，会时常把人弄死，让树改变倒伏的方向——时，就会让巴安常去，他在本地长大嘛，熟悉山中的一切。

可他是个小气鬼。在伐木队不声不响，像个鬼影子一样跟着伐木队的人上山、下山、吃饭、睡觉。他住在最黑的地方，把床铺——用树棍搭的——安在老角落里，还不准人在他睡的那壁子上开窗。壁子就是油毛毡。他天黑也不点灯，怕费了油，又不识字，也不看书写字，就跟头牲口似的，白天干活，天黑了睡觉。不睡时就一个人抽烟。他有两根烟杆，一根一拃长，是上工时带着抽的，方便；一根有三尺长，是下班守火塘抽的。抽的是自产的劣质蓝花烟叶。他爹巴打匠常给他送烟叶来，还给他送些泡菜的原料来，有白菜梗、冬瓜、辣椒。

这就要说到他的泡菜坛子了。他自己从家里拿来的泡菜坛子，可以上一碗围水，看那坛子都有些年头了，可能吃过三代人。他做的泡菜自然大家只闻其香，无缘尝其味。他是不给大家尝的。他什么原料都能泡，除他爹拿给他的那些，还上山挖野蒜（就是薤白），连山野里人家砍过葵花盘子的葵花梗，也可剥了拿那梗芯来泡了吃。到吃饭时，他到厨房打一碗饭，再一个人悄悄回到宿舍工棚，从床底下拖出那个怕见天日的坛子，搛出几块来，一个人躲到一边去吃。他给坛子换围水也是悄悄躲着他人的，就像做地下工作。不久有人就偷吃了他的泡菜，他发现后也没说什么，嘀咕了几句，就不知从哪儿找来了一把废铁丝，用钳子做了两个铁圈，一个圈住坛身，一个罩住坛盖，再用一把弹子锁一锁，就像上了防盗门，别人再也偷不到他的宝贝泡菜了。

可有一次转场，泡菜吃完了，只好吃厨房的土豆汤。那汤没什么油水。吃就吃呗，吃了屙，闭上眼吃，反正就为个饱，谁还管味道。伐木工在深山里伐木，过的是石头一样的生活，说是背油锯的新时代工人，其实大家就是副厉鬼的牙齿，每天对着参天大树，啃倒了完事。有一天巴安常打了碗土豆汤，就回头去质问打汤的冉二贱，为什么别人碗里三颗油星子，他碗里只两颗？

这是个尖锐的问题。

——那汤上飘着的油星子，大家就认真地给他数，他碗里怎么荡漾、分化、组合，沉静后还是两颗，而别人，数了数，嘿嘿，真还有三颗四颗。

冉二贱说你这人心也太细了，闭着眼睛打的。他说这些时敲着勺子，平时很规矩的巴安常这时却气得浑身乱颤，竟然将那装汤的洋瓷碗摔过去，摔到冉二贱脸上。两个人就打起来了。冉二贱灵活，踢（抓）中了巴安常的睾丸，巴安常吸着冷气脸变乌半天蹲下去，像犯了盲肠炎一样。后来大家才知道出在他的卵蛋上。

这是在绝他的“后”哩。事后大家明白了巴安常反常的举动——神农架人是不许人碰裆里的，这比辱没祖先还恶毒。可以想见巴安常当时几近疯了，忍着痛硬是闯进保管室，竟抢出了一枚雷管，竟把冉二贱摁在地上，硬是把雷管塞进了冉二贱的屁眼里，准备把他炸得个五马分尸，下水四溅。不是人拉开，那天一定会出人命。

结果是，冉二贱拖到山外医院拔出雷管也切了三公分直肠——肠子全让巴安常戳坏啦，可巴安常的睾丸也肿成了一个篮球。这可能是世界上最大的睾丸了。两个人躺在医院里对骂，医院以为是高山上下来的两个野人。

因为冉二贱成分不好，切了直肠自认倒霉。但巴安常也就被人叫成了“油星子”。

不过巴安常的爹巴打匠闻知后还是提着一支豹胯去医院看了冉二贱并向他跪地赔礼道歉。儿子回队以后，裆里消了肿，却更沉默了，更不爱理人。巴打匠刚好从山上捉了只小狗样的熊崽，就说让熊崽给儿子做个伴散散心，喂几天后送给伐木队大伙打牙祭。

巴安常终于有了些笑容，有了交流的东西，那就是小熊。

小熊又蹦又跳又咬，亲热人，身上还一股子奶腥味。晚上，油星子就抱着那熊在床上睡。到了某天的一个晚上，伐木队工棚后山上，就传来了老熊的叫声。是来讨小熊的。油星子高兴得直嚷，说，不是给你们把荤菜引来了么。当下几个打猎爱好者就提了铳出去，两杆铳，打出了两管铳子儿。然后，馋荤馋昏狂了的伐木工们就一起扑上去，将四百多斤的母熊踏得稀烂背回来了。

小熊见到母熊的尸体，哀哀地哭叫了两个晚上，弄得大家难以入睡，愤怒异常的失眠者们就向伐木队领导要求将这小熊宰了，与那怎么也煮不烂的老熊肉一起炖。但遭到了巴安常的严厉拒绝。

小熊吃它母亲的下水，主要是心肺，边吃边呜呜地哭。巴安常哄它，哄好了，小熊又活蹦乱跳了，忘了失母的伤心。

可巴安常只有四十八斤粮食，自己都不够吃，如何能给小熊吃。就要求厨房给它吃。厨房没什么潲水剩食的，剩食都让饥肠辘辘的厨房师傅当正餐吃了。小熊饿得晚上像火烧一样叫。恰好到了冬天，巴安常就盘算着怎么让小熊冬眠一段时间，那时他实在吃饭紧张。冬天劳动强度忒大，伐木主要是在秋冬两季，春夏不伐或者伐得很少。

小熊不冬眠，活蹦乱跳，巴安常就把它抱到山洞里冻了一夜，冻硬了，放到一个树洞里，用石头堵上。到了春天也就是两个月后，巴安常扒开树洞一看，小熊还在，不是骨渣子，是骨架子，活的，能走动。

原来，熊冬眠是不吃东西的，可要舔脚掌，靠舔脚掌活，特别是前右掌。熊舔掌子，舔一口可以管三天。所以熊掌特别是前右掌值钱，特别好吃。小熊也舔了小掌子，可惜是饥饿状态强行冬眠的，这就快到了死亡边缘。可春天来了，食物来了，竹笋啊漫山遍野都是，还有菌子，什么松菌、鸡油菌、牛肝菌、刷子菌，小熊吃了，又成小熊了，骨架子变滋润了。

小熊给他焐脚，小熊就是只小狗。大家都爱小熊，小熊成了巴安常同伐木队其他人交流的纽带、中间人。逗熊就要跟巴安常说话，比如它吃了么？吃的什么？你把它头上顶着，等等。巴安常也得回答，说不咬人的，它很乖，它在外头你们别关着门了让它进不来。

小熊上了链子。

因为它的指甲越长越尖，牙齿越长越厉，口涎腥臭，拉屎不讲地方，会突然吓人，亲热时会让你疼痛。

巴安常他爹就提醒说快交给厨房师傅打牙祭，熊是要伤人的。

熊大概在三十斤的时候。

因连日暴雨，山上的木头运不出去，山下的粮食拉不进来。没吃的，伐木队就与巴安常商量好了，把熊杀了吃。跟巴安常商量，这是把他当人，巴安常就同意了，好像给大伙带来高兴的事，他还是很愿意的。

队里要巴安常去杀，巴安常先是坚决不肯——大家可以理解，自己养大的，自己杀，不好下手。可后来还是接受了领导的指令，接过了他们的镐头。

他给熊吃了一顿好的，还吃了野蜂蜜，准备照熊头去敲。他以为熊会跑的，可那熊没跑，只是眼里泪汪汪地用两只前掌蒙着自己的眼睛，一动不动。

这时，大家看到巴安常就住了手，镐头停在空中，许久，突然像一只野物“嗷——”地号叫一声，丢下那把镐，就往外跑去。

巴安常跑到林子里，蹲在地上，双手抱着头号啕大哭，扯着自己的头发，捶树，跺脚。

这熊怪哩，知道自己是要被主人打死的，就蒙上眼睛让他打，也不跑。就这一下，让巴安常良心发现，又给熊留了条活路，死里逃生。

米小顺是队里最小的，有一天给了熊半碗饭吃。到了下一顿时，平常不与小顺搭讪的巴安常偷偷把小顺叫了。小顺不知何事，跟着巴安常走。巴安常把他带到工棚里，从黑咕隆咚的床底下拖出泡菜坛子，打开锁，打开盖，搛出一碗黄澄澄、香喷喷的泡菜，让他吃。

米小顺以太阳从西边出的惊诧去吃巴安常的泡菜。他看见巴安常向他笑着，没了敌意。米小顺就明白了，因为他给了小熊东西吃，小熊是巴安常的。其实米小顺那天是肚子不舒服，吃不下，就这么给小熊吃了。

慢慢地大家都你一口我一口给小熊吃，总不能叫它饿死吧。慢慢地巴安常便接别人给他的纸烟了。过去巴安常是不接别人敬的烟的，生怕欠了别人的情，这样别人也就占不到他一点便宜。而现在，他有时抽烟时就把那个铜烟嘴用衣角慎重地一揩，递给人家说："抽一口我这个。"大家当然不会抽他那呛得人要死的蓝花烟，不过也有人冒险一试，说："好，好烟，好烟。"他就会很得意地说："我爹烤的，咱们村里就我爹烤得最好。"

可有一天熊将人抓伤了。是一个姓黄的，姓黄的吃着苞谷走着，冷不丁被人抓去了手上的苞谷，手还生疼，再一细看，手上揭了一层皮，那皮已经到熊的嘴里了。黄工人气愤难忍，操起一根大棒就朝熊劈头打去。熊在铁链里左跳右跳，嗥叫不已。棒子上的枝疖把熊拉开了几道口子，血淌淌的，头上也打开了花，一只眼睛都快打瞎了，眼皮子眦翻着。

熊呜呜地哭，巴安常还得赔医疗费。他爹打猎途中来到队里，看到熊还没打死且闯了祸，就要用枪崩了。巴安常说不，他会处理的。他爹就说赶快处理。巴安常拖不过去了，就搞了一些羊角七，准备泡了酒给它喝。这羊角七是治大风湿的特效药，与螃蟹七、田三七等用碓舂了泡酒忒灵。所谓大风湿就是瘫痪病人。但羊角七又是大毒之药，用重了，就会出事；没病的人若喝了这重药酒，身上的肉就会看着看着一块块裂开，最后全身肌肉炸裂而死。

这熊已经能喝酒了。伐木队在高寒山上伐木，百无聊赖，每个人都学会了喝酒，就逗弄小熊给它灌酒，一来二去，熊也跟人一样，会喝酒了。

那天巴安常给小熊灌了一碗浓酽酽的羊角七酒，就是一碗毒药。大家就站得远远的，准备看它的皮肉噼噼啪啪地炸裂开来，像放鞭炮一样的。可是等了半天，没有。那小熊已经解了铁链，巴安常想让它死得舒坦一些。小熊喝完酒，摇摇晃晃地走了一圈，没倒，没异常。又走了一圈，还打着响亮的酒嗝，就像个从餐馆里走出来的领导同志一样，平安无事，一身黑缎子皮毛在阳光下漾动，翕翕闪闪的不晓得有多么漂亮。

后来想吃熊肉的人是怎么就此罢手的，巴安常又是怎么没再杀那熊的，这事有点说不清了，事情太久远了。但后来的事情却是大家都没有料到的。

大约是冉二贱从医院里回来。

回来的那天他看到伐木场周围的山坡上全开满了深蓝色的醉醒花。他带着少了三公分直肠的身子，怎么看这花怎么恐怖。深蓝色直打他的眼睛。这喧闹的、拥挤的、蓬勃向上的醉醒花带着恶毒的咒语闪亮在山冈上，连蜜蜂的嗡嗡都浸透哀求和狂乱。冉二贱在那野浪浪的花丛中就真的看见了每一株醉醒花上都飘浮着一个蓝色的野浪浪的女人，标致得就跟山妖一样。

这与传说完全一致。醉醒花是一种能让人发狂的花，产生幻觉的花。冉二贱在花丛中痛生生地拉了一泡屎（直肠问题），仇恨充盈心间，与那狂轰滥炸的醉醒花绞到了一起，自然就想到用此花报仇。

冉二贱其实干过，在修路队时被一个女工甩了，他就给那女工喝了醉醒花酒，是在下雪天喝的，自此后，一到下雪这女工就会突然脱光衣服在雪地上奔跑、跳舞，止也止不住，数年来到医院怎么都查不出病来。

而且远不止这些。喝了这种酒后，你在摘花时做过什么动作，饮者醉后就会做什么动作。

是在一个山洪暴发的雨天。

去伐场出门时山洪并未暴发，也未下雨，天气看不出有什么恶兆。那天巴安常牵着熊去伐场，他把熊拴在山崖前的一棵大树上，离人远远的。那一天巴安常拉肚子，就回到队宿舍驻地找卫生员弄药吃，准备吃了药再去伐场。这一切让冉二贱看在眼里，趁中午给工人送饭时就给小熊喝了醉醒花酒。接着大雨如注，山洪就要来了。工人们赶快过河回驻地，那熊因为拴得隐蔽，大家没有发现，就留在了伐场。

山洪暴发，巴安常见同伴们都回来了，才发觉熊没牵回来，就跑去想把熊弄回来。可是溪河里早已是漫漫洪水，湍流如瀑，涛声如雷，人如何能过去？

巴安常从河边回来时像掉了魂似的，一夜未睡好，第二天一早就出去了，晚上快快地回来了。第三天，雨仍在下，山洪依然在奔流，大伙依然无法上工，就躲在工棚里烤火聊天（山上六月也得烤火），或蒙头大睡。巴安常还是出去救他的熊去了。

到了晚上，巴安常也没回来，熊当然也没回来。

大家以为他回家了，因为他家不很远，也就几里地。

但是又过了一天，天晴了。虽然天晴了，山洪在溪河里鼓荡的声音还是能清晰传来，不过明显小多了。大家等着洪水退去时，巴安常的爹巴打匠出现在大家面前，他说他做了个噩梦是关于儿子的，就来看他。大伙一听说巴安常没回家，就知道问题严重了。就和巴安常的爹一起去找巴安常。

黄色的太阳趴在山冈上，照着汩汩流淌的河水，在傍晚的静穆中，河水如一个喝醉的人吐出的秽物，泛着难闻的腥气。他们在河这边朝伐场喊：

“巴安常！”

又喊：

“油星子！”

没有回音。但一只熊的呼哧呼哧的吼叫声从河那边的山崖里传来了。这让我们拼了死命也得过河去看看。巴安常的爹第一个跳进河水里，大家用绳索拉牵着过了河，循着那熊的声音走去，果然看到了巴安常。巴安常只剩下一副骨架子了。那只熊正舔着鲜血淋漓的嘴巴，在链子的活动空间里又扯又蹦着。

可是我们看到，那熊正拴在一片盛开的醉醒花中间。蓝英英的醉醒花已经被那熊啃吃得一片狼藉。那棵拴铁链的树，也被扒去了大半的皮。熊因为被主人忘记，因为饥饿，因为狂躁，只好啃树皮和醉醒花草，并把地下刨出了一个大洞。

大家知道，熊一定是疯了。可是生为神农架老山的人，巴安常为什么会疏忽呢？那么多醉醒花他没有看到吗？吃了醉醒花是要发疯的。也许，拴它的那天那些醉醒花还未开放吧。但我们都闻到了酒味——在巴打匠哭号着打死了那只咬死他儿子的熊之后，我们闻到了熊的血腥味也闻到了它身上的酒味，这就是以后大家盛传的：是冉二贱下了该死的药酒。且冉二贱在摘醉醒花时，肯定一遍一遍地做了吃人的动作。

也许，这都不是原因。只是因为熊太饿了，把主人吃了。

牧　歌

前来买枪的那个城市客由老猎人张打的干儿子来登带来了。他们因为爬山，两腿沾满了泥，光溜溜的面颊上淌着热气腾腾的汗。那个城市人说："说白了吧，我又想藏枪又不能让派出所找我的麻烦，说我私藏枪支。您这杆没啥实用价值了的百年老铳正合我意。我只想把它当作一种装饰。"

"这很好，"张打说，"这枪只能当装饰了。不过要想打，它还能打。什么都可以打死，老虎，老熊。我要是给你，我就把火药倒出来。这里头有火药。"

"我只想有一种山林的气息。我的家里。"

"那你过去在山林子里住过？"

"不，在湖边，是小时候。"

"是洪湖吗？"

"不是。我见过人在湖上打猎，打野鸭。"

"洪湖过去就有很多野鸭。"

"洪湖我没有去过。"

"洪湖水，浪打浪，那歌子就是这么唱的么。我那时候……"

张打干儿子来登就接过话了，说："我干爹曾经是洪湖革命时的副团长，这没有假。”

城市客说：“那您今年有……”

“八十七了。”

“那您是老革命啦。”

“嘿，没哪个承认我，我开小差回来啦。”

张打跟他说他是开小差的。他说我后来就打猎，先前是打人，打国民党。再后来呢，放牛啦，当牛倌，中国最小的官。但是他听见那个城市客在那儿跟来登慷慨激昂地说什么，那人撴着那支枪，那杆沉重的老铳，比画着，说，我恨不得把我身边的那些鸟男鸟女一个个崩了。看起来一脸的道貌岸然，实则满肚子男盗女娼，口说不想当官，实则心里火烧火燎；口说不想出名，实则为名发了疯；卖官鬻爵，行贿受贿，欺上瞒下，吹牛拍马。张打就说：“那我可不敢卖给你了，有仇恨不可以持枪，我这是打野物好玩的，不是杀人的，我这枪已经走火杀过人了。”张打对他说：“我怕到时追查到我头上。”那城市客说：我只不过说着玩玩，我哪有那个胆啊，人有时候可能会生点杀人的想法，这一点也不稀奇，很正常。张打说，这样看来枪是不可以到城市去的，它是山里的东西，林子里的东西，跟山里的野物一样。它就比老虎豹子大一辈，专卡它们的。张打的这杆百年老铳，没有扳机和准星，全凭了人的感觉和触角，你从香筒里取出一支香签，点燃火，把它拿在手上，或者夹在铳尾的香夹上，你慢慢地让它靠近那根小小的引线，打匠（猎人）们称为捻子；你靠近捻子，在一刹那间，捻子燃了，火药也就燃了，在这百年的铁膛里躁动，寻找出处，然后就推动那一堆的滚珠呀，六毛丝头呀，钢筋头呀，再燃起那一坨当塞子的头发，这全是一瞬间的事，枪就响了，冲出去了。在枪响的一瞬间，打匠的目光十分平静，枪口冒着蓝色的烟子，而天空可能会腾起鲜血和黄色的火药烟雾，但马上就会消散。这枪与那人讲的那可恶的城市有什么关系呢？按他说的品质不纯的城市人明枪暗箭，靠的是舌头和笔，笔快如刀，舌利似箭，张打我这把百年老铳根本解决不了问题。它太迟钝啦，太土气，太没有杀伤力了，纵然你灌了一把又一把滚珠和钢筋头，对讲究杀伤力的城里人来说都不过瘾。所以说，我张打这把铳只属于偏远的森林和高山。我知道人与人的较量是很残酷的，这个我懂，别看我张打如今是个糟老头子，当年在洪湖，我亲眼见过夏曦杀人的情景。他们把活人往麻袋里一装，扔进湖里，派几个人把麻袋踩进淤泥中，一个所谓的“反革命改组派”就消灭了。他们还给你脸上贴黄裱纸，用浆糊，贴一层你可以呼吸，两层还可以，三层四层，五层六层，你就没气儿了，窒息了，于是，一个不听他的话的“改组派”又消灭了。那真是顺我者昌，逆我者亡啊。在野兽与野兽之间除了用吼声就是用牙齿和爪子，一个强壮高大的野兽必定打败一个弱小的野兽。而人就不同了，一个很弱小的家伙，可以击败一个很强壮的人。这在于他们有舌头和笔，还有权力。人的脑瓜子又灵活，可以造出原子弹、氢弹、毒气弹，那决不是用来对付野兽的，而是用来对付同类的，所以……张打的意思非常明确，这土老冒的铳生就是山里人找食的工具，而城里人没用……

“你让我想想吧，你说我想要多少钱？钱嘛，好说……先拿过来让我擦一擦，火药也要晒一晒的，每天我都把枪拿出来透透气儿，它是有生命的，不能总关在我那屋子里发霉。还有那把开山刀，中间缺得像一道水槽子，晓得哪个的骨头卡了它的刃。我还是得好好地磨磨，不用它了，我也要磨磨，然后放进鞘里——这刀背是敲野兽脑袋的，刀口是割开它们肉骨的，我磨了，一旦抽出来，绝对是一阵狂风……让我想一想吧，”张打说，“过几天再来吧。”他拒绝了。

往常，太阳总是不紧不慢地在岭上爬动，越过草甸，向森林的根部滑去；在它经过草甸时，云彩的影子让苍翠的草染出一种英碧来，让黄色变成鹅黄，让深黄色的牛变成铁红色的牛。那些牛仰着头哞叫和伫望时，粗大的尾巴不停地在后臀和肚腹上拍动，赶走吸血的牛虻和苍蝇。它们的蹄子陷在低洼的烂泥里，那儿的草柔嫩无比，光彩撩人。它们踏着深深的脚印，争抢着在几株皮裸肉现的高山海棠树上蹭痒，一块一块干枯的泥巴从身上掉下来。几只八哥就会飞到它们背脊，替它们啄净身上的虱子。头牛如果向山下迈动几步，就会让其他的牛们惊慌，以为回村的时间到了——那个清脆的铜铃正是系在张打的一条巴山黄牛颈上的。这三十多头牛，其中有四头是张打的，张打和他瞎眼的孙子只要把牛赶回村口，拍着牛臀说：“回家去吧。”那些牛就各自悠悠地走散了，回到各家的畜栏里去，决不会走错。每一年，各家会给张打出一百斤苞谷或者洋芋，没有给的就不给，一顿酒就解决了问题，那是无所谓的。早晨，张打又会在露水中让头牛摇响牛铃，召唤村里的牛走上芳草萋萋的吞云岭。张打对干儿子来登说：“你让我想想吧，我当然缺钱，我啥都不缺，就缺钱。我想这几天去巴东沿渡河买头牛回来。你把那《龙文鞭影》给我找到，《幼学琼林》我算是抄完了，还给点纸我……”在晚上，张打没事了就抄写这样的书，《山王经》他已经抄了六本送人。他的干儿子来登是吞云岭酷好历史的奇人，他时常利用空闲时间研究这块土地上的人物、事件和传说，特别是民间唱本，如《山王经》《太阳经》《黑暗传》《白暗传》《红暗传》。特别是《黑暗传》，在中国的其他地方未曾见到，或者失传了，而在吞云岭这块神秘闭塞、险峻高深的地方保存了下来。或者可以说，是这块土地诞生了这样的唱本，因而它是中国唯一的。这些传说是一些创世传说和神话，在如此原始、简陋，自然环境恶劣的高山密林深处，他要发誓证明，这些传说是汉民族的创世史诗，《黑暗传》就是他们千秋万代保存下来的汉族家谱；它上溯到盘古开天地前的若干万年，上溯到盘古的祖宗江沽，江沽的祖宗黑暗老母、混沌……手握着十几亿人唯一一本家谱的张打的干儿，是张打的骄傲，可他为何要出卖他干爹那杆枪呢？

张打是民国二十七年从洪湖回家，翌年便找到他父亲传给他大哥的这杆枪的：枸骨过冬青的柄，三尺长的铁枪膛，那可不是钢管，是一根铁棍用钻子钻出来的。这之前张打玩过盒子炮，连发十响的仿德国造驳壳枪。最早在杀死房县“杆子队”队长高月川之后，他领到了一杆汉阳造。他还玩过大刀。那当然是在房县第十二区苏维埃政府里。民国二十年八月，十二区苏维埃政府成立，张打清清楚楚记得是赵天柱为主席，赵全兴为副主席，军事委员谢冬池，财政委员李成忠，密察委员钱志义，土地委员杨振西，情报委员刘双喜，贫农团主席谭子豪，常备队长是谢冬池兼任的，张打因喝过两年私塾的墨水，弄了个宣传委员。他的记性如今是越远越清楚。他们杀了“杆子队”队长高月川，没收了大地主吴家全的财产，处决了土豪劣绅黄必成、张先继。接着，红三军东下洪湖，他们便去了洪湖。那一年的冬天，滴水成冰，雪有三尺多厚，他们人人一双赤脚踏上了过吞云岭、下宜昌、到枝江、走公安、渡长江然后到洪湖的漫漫征程。一路上被国民党和地方武装夹击，还没有走过吞云岭，就遗失了一队兄弟，始终没有找到，仿佛被鬼吃了。走到洪湖，认识的人去了大半。张打在九师师长段德昌手下当上了副团长，在与国民党九十八师激战监利城战斗中，他小腿骨折，倒进稀泥塘里，泥水呛肺，住进瞿家湾红军医院，七个多月，小腿好了，肺里的泥水却不能出来，老是咳嗽、胸闷。出院后，一次在江边打一艘国民党粮船的伏击，因他在潜伏时突然咳嗽，暴露了目标，致使战斗失败，回来挨了夏曦的四十军棍，关了三天，差点没被杀了。后来段德昌被肃反给枪毙了，他只好假托家里老母病重，请了个长假，换上老百姓的衣服，一路讨饭回家。

他回到家里的那天晚上，没有见到一个家人：父母、大哥、小哥、嫂嫂，却在火塘上见煮了一锅肉，咕噜咕噜地冒着热气，火塘里的火虽然不大，但还在燃烧。屋内有几个不相识的人倒在地上，有的砍了头，有的脖子里还在咕咕地冒血泡。他以为是走错了屋子，见了酒肉俱全，又饥又渴的他，也不管三七二十一了，搛起肉来就吃，正吃了八分饱的时候，一个邻居跑过来，见是他回来了，大吃一惊，说："你好大的胆，还不快跑，你家里的人都被他们杀光了，这锅里的肉就是你兄弟的肉。"张打一听，吓傻了，拔腿就往后山上跑，一直跑了两百多里路上了吞云岭，跑了整整两天，没歇一口气。

在吞云岭深山里，他瞒了身份，给一家地主放牛。那地主就两个老人，无儿无女。他托人去打听家里的情况，才知道一家数口：父母、大哥、小哥连嫂嫂侄儿，全被房县团总给杀了。打听情况的那人就帮他从他大哥家里背出一杆老铳。他一看，是他父亲的，给了大哥。他收好了铳，偷偷躲在山上大哭了一场，依然放牛。那地主夫妇见他老实肯干，把几头牛放得膘肥体壮，就对他很好，他们见他肺疼，不能坐也不能卧，就请了个游方郎中给他治病，那游方郎中给张打弄来了许多草药，煎着吃着，吃了一段时间，肺慢慢好啦。张打很感激那地主夫妇，他们见他无家可归，就说做他们养子算了，就这样，张打半推半就地就成了他们的养子。这一下，他这一辈子就不得安宁啦。后来，他们又给他撮合了一个本族寡妇，大他十岁，还有两个娃子，张打就做了人家的"抵门杠子"，也跟地主改姓张了，由赵打叫上了张打，从此在吞云岭扎下了根。

那时候，张打在吞云岭成了家，有了两个继儿子，不几天就解放了。张打记得来这儿土改的是一个姓覃的副营长，恩施人。张打对他们说：

"你小子比我的官小多啦，老子在洪湖革命时都是副团长了，警卫都两个。老子负伤后端屎端尿全是勤务兵。"他跟副营长比官！

那副营长说："你这地主崽子休想猖狂，你参加了啥子革命？一个逃兵而已。"

他先对张打还挺客气的，张打这一次跟他喝酒比官之后，他就对张打恨之入骨了，把张打那养父给枪毙了。张打养父有一百多亩地，可是吞云岭稍微有点劲儿的农民有二三十亩地也不稀奇，刨一块荒岭子火烧便是自己的了嘛，这叫"烧火田"。张打养父在红石沟枪毙的那天，姓覃的副营长对两个行刑战士说：

“此人只有一枪的罪。”可两个行刑的战士枪法不准，共打了三枪才把张打养父打死。两个战士回来后，姓覃的说：“人家一枪的罪，你们打了三枪，另两枪你们受了吧。”于是把这两个战士拉出去毙了。就这样，张打不仅养了两个继儿子，那地主婆养母，也归到他门下，要他赡养啦。张打念及地主养父养母治好了他的呛肺病的恩情，养就养呗。

刚开始他没去打猎，经人介绍，踏上了川鄂盐道，在四川和吞云岭的深山密林里来来往往，背盐为生。张打虽长得高大，但因在洪湖负伤，腿上负重不行，肺又呛过泥水，已经不算个狠男汉了，人家一人背四五个包，他顶多只能背两个。一个多少斤？一个一百八十斤，五个包就有九百斤之多了。背盐夫个顶个的是大力士，途中忍饥耐渴，一般不卸背篓休息，有一根杵棍，卡在背篓底下，可以站着休息。背盐夫有“上八下七，平路十五”之说，也就是上坡八步一杵，下坡七步一杵，前面的喊号子：“打杵——”后面就依次歇了，歇口气儿，再上路。去四川巫山的路，有一千里，临行前，他的老婆就为他先推好了苞谷糁子，五斤、十斤装入自缝的布袋中，吊一块竹片，写上他的名字，将这些糁子寄放于沿途的客栈，回来时，各寻自己的袋子，给房东几个火钱煮了吃。川鄂边的原始森林里，一年的大半时间处于大雪纷飞的季节，他们带上桐油布篷，天晴遮阳，下雨下雪盖在盐包上，每人脚下过雪山时为防摔下悬崖，都穿有铁打的脚码子，绑在草鞋上。那时候，新中国刚成立，路上还有剪径的土匪和国民党的散兵游勇，常常劫他们的盐包。有的人就拼了命，有的人就自认倒霉，一趟下来，说不定倾家荡产呢。背盐的人多，有的是私人背的，有的是为当时的供销合作社背的。宿在某一处客栈，人又满了，一个通铺上人挤人，你后到，怎么办呢？总不能在火塘边坐一夜吧。老板自有办法的，搞一块光滑的长木片子，用冷水浸了，往人缝里一插，说："两边去！"脱光了膀子鼾睡的背盐夫们就被激灵一下，忙缩向一边，中间就插了一条缝，你就可以躺下半个身子对付一夜了。

在深山密林里也有许多乐趣。那时候，红毛野人也多，经常找他们讨食。有一次，他们在岩洞里夜宿生火做饭，洞口站着个两米多高的红毛野人，伸出毛茸茸的大手找他们讨吃的，张打就给他投了几个苞谷饼。可那野人还不走，张打就将同伴带的一个小溜锄烧红了投给他，他烫得哇啦哇啦大叫着跑开了。但那天晚上，张打他们七八个人住的岩洞里，唯有张打被老鼠咬得不能睡着，半边小脚趾啃掉了，一双麻草鞋也不见了。天亮起来，找不着鞋，同伴就说，那不是野人，是个山精木魅搞了鬼。

山中的豺狼虎豹也是多呐，有一次，张打背了四百斤盐，走到一个叫百步梯的高山上，就听见老林里传来老虎和老熊打斗的声音。张打是个不怕鬼的人，心想啥枪都扛过，杀过"杆子队"，也带过兵真枪真刀干过，我怕个啥，就对同伴说："你隔远点，我去望望。"张打就走近了。老虎最先发现有人来了，不知咋回事，许是他身上有杀气吧，见他过来，老虎掉头就跑。这家伙一身扁担花，斑斓动人，跑起来也威猛极了。张打正在瞅那老虎往山梁上跑，被老虎咬伤的熊却在一旁哼哼。他一看，熊还不小呢，看样子只有半口气了，他就更大胆地靠近它，观察它的伤情。以为今天可以割两对熊掌加一颗熊胆，这一趟就捡了个便宜。他看了看，两对熊掌至少四十斤。嘿，那熊哪儿死呀，刚才只是被老虎打倒了，伤是伤了点儿，在眼圈周围和后掌那儿，撕出些肉筋来。熊因为眼力不济，张打到了它跟前，以为是老虎又跑来了呢，必须反击，于是唰地坐起来，用两个前掌抱住了张打的腿。妈呀，张打想这下要命了。求生的本能让他抓住了熊脑壳，见前面有个树杈，一下子把熊头摁在了树杈里，便高喊同伴，要他赶快来帮忙打熊。哪知那同伴是个胆小鬼，拔腿就跑，张打见没有人帮忙，只有死死摁住熊头，不让它动弹。这熊头不能动，熊爪子可不是吃素的，就乱刨，把树皮一块块地刨掉了，又刨张打的肚子，刨烂了张打的衣服，也一爪刨到他的血肉，张打吃不住了，只好放了熊。张打以为那熊肯定要吃他无疑了，哪知这家伙后退了几步，就往山下跑了，它负了伤，不敢与张打继续打斗，张打这才又捡了条命。

熊爪子的毒大得不得了，村里就有人被熊抓过脸后烂死了的。张打回来后肚皮也烂掉了，快烂穿，才找到那个给他治肺的郎中，治了两个月才好。从此以后，张打再也不敢去四川背盐了。

从那次张打与山中的野物结了孽，张打就开始捡起他大哥留下的那杆土铳。他在墙角和山洞里刨了些硝盐，又把河边的枫杨树枝子烧了些灰，就开始熬制火药了。然后他找村里的高铁匠舀了些铁砂子儿。如果他打到了些野鸡或麂子，有时丢一只野鸡，丢一只麂胯，高铁匠就说：你自己去缸里舀吧。他是完全信任张打的。这铁砂子为何放在水缸里呢？铁砂子其实就是把铁化成水了，在水缸里覆一个水瓢，铁水从瓢顶滚落冷水里，一颗颗就溜圆了，沉落缸底。打匠们都是以物易物。高铁匠收了这些圆毛扁毛的山货，剥了皮，拔了毛，拿到镇上去卖，肉和毛都值钱。你别看，那时一张麂皮八毛到一块五一张，硝得最好的皮子可卖到一块八。麂子肉做汤是天下最鲜的汤，不低于四角一斤，毛野鸡也三角钱一斤。在冬天来临的时候，张打有时在低山打麂子，一天最多打过七只，这一点不稀奇。

张打上山打猎，总是带着他的两个继子，带上四条凶猛的猎狗，这四条猎狗叫福、禄、寿、喜。这些狗都一律嘴巴粗，尾巴直，下巴有一两根刺得死人的箭毛。三根的张打就不要了。打猎的知道：一根撵，二根叫，三根四根守强盗。张打的猎狗们能跑善战，把野兽撵进山洞后也会拖出来撕咬，管它是豺是狼是虎是豹。张打的头猎是福子，它是掌叉子的，有五张嘴——凡脑袋上的器官都是嘴，能听能闻，能跟风，就是在风中也能闻到五里之外的野兽气息。

张打的头猎和二猎，那真是为主人尽忠的猎犬。有一次，张打带着两个继子在坟山里赶仗，赶出一只猪獾来。张打看见福子和禄子两条狗飞快地追撵。猪獾跳过了一条河，又钻进一大片山荷叶的深处，再向一片高山上的珙桐树林猛跑。在那树林里两匹猎狗与猪獾咬成一团，不知为何，猪獾挣脱了两匹猎狗的撕咬，向前跳进了一个深不见底的天坑，可那福子和禄子，竟也跟着跳了下去。猪獾为了落下个整尸，跳下去是情有可原的，而张打那两条狗也为何跟着它往下跳呢？因为它们要尽到猎狗的责任，这难道不是殉职和献身吗？张打那天在天坑沿上，站了许久许久，脱帽向他的两匹猎狗致哀并致敬。他惋惜，但更多的是骄傲，他这个打匠可以驯出如此忠于职守的狗来，以后还可以驯出更好的狗。以后，他在神农架又物色了两匹好狗，还是叫它们福子和禄子。他是这样的，家里的人、畜是不能减的，死去一口，新添一口，死去了他的养母，张打添了一口猪；死去了狗，张打再添狗；卖了一头牛，张打还需再买一头牛。

张打这人是个不怕鬼的，他怕过什么呀，响当当的红军团长。“文革”时，说他是逃兵、叛徒、地主狗崽子。两个造反派把他押到区里办学习班，他背了一袋子蜂糖拌苦荞炒面，两个押他的造反派想找他讨点吃的，他就在口袋里撒了几滴尿，说：“你们吃吧。”那两个家伙哪吃得进去，说：“学习班有你的好果子吃。”他才不怕，他说：“你们把老子怎么样？国民党打断了老子的腿，让老子呛了一肚子泥浆水，也没见死，你们这些小爬虫小崽子把老子扳得弯？！”

到了区里，那个姓雷的造反司令问：“你是哪里人哪？”张打说：“老子是荞麦公社蜂糖大队人。”那雷司令就抽出皮鞭，照准张打一顿好打。张打说：“老子不会吭声的，吭了一声是你们儿子。”第二天，那雷司令给他们这些五类分子训话，说：“你们是一群乌龟，我就是龟头。”把张打好一阵笑。其他的地富反坏右不敢笑，咱敢笑，笑那个龟头。张打就喊：“龟头司令，龟头司令……”张打肚子都笑疼了。那个司令火了，把张打吊在一棵皂角树上，让他暴晒了两天太阳，屎尿全晒在了裤子里。张打不屈服，张打说：“你这龟头，你听着，老子干革命的时候，你还在你娘的怀里嘬奶呢！”

谁都不承认张打是革命干部，革命军人，老红军，就因为他是开小差跑回来的，又认贼作娘，跟上地主当了养子，成分自然也成了地主。其实，张打不过是个放牛娃。他一天地主的生活都没有享受过。就在张打那个养母病重之时，他上山打死了一头老虎，其实也是为民除害；村里的王撇子喝醉了酒，倒在路上，结果被老虎衔走了。村里来请张打，要他上山去打老虎救人。张打带上儿子和猎狗上了山，只找到了王撇子的两只脚，其余都被老虎吃了。猎狗循着气味进了一个山洞，终于把老虎咬了出来，张打一枪就从老虎的左眼穿进右眼，抬回来剥了一张完整的虎皮，给他的养母“装老”穿进了棺材。

张打的养母死时，雷司令已是公社的革委会主任。他老记得张打笑过他龟头司令，就开张打的批斗会。这家伙也想得绝，他要张打背上他那死去的养母。张打背个死人走了半天才到公社，那正是阴历七月，骄阳似火，他让张打站在台上，说要把这对地主母子批倒批臭。张打背着养母的尸体站在台上，太阳晒得人燥闷难当，大汗淋漓，一阵阵尸臭的熏蒸把张打快弄得窒息，苍蝇飞舞，口号声声，张打感觉到他也快死球了，就大喊：“你这龟头司令，你拿刀子来杀了我吧！”那些训练有素的当过兵的打手们就用腿踢他，用杠子抽他，他终于站立不住，一下子就扑倒在台上，这时那雷龟头说：“好了，批倒批臭了！”

张打埋葬他养母用去了一张虎皮，他觉得值。养母待他太好了，把他视为她的亲生子，虽然她一生未曾生育。张打记得当他去四川背盐时，每当出发，就见养母跪在菩萨前，秉烛敬香。张打回来，他看见吞云岭那棵千年香果树上，又系下了一条红布——那一定是他的养母为他系的。他上山打猎，她也要为他敬山神，她口中不停地念着张五郎猎神的名字，念着山王天子希夷妙道天尊，就凭这，张打为什么不给她备一副好寿材和一张虎皮？别人说，张打，你千万别给那地主婆子披麻戴孝哪，可是张打没有了亲人，就这一个亲人了，他为何不给她披麻戴孝？他唱了两个夜晚的丧鼓，把养母热热闹闹送上了山。

罪名也就来了，说他是地主阶级的孝子贤孙，那龟头主任又让张打去参加公社的劳动改造，为公社砌粮仓。每天早晨天没亮就得出工，晚上八九点钟收工，还得继续学习、开会、批斗。因严重睡眠不足，人在犯迷糊的时候，把一块石头砌松了，那家伙硬说张打搞破坏，破坏毛主席备战备荒为人民的伟大战略方针，要张打把那块石头背到县里去，向政府交代。张打当然不愿去，这家伙就派了两个彪形大汉押他去。张打就背上了那块一百多斤的石头，走沟蹚河，上山下坎，走了一百里路到了县里。县政府根本没人理他，以为是个神经病，张打只好把那块石头丢了，放在县政府的花坛里——现在那石头还在呢。

张打想起这姓雷的整人，绝对比当年洪湖的夏曦还厉害，夏曦只知道杀呀杀呀，哪有这样整人的花样。这姓雷的还是个大色鬼呢，他霸占了清凉垭一个富农的女儿，从二十多岁占到了三十岁，还不许人家出嫁，放话说："哪个想娶她，我不给开结婚介绍信，你们拿不成结婚证。"谁还敢娶她呢。也算老天有眼，就在这个女人将老死闺中的时候，一天，姓雷的到一个大队检查社员盖的粮仓，一个轰天大雷，谁都没劈，独独把他给劈死啦！

张打打猎，两个继子也跟着他打。可两个继子不成器，本事没学到，坏事做了一箩筐。一九七一年的正月初二，雪下得很大，小儿子张侠回来对张打说：

"张打，岭那边山窝里，有两头野猪要吃一头野猪。"这小子从来对张打直呼其名。

张打以为张侠在诓他，这小子很会编白话儿，哪有野猪吃野猪的。张打就去看，果然两头野猪在攻击一头野猪。张打就明白了，这一年雪下得厚，平地一米深，而且从年前的十月份以来，雪就从没化过。四五个月，把山上的坑坑壑壑全填满了，封盖住了，可怜的野猪没吃的，只好吃自己的同类。

在晚上，他们一家全听到野猪的厮打声，可是谁也没理那个茬，打匠们都知道，正月是忌月，不能随便打猎物的，野物也有一个年，这是老辈子传下来的禁忌，张五郎定下的。晚上烤着火，也谈论了一下那两头野猪是不是把另一头野猪给制伏了。第二天，厮打声没有了，小儿子张侠也不见了。回来时，从野外吭哧吭哧拖回了一头没有了脑袋的野猪。张打过去还没有看到过这么龌龊的畜生呢，这无头野猪颈子上的皮翻到骨头外面，血早就冻成了黑冰，整个猪就是块石头，一两百斤的块头，浑身的硬刺直棱棱地伸着，怎么形容呢，就像个无头鬼披了件蓑衣。张打当时就有不好的预感，只是没敢说出来。他一见那个龌龊东西，心里就像丢了什么似的一阵惶悚，赶快用大声气来压住邪秽，对张侠吼：

"扔出去！扔掉！快扔掉！"

张侠说："不能打也不能捡吗？"

张打说："不能打就是不能捡的，这不一样啦！"

那小儿子不干，大儿子也不干，他们的妈也不干，众口一词说：

"你不捡别人捡了，哪来这多老规矩，以为真是猎王哪。"

在家里哪有张打说话的地方，他们娘仨一股绳子了，张打就狗卵都不是了，是个外人，连自己的姓都没有的人，跟他们姓了。你看他们那个欢天喜地的劲儿，就像闹土改分田地，抬起无头猪，就放到火塘上烫毛，毛燃烧时发出的气味一阵阵让人恶心，就像胶鞋烧着了一样，还夹杂有一股山里移物的血腥味。张打想起这无头的东西在哪儿见过，就在他们开始剥猪皮时，张打突然想到他从洪湖回来时在自己家里见过，并吃过他兄弟的肉。这事张打是把它埋在心中很深的地方的，不想回忆，害怕回忆，可现在突然翻出来了。他们娘仨开膛破肚，张打的肚子也被翻了个个儿，他一个劲地在猪栏里作呕。他们喊他进屋吃心肺汤，他能吃得下去吗？

晚上两头野猪就循着气味跑到张打家来了——这事还没有完结呢。那是它们的食物，它们辛辛苦苦花了两天咬死的同类，才啃了个头，最美的佳肴还来不及品尝，就被人给悉数收走了，这两头怒气冲冲的野猪开始了拱墙脚。要知道，野猪的嘴巴比刀子还厉害，简直像推土机，那干打垒的墙，经得起它们拱吗？拱得整个屋子特别是椽子和檩条炸炸地响，墙不停地颤抖并发出嚣叫，刚开始他们不知道是什么原因，外面雪落无声，风又不大，以为是山崩地震了。屋里的狗咬得凶，它们是拴着的。张打披衣起床出门一看，看到两个黑乎乎的家伙，一闻气味便知是野猪。正准备拿枪去吓唬驱赶它们，小儿子早就端枪出来了，并瞄准了它们。张打手疾眼快就把他的枪推开了，高叫：“打不得！”小儿子不听劝，一意孤行，要朝野猪放枪。结果父子就在门口打了起来，枪走了火，总算把野猪吓跑了。但到第二天晚上，这两头野猪又来了，咬死了张打家一头猪。因张打把枪藏了起来，小儿子找不到枪，就把四条猎狗放出来，张打唤狗也唤不住，狗见了猎物那一准是不要命的。在张打家后山上，四条猎狗和两头野猪展开了生死大战，饿极了的野猪这一次似乎占到了上风，两头野猪不仅没被猎获，寿子和喜子两条狗倒被咬得面目全非了，一只鼻子咬掉了一块，一只尾巴咬断了一截。张打看到那断尾巴的喜子就想笑，张打一笑他小儿子就将他一掌推到雪地上，一个嘴啃泥。那雪可不是一般的雪，冻了凌的，砸得张打眼冒金花，口鼻流血。张打说："好哇，你好大的胆，敢打你的爹了，你翅膀硬了不是。"张打操起打猎的开山刀就朝他砍，砍伤了他的脚后跟，张打狂叫着说："你们哪个敢过来，过来就是一刀。"张打实在忍无可忍了，反正这个家也不是老子的，杀光了也没什么。大儿子张胆把张打抱住了，说："爹息怒，爹息怒。"

到了秋天，这两头野猪又出现了，全村的苞谷、洋芋不吃，专吃张打那自留地里的苞谷和洋芋。这野猪是很记恨的。张打只好带着两个儿子去山上赶仗。小儿子就埋怨张打了，说：

"张打你这个老混蛋不听我的，早打死了早没事。"

张打出猎本来是不太问枪打卦，他一贯认为一药二铳三本事，药好铳好本事好，张五郎就保佑你了。那一天张打就想到非要问枪打卦了，这两头野猪十分蹊跷，简直跟人一样晓事，恨心又大。张打把两个儿子的枪和他的枪放在神龛前，就开始甩卦。张打先问自己的枪，看今日有没有山运。张打甩了一卦，不顺，甩第二卦时，两块薄薄的卦板竟立了起来，像两个小偶人站在那里，这可稀奇了。张打想，事不过三，再问最后一卦，一看，还是个凶卦。张打就说："枪啊，枪，莫非今日你要害我不成？"张打再问大儿子、小儿子的枪，全是顺卦。大儿子张胆就要与张打换枪，他那杆枪也是火牙子，张打就说："那不如用我的，我也是啄火，你也是啄火，我的用顺手了，拿在手里的分量就是野兽的分量。"小儿子的枪呢，是单管猎枪，有准星和扳机的，张打却瞧不上。他往里塞子弹，跟张打灌药差不多的时间，张打灌一膛药最多二十秒，最少五秒钟。张打背上了他的老枪，说：“走。”他还背上了木盒子装的猎神张五郎。他掐指一算，这天是红丧日，能打到野物，也就是说能一枪见血。那个张五郎他是倒背着的，如顺背，他是在翻坛打斗两脚倒立，两手在地。倒背着，也就意为五郎神到了，你看他：左手拿着桃木棒，右手按一只报晓鸡，那肯定会助爷仨一臂之力的。张打一路走一路念开山咒：

开开开，盘古老祖下山来，一开东方甲乙木，四边野兽在此出；二开南方丙丁火，四处野兽从此过……四开北方庚辛金，四山野兽听我令……

可这一天野兽却偏不听张打的命令。小儿子张侠因为怨恨张打，懒得行走，就干上了最轻松的坐仗，也就是瞅准野猪撤退的道儿，赶仗的有意把猪往那条道儿上逼。小儿子坐在那刺沟的小路口，张打与大儿子加上几条猎狗出发了，漫山遍野搜索、吆喝，终于赶出了野猪。他们还下了几只“铁猫子”，那铁猫子是用铁钎打进去的。有一头野猪踩上了铁猫子，那铁家伙夹断了它一只腿，可野猪拼上了老命，它硬是把铁钎拔起来了，拖着铁猫子，三条腿比那福、禄、寿、喜跑得还快，真是野猪英雄啊。但那野猪终究是负了伤断了腿的，还带着个铁猫子跑，最后被几条猎狗一顿好咬，张打赶上去再一枪，解决问题啦。在逮住第一头野猪后，第二头野猪就被他们逼得在一个山沟里打转转了，但就是不往坐仗的小儿子方向去。为何？张打一闻空气，从那边闻到了烟味，那小杂种躲在一丛粗榧下面抽烟呐。张打都闻到了，野猪还闻不到！烟味、汗味、狐臭味，有了这三味，你别想打到野物了。四条狗撵，张打与大儿子赶，打了两枪都没伤到猪的皮毛。等张打装足了火药放第三枪时，就见枪子儿落处，鲜血冲天而起。张打和大儿子赶快跑近一看，野猪也倒了，人也倒了，那人倒在地上一阵阵抽搐，绝望的眼珠子瞪得像铜铃，嘴巴和眼睛及耳朵那儿，因为痛苦拧成了麻花一样的皱褶，是小儿子张侠！那野猪呢，样子跟张侠一样可怕，宽大的嘴巴全张开了，吻豁幽深如黑洞，两对长獠牙戳出腭肉，像四把寒剑，黑麻色的毛皮闪烁着阴森无比的光泽，让人不寒而栗。

事情就可想而知了，张打把小儿子背回家里，被他那老婆和大儿子加上张家族里的人捆了个结结实实，他们下狠劲用刺牛棒敲打他，打断了他两条腿，并把他投进了猪圈。张打拖着两条不能动弹的腿在猪圈里待了三天，与猪争食，和猪睡在一起。张打想这次我必死无疑了，虽然我活到如今，相信人不止一条命，从我杀“杆子队”算起，我这命跟猫和狗的九条命比，也差不多了，人大约也就只有九条命吧，到头啦，谁也不会来管我了。要是我那地主养母没死的话，我可能还能再捡一条命回来。嘿，天无绝人之路，就在张打快死的当儿，那个救过他命的游方老郎中出现了，张打一看，是他，就是当年给他治肺的那个，他就拼命喊他的名字，等老郎中走近，张打一把抱住他的腿。那郎中果真老啦，胡子垂齐胸前，但面膛红润，一看就是喝过黄芪蜂蜜酒的。张打喊：“救命哪，救命哪！”他见张打这个样子，问为何要睡在猪圈里，张打实话告诉他说我枪走了火，打死了小儿子，落到如此下场。老郎中蹲下来看张打的双腿之后，面露为难之色，道：

“这双腿烂成这个样子了，都变了色，我是无能为力了。”

张打说：“您是救苦救难的观音菩萨，您总有办法的，当年我那肺病，吃了七个月西药没吃好，您一下子就弄好了。哪有郎中治不好的病，只是没找准治病的药。”

郎中说：“有道理，要治你的腿，最后看碎骨蛇肯不肯帮忙了。”

张打一听用碎骨蛇，这到哪儿找去呀，这等于是让他到大海捞针，到天上摘月。碎骨蛇是一种什么蛇呢，它从石上树上跌下地，便断为数截，在地上一蹦一蹦，像挣扎一样，蹦了一会，又蹦到一堆去了，按原来的顺序又自动连接起来了，又成了一条完整的长蛇。神农架叫它“九死还阳虫”。张打又一次陷入绝望，他老婆和大儿子是不会为他踏遍青山去找此蛇的。张打就对郎中说：

“您是跑山看病的，手里一定有这种还阳虫。您发发慈悲给我治了吧，我来日一定重谢。”

郎中说：“你拿什么谢我，在猪槽扒食的人，你还有什么能耐？”

张打说：“我不是吞云岭的猎王吗？我用一头老熊谢您。”

“少了，”郎中说。

“十头！”张打说。

“这还差不多。”

那郎中就放下了他的羊皮褡裢，掏出一个布袋子解开，放出一条蛇来，正是碎骨蛇。那蛇一到地上，就断成了数截，等那蛇复原了，他收起来，又往下丢，又断了数截。这样丢了九次，郎中就在蛇头前施了布袋，收于袋中，一顿猛摔，将蛇摔死了。据说这时候，蛇的药力最强。那郎中摔死了蛇，就拢了些柴在地上生火，将一块石板支在火上，把那蛇放在石板上炕焦，用石头捣碎，趁热敷在张打两条腿上，又用布条子缠住，对张打说：

“三天不退肿，神仙无办法。”

这古道热肠的郎中又对张打老婆和大儿子说：

“人已死在枪下，这就是他的命了，何必再赔上一条命呢。我掐指算来，你屋里缺了猪圈的那个男人，必定塌天。”

走村串户的郎中都是亦巫亦医的，何况他还有那么大一把白胡子。张打迷信的老婆将信将疑，就把张打抬回了屋里，洗刷干净，放进了被窝。那郎中再对张打悄悄说：

“你若好了，我也不要你十头老熊，这只能说明你命大。若给我两个麝香两只熊胆就行了，我给人配药要这些东西。”

三天以后，张打的腿消了肿，能下地行走了，新肉也长出来了。半个月后，完全恢复如初，能跑能跳了。想一想，在洪湖时被国民党打断了腿，这次又断了，断了两次，腿还是有劲，这怎么说呢，托谁的福？还是一句话：人的命的确不止一条啊。

张打腿好了后就拼命找香獐打，取麝香，找老熊打，取熊胆。张打还想打一头白獐，取最好的麝香给老郎中，他救了我张打两条命了。但找白獐是极为困难的，半年不仅没见到白獐，连麻獐也没见着。倒是在那个冬天见到了一头白熊。白熊在神农架是从不冬眠的。白熊是些幽默的家伙，能模仿人的动作，还会跳土家族的摆手舞和毕兹卡，可它发起怒来，比狗熊还可怕。那一次张打一个人带着猎狗去了山上，在莽莽的雪岭看见了一个雪球，从山顶上滚下来。然后，那雪球又往山上滚，张打看得有些发呆，心里发寒，以为碰上了山精木魅，然而那几条猎犬却箭一般地朝那团巨大的雪球扑去，原来是头白熊！这白熊也许是吃饱了没事儿干，就把自己当一团雪球在山坡上滚来滚去地做游戏呢。猎狗狂吠着冲上前去，把白熊的梦打破了。张打看它躲过猎狗，又一个骨碌往下滚，越滚越快；张打看见它抱着的四个脚掌通红，宛如四个大大的甜柿子。这熊在冬天就是靠舔脚掌才不至于饿死的。书上讲它是消耗自己的脂肪过冬，这是鬼话，它就是舔脚掌，那脚上的营养丰富，舔两口管一天，特别是两个前掌。所以熊掌特别是前掌值钱，营养价值高。过去张打背盐时，看见过一个同伴三天不吃饭，就拿熊掌舔。白熊虽不冬眠，也一样舔掌子，因为冬天吃的少，橡子埋进了雪堆里，很难刨。张打看白熊的掌子看发了傻；结果一枪没有定神，打歪了，那白熊听见枪声，闻到了火药味，一阵疾风似的扑向他。张打想刚捡回的这条命真的完了，来不及灌火药，白熊的血盆大口就朝他伸过来，他那时也没啥可想的，一把将手伸出去，伸进白熊的口里，抓住了它那又长又大的黏乎乎的舌头，死死攥着就不放了，就拖出嘴巴，卡在了它的嘴角。那熊想咬他又不敢下口，一咬先咬断自己的舌头。那熊就这样与他僵持，涎水哗哗地往外淌。这时，张打那英勇无比的猎狗们赶来，一顿猛咬，把白熊咬断了气，救了主人一命，张打终于获得了一颗白熊胆。

那一年，正在他找白獐的季节，山上出现了许多害兽，主要是野猪，大量糟塌农民的粮食。大队支书就找上了张打，说：

“老张，请你出山了，请你组织一个打猎队。公社也鼓励我们打猎，打死一头野猪奖一百斤粮食，打死一头老熊奖两百斤。”

张打连连推托：“算了算了，我见了枪就害怕，你还要我组织一个打猎队，不是让我自找苦果子吃。”

支书说：“老张，我们是很尊敬你的，从没把你当外人，也没哪个把你看成地主狗崽子。你在洪湖带过一个团的兵，搞十几个打猎的对你不是小菜一碟！”

张打说：“我的腿坏了你们又不是不晓得，再说你们不恨我公社恨我。”

支书说：“雷主任早被雷劈死了，谁还恨你呀。”

张打说：“我不想打野猪，别让我难受了。我还欠老郎中两只麝香，我只想打一只白獐子。”

支书说：“这又不矛盾。你若今年打不到白獐，我发动大伙找麝香给你，别说两个，二十个也找得到。你若打死一头野猪，粮食归村里，我给你记三个工分。”

张打还是高低不就，不想出这个头。但那时候，公社调来了张打老婆的一个什么表叔，是排名第八的革委会副主任，他也来做张打的工作，并给张打灌迷魂汤，称赞张打是吞云岭的猎王啦，百步穿杨，打虎英雄啦，等等。听这话张打就一肚子火，他说：

“你又不是不知道，我百步穿杨的枪法我还把我小儿子给打死了！我不干，我要是再干的话，又搂一歪火，把大儿子也打死了，我就不是断腿的问题，就要被人五马分尸了。”

后来谈判的是，张打的打猎队打死一头野猪公社奖一百斤粮食，有十斤归张打。张打那老婆见粮眼开，就准了张打带上大儿子张胆，还加上村里十来个枪法比较好的打匠，组织了一个打猎队，共有二十多条猎狗，一上山，嘿，别提多威风了！

就应了一句老话：大难不死，必有后福。那一年，活该他走山运，打死的野猪用拖拉机拖。什么叫走山运，告诉你吧，张打打死了一头野猪，又灌好了火药，去拖那头野猪时，别人抽烟把他的火门啄燃了，走了火，听见有野猪哼，哟，打死了后头藏在刺棵里的一头野猪。

那一年，公社仅奖给张打他们大队的粮食就有两吨，张打背了四百斤回家，喜得张打那没齿的老婆把嘴都笑歪了。张打还记了一大堆工分，工分虽只值两三毛钱一个，也不少啊。

那一年本来是个高兴的年份，可张打那大儿子突发奇想，想去当兵。当兵嘛，家庭成分又不行，是个地主，父亲还是个逃兵加叛徒（他们说的），政审不合格。张打老婆不是有个表叔在公社么，照理当个兵是没问题的，可武装部就是不批。说到那个表叔，为何当上了革委会的副主任？别人说那是他家该发。传的是那表叔的父亲也是张打老婆的叔祖父，一天这老家伙从兴山回来，背了些啥去卖不知，走累了，走到一个山洞想歇歇脚。那山洞里有个女叫花子死了，埋在了里边，洞顶有清澈的泉水滴下来，恰好滴到女尸阴部，那老家伙进洞后，因太累，不由自主地叹了一声："哎呀，我的妈！"那女尸忽然就答应："哎！"并说，"是我的儿。"原来这洞里风水奇好，老家伙不经意认了个干妈，这干妈也就认了个干儿，风水就到了老家伙身上。没几天，他小儿子就当上了公社革委会副主任啦。这都是传的。张打去找那个表叔，表叔比张打的年龄还小，辈分高嘛。他说这事儿谁都不敢走后门，今年的兵是到北京去保卫毛主席的。张打回来就对老婆说：

"要发不一起发吗，你不也是张家的人？为何你表叔当官了，咱家连个当兵的也发不了？”

他老婆说：“还不是因为你这个地主子弟，红军的逃兵，害了咱一屋人。”

张打心想，我那时不回家又有什么办法？仗不能打，洪湖又在大开杀戒。我这个地主子弟不就是因为走投无路，无家可归，大病缠身带来的吗？哪知那地主家风水不好，把我给害苦了。我其实是个孤儿，全家人被国民党杀光了。我真想不通，为何如今成了这副不人不鬼的面孔了，不能想这些，一想就头疼。

不能当兵就不当吧，张打还是带着大儿子上山打猎。

其实大儿子比小儿更不成器。有一年秋天他上山去割漆，割漆就割漆吧，可他在一个山洞里发现了四只虎儿。这个孽子，等了一会没见大老虎，手就痒了，就用割漆的刀把四个小虎儿一个个拦腰剁了。剁了虎儿，又找了树棍子把它们两头连起来，然后擦净了血迹，看起来这四只虎儿还是完整的。不一会，母虎叼了一只青羊进来，给虎儿喂食，去拱小老虎，连拱带拉，拉成了两截。母虎再去拉第二只，又成了两截……张胆正在得意之时，母虎闻到了气味，发现了洞外的一棵漆树上藏着的他，就怒吼着冲过来啃树，树马上就要啃断了，张胆就哀求母虎说：“老虎呀，老虎，你啃得这么辛苦，不去喝点水吗？”那母虎果然就不啃了，下河去喝水，张胆赶快脱下一件衣服挂在树上，溜下来没命地往山下跑去，回到家，就听见他面色如土地惊叫道：“老虎！老虎！”还没说出个所以然来，就口眼歪斜，不省人事了。

从那以后，张胆见了谁都说：

“你不去喝点水吗？”

有时候他老子正在撒尿，他也一脸哭相说：“你不去喝点水吗？”

那个只找张打要两个麝香和两只熊胆的老郎中硬是从那以后就没见到了，他寻找了许多地方，打听了许多人，且早就为他准备好了该感谢的东西。大儿子犯病后，老婆催督他一定要找到那个人。打听了十来天，脚走肿了，还是杳无音信，可是有一天，那老郎中从天而降，出现在他们屋里。老郎中的白胡子又长了，还是那么硬，酒碗递给他，山羊胡子直戳到碗底。张打跟他说起他当年要的东西，老郎中说他早就忘了。张打把东西给了他，他没推托，也就收受了，说：

“天下的命，天下的药。”

张打要求他帮忙治大儿子的病，他听了事情的经过，要张打算事情发生的时间。张打一算，是农历的九月初三。那老郎中捋着胡须说了两个字：

“完了。”

张打问：“如何完了？”

老郎中说：“男怕三六九，女怕二四七。你说是不是完了。我男不治三六九，女不治二四七。他剁了虎儿，这样的人，就是华佗在世，也唤不醒他了。”

不过他还是开了一些中草药，说：“第十四天不出大事，也就无大事了，命还是能保的。”

喝了老郎中的草药汤，慢慢地，大儿子张胆的口眼就正过来了，见了人也不再要别人去喝水，但头脑仍不清醒，常常指着那吞云岭说：“老虎！老虎！”

这报应还没有完结。大约在八二年，张打那孙儿张番上山放牛，经过一个荒无人烟的冰洞山，看到了几个人掀开一块石板，用石板底下的清泉洗眼睛，洗完后又把石板复原了。张番见那几个人走了，也学着他们的样子，搬开石板洗眼，洗过眼之后，双眼剧疼，像千万根针往里扎一样，再也睁不开了。他摸摸索索回来，家人一看，怎么眼睛肿得这个样子了？问是不是毒蜂螫了，张番回答不是，说是用一种水洗了眼睛的。张打就想是不是毒水，比如硫黄水。神农架山上还有一种哑水，只要你喝了，你就从此说不出话来，变成了哑巴。但没听说过瞎水，喝了眼睛失明的。

孙儿张番，张打是特别喜欢的，真正地把他视若掌上明珠。孙儿亲近他，吃啥都不会忘记这个爷爷。人又长得标致，圆圆的脸，大大的嘴巴和眼睛，一对灵芝般的耳朵，煞是让人怜爱。读书又行，认得的字比张打都多。在张打的调教下，能写一手好欧体毛笔字，在班上从来是人尖子，也讨他们的女老师喜欢。为了孙儿，张打只好又去寻那个老郎中。终于打听到他住在青峰山中。总算找到了老郎中，他住在一个山洞里，周围没有人烟。那洞里寒气逼人，清水长流，是过去一个土匪的寨堡。他还养有两只青鹿，一只金雕呢。张打寻思这老郎中只怕是神农老祖的化身。

接来了老郎中，老郎中一看张番的眼睛，说：

“不出半个月，这娃儿要大变。”

也没给药，也没收钱，拔腿走了。

半个月后，一天半夜里醒来，张番看见屋内熠熠闪光，所有器物人等，皆历历在目，一切恍若白昼。张番如何能成了这样的神人。张打以为他是吹的，可张番说：

“爷爷，我们晚上去打毛冠鹿。”

这毛冠鹿有两个深黑的眼圈，一对夜视眼，是晚上出来觅食的动物。张打不信，就提了枪与他出去。往黑漆漆的深山老林里跑，张番不时告诉爷爷脚下的路，注意是石头呢还是蛇，是树桩呢还是葛藤，头上是树枝或者是悬石。这就奇了。

果然发现了一头毛冠鹿，张番指给张打看，说：

“那头毛冠鹿，你看到了它的白嘴唇么？”

张打如何能看见，张番小声地对张打说：

“爷爷，你瞄准了打呀！”

张打说：“我什么都看不见，就像在黑屋子里，我如何能打，惊来了老虎，我们还跑不掉呢。”便把那杆老铳递给了孙儿，叫他怎么瞄准，怎么啄火。张打说：

“火我帮你啄，我腰里的香签是燃着的，你只要瞄准，小心别把脸撞肿了下巴撞掉了就成。”

孙儿完全不要张打教，仿佛已经是个老打匠了，端起枪，从爷爷腰里拿出燃着的香签，一下子点燃捻子，嗵！一声沉闷的枪声，枪的后座力把他拉倒了，他又端正了身子，对他爷爷说：

“打着了。”

孙儿那时正好十岁。就是这样，在半夜打死了一头一百多斤重的毛冠鹿。

他们把那鹿抬回去，村里的人都不相信。那张剥下来的皮卖了十八块钱。毛冠鹿的肉又不好吃，张打就把它分给村里的人吃了。

张打的孙子端着那笨重的百年老铳半夜打死毛冠鹿的消息就传开了。不信的人还是很多，为了证明这全是真的，孙子只身半夜又去山上的老林里，又打死了一只毛冠鹿，还捎带打死了两只猫头鹰。

这还了得，这十岁娃儿有如此神功，真是自古英雄出少年！这一下，孙子张番在吞云岭成了人人崇敬的英雄，可他还是个十来岁的毛孩子。就在他自己也扬扬得意的一天夜里，又上山去打毛冠鹿，突然被人抠瞎了眼睛。那个凶残的人把他的眼珠子抠出来，吞进肚里，说：

“看你还逞不逞能！”

张番这一次真的瞎了，眼眶子空了，血淋淋地回来。就在张打发誓要找到凶手的时候，他大儿子从房里出来，用十分清醒的声音对家人说：

“是我抠的。”

他是张番的父亲！他为何说话又如此清醒了呢？他不是傻呆了吗？他用那僵曲的手指指着张打说：

“爹，假如你死了，这吞云岭的猎王是我，没张番的事了。”

这一次轮到张打和家人对他施以暴行了。他们把他吊在堂屋的梁上，让大家来看这个疯子，这个抠去了自己儿子眼珠的混蛋。有人就报了案，公安局的就来了，张打还没打过瘾，公安局的就要逮人了。逮去了人，张打那老婆和大儿媳又是鼻涕又是泪，朝张打跪下来要他代大儿子张胆去受过，她们说张打的体质好些，张胆犯过病，要张打顶他去坐两年牢。这一次张打是说什么也不会为那个丧尽天良的神经病张胆受过的。张打大骂她们：“你们这帮兔崽子，这帮张家的臭东西，臭虫，比畜生都不如，让老子堂堂的红军副团长受这种过背这种黑锅，休想，见鬼去吧。我张打这猎王毒是毒，可没毒到拿自己的孙子开刀，虽然他与我没有血缘关系，我认为他还算是张家的一个干净人。除了他，你们张家还有一个人吗？全是猪狗不如的东西。”

他不肯低头，他们也没有办法。那一年正赶上严打，把那个张胆狗东西“打”了十五年，送到鄂西北深山老林的劳改农场服刑去了。

大儿子一走，家里就剩下孤儿寡母了，老的老，小的小，瞎的瞎。张打除了在田中做活，犁田、种洋芋、苞谷、薅草外，再就是以他年近七旬之躯，背着十多斤重的老铳，上山去打野兽。

人越来越多，公路修到吞云岭来了，伐木的用油锯一排排地伐那千百年的大树如割韭菜。韭菜割了能长，大树可不是这样的，割了就不长了，割一根少一根。林子越来越少，扎不住野兽了，野兽也就被暴露了，被打匠们一头头一只只击毙了，零星的一些侥幸逃脱的，去了很远很远的老林子。哪儿算很远呢？哪儿都有人，哪儿都在伐树，哪儿都有枪。为此，张打有时一连几天都打不到一个野物，过去麂子、鹿成群结队在山岭上叫唤的景象没有了，永远过去了。

大约是八五年的一个夏天，张打翻过吞云岭，到靠近巫溪的烂船山去打猎。他那天发现了一只纯白的岩羊，便跟着岩羊赶，赶到一个密林丛生的峡谷。那白羊奋力一跃，跃过了窄窄的峡谷，好像钻进了山腰的一个山洞。张打从峡谷里蹚过水去，看到那山洞还不低呢，悬在山崖上，很难进入。张打慢慢地攀登，一蓬蓬的火刺直扎手脚，牵衣扯裤，划得皮肤上大口小口。他终于爬到了那个小小的山洞里，去寻那只白羊。一进那山洞，哈，里面豁然开朗。他迅速扎了个火把，点燃后搜寻洞里。没走几步，妈呀，吓得他魂都不在身上了。那洞里靠石壁有一排人骨，全都坐着，骷髅还顶在骨头上，人人怀里抱一杆枪，走近去依稀还有臭味。那枪全是“汉阳造”，都锈得没用了。他再一细看，那枪很熟悉，那骨头呢，也似曾相识。他努力地在记忆里寻找，这不是当年咱们房县十二区苏维埃政府去洪湖的一队兄弟吗？张打还能叫出名字来，这个，不是二宝吗？这个是苏启全，这个是戢太富，这个是六娃子，这个……军事委员谢冬池嘛！嘿，这骨头的轮廓还在。原来，在过吞云岭被当地恶霸武装给打散失踪后，他们跑到这洞里来了。肯定是又饿又冻，又迷了路，就这么坐着一个个死了。张打看着他们，摸着那些枪，突然间泪水滚滚而下，眼里像撒了一把辣椒似的。他想到自己的一生，他们饿死了冻死了倒好，自己这没死的，又怎样呢？比死还不如呢。但转念一想，我又比他们庆幸，几十年他们死在这里，谁都不知道，收尸的都没有，我毕竟还有一口气儿，看了好些西洋镜，这活人的世界还是蛮有趣的。

张打坐在那里哭着，想着，直到火把熄了，他才钻出洞子。他把洞口用几块石头遮住，作了记号，又看了看大致的方位和地貌特征，记住了，便回了家。

回家后他想着那个洞，那些过去的兄弟们的脸都活了起来，朝他笑，也有朝他喊的，说冷，说饿，说坚持不住了，这路究竟在何方呀。唉，坚持不住就冲出来，不就是跟民团、土匪拼个你死我活吗？轰轰烈烈的死也比偷偷摸摸的活强啊。说别人好说，那我张打算个什么呢？不就是个逃兵吗，你为何不在洪湖跟国民党拼了？就算像老首长段德昌一样，当改组派杀了，那还有个平反申冤的机会。新中国刚成立，段德昌不就给平了反吗，被国家发给了第一号烈士证书，那死得值。没死的，拖长征，打日寇，打老蒋，到了北京，大小混个师长还有问题？混到现在，什么没有啊。你小子理由是不少，谁都有理由，负伤了，呛了泥水，怕夏曦肃反，只好荷叶包鳝鱼，溜之乎也，这不是贪生怕死又是什么呢。

张打决定把这洞里的事报告给乡里。他去了乡里一趟，乡里的武装干事和民政干事很重视，要他带路，去现场查看。这事太玄了，他们跟着张打走了几十里山路，到了那峡谷，又攀上那洞子，进去后又是拍照又是研究，嘀咕了一会，都摇着头说不敢肯定他说的是真是假。他们说：这些人的衣裳全烂了，遗物就是那几杆汉阳造，还有两三个铜烟锅。国民党也背汉阳造，也有铜烟锅，过去这吞云岭有许多国民党的散兵游勇，小股部队，也有掉队的、迷路的，死在别的山洞里了，为什么不可以说他们是国民党呢？张打说我过去的兄弟我也不认识了么。他们说，你认识这些骷髅？每个人死了都一样，都是这个鬼样子。你只怕是太想你当年的兄弟们了，把这些国民党的部队当作了红三军。他们那口气，以为张打是个神经病。最后他们还是背了杆快锈穿的汉阳造和几个锈铜烟锅回去，说是跟上面汇报了再答复他。可是，过了一个月，过了半年，过了一年，都没有谁来答复他。他就想，他们也是不好断定，这事只有我清楚。另外呢，这些当年革了命的山娃子，又榜上无名，失踪了不失踪了，跟现在乡里的那些夯干饭的干部有啥关系呢？他们想着的是早一点提拔，早一点调到县里去占哪个局长的位置，想他们的工资，想他们的关系网，想把上面来的各路神仙招待好。他们莫非真与那当年的革命老土有什么关系？他们现在打领带，穿西服，当年穿草鞋；他们现在拿手机，当年拿汉阳造；他们现在再也不怕有死亡威胁了，只怕农民不安定团结，而当年都是把脑袋掖在裤腰带上走路的。如今的政府乍一看的确与当年的他们没有关系了，在那些人眼里，肯定关系不大，至少他们会认为：我这个乡长这个书记，是某某栽培的，加上我苦干巧干加运气上来的，与那一帮子农民端着汉阳造跟国民党干有啥 ×× 关系？彻底地没有了，他们已经成为了一批地方官员，跟历朝历代的地方官员一样，上任、升迁、降职、吃官饷奉禄，如此而已。赶酒筵，开大会，做报告，批文件，如此而已。可是，肯定还是有关连的，张打隐隐地感到有关连，他们不是踏着那些髗髅的头上来的么？谁给江山他们坐，他们为什么安安稳稳坐在那位置上？是谁把国民党打跑的？一个，十个，一百个，一千个，一万个，一百万个，没有一个个的死，把老蒋赶得跑么？

他是不能忘记的，他虽然活着，也是死过好多回了，他不就是那些骷髅中的一员么？他走了出来，而他们却被森林、刺藤和莽莽岁月掩埋了。你看他们的亡灵召唤我张打，让我在行将入土之前，发现了他们，那头白羊，就是他们幻化的吧？

他提了酒，提了肉，提了香火纸钱，带上瞎眼的孙子，又去了那个山洞。他们进了洞，给亡魂敬酒，请他们吃肉，把碗砸了，烧纸钱，敬香，跟他们磕头。张打说：

“兄弟们，赵打来看你们了，你们饿了，吃吧。”

瞎眼的孙子说：“爷爷，你的兄弟们怎么不说话？”

张打说：“他们不消说了，都说完了，他们在喝酒呢。”

“可是我没听见。”

“他们是鬼了，他们是五十年前的红军鬼。”

张打让孙子摸那些硬挺挺的骨架，那些骷髅。他说：

“番娃，你摸到我的兄弟了么？”

孙子说：“全是骨头，这不是你的兄弟。”

张打说：“他们的确是我的兄弟，当年一起闹革命的老红军。你爷爷就是个红军副团长。”

孙子说：“你为何还在打猎种田，不去当个乡长啊？”

张打说：“你爷爷老啦。”

孙子说：“你说你是赵打，你不是张打吗？”

张打说：“我是赵打，我当年是赵打。后来，我开小差回来了，无脸见人，就改名张打了。”

孙子说：“不对。你说你全家被国民党杀光了，到我们张家招婿，就跟了我姓。”

张打说：“孙儿呀，我是跟你姓。你看，我的确是跟你姓。我闹革命怎么闹出这么一副模样来了啊。我还有啥？还有一杆猎枪，就是这么，还有这么一堆白骨兄弟……”

他哽哽咽咽地泪又出来了，待不下去了，就对孙子说：“回去吧，回去吧。”他找了好些石头，把洞口全封住了，封得严严实实，然后啄了火，对天放了满满一管子火药，那声音就像迫击炮一样响，四山全是嗡嗡的回声。孙儿吓得一个寒战，他不知爷爷为何放枪。张打在心里说：算是给你们送了葬。

这以后，山上的野物真的难打了，几乎所有打匠的枪都准备收起来。有的开始了下套子，这比自己守山强多了。下了套子，隔十天半月去收一次，可能会收到一两只偶尔蹿出来的野兽，但有时你就是下一百个套子，去收时，也是空的。而且下套子只能在冬天，若在夏秋下，你又不去取，套住的野兽一两天就臭了，你套了也就白套。

主要是树木的锐减。

在低山，青栲、铁橡、油桐等常绿阔叶和落叶林带已不多见，都砍了种上了庄稼，有的干脆全种上了板栗、核桃和杜仲。在高一点的落叶阔叶林带，桴栎林和茅栗林稀稀拉拉，常被用来作木耳香菌棒的栓皮栎林，因为未有更新品种和过度砍伐，也慢慢退化了，长得怪模怪样，砍下的木棒育出的木耳和香菇个头小，色泽暗。在高山的亮针叶林带，除了有几棵不成材的华山松和小红桦、山毛榉、马铃光外，大树都被砍光了，包括最高山上的暗针叶林，如水青冈、槭树、冷杉。只在大树砍伐后，草甸和高山杜鹃这些灌木丛庞大坚韧的根须已经盘据了山坡上的土壤，那些高大乔木如巴山冷杉、秦岭冷杉、槭树、花楸与刺楸的籽实落地后不能再扎根，发芽，没有了任何空间。因此，你就只能看到那些貌似美丽的绿茸茸的高山草甸在扩大自己的地盘。还有大蓟，一片一片的蓟刺丛，让人恶心。春天四五月间你看到满山的杜鹃花开了吧，那整个山岭燃烧的气势看起来是非常壮观的，然而，殊不知那是山冈悲剧的开始，也是山冈悲剧的惨烈演出——这表明，原始森林甚至次森林都将不复存在，灌木和草甸成为了山冈的主角，这山啊，这山不可复转地成为了不毛之地，山洪泛滥，干旱频现，气温升高，土质瘠薄，野兽无存。一只麂子或一头野猪一旦在稀疏的山林里出现，很容易暴露目标，它们的后果就是被人们赶仗围歼。如果有野物出现，全村人就会出动，一定要把它打死不可。常常是，张打一个人背着枪，就只剩下他一个人啦，一个老迈的、步履蹒跚的打匠像阴魂不散在山里头转悠，而十次就有十一次是空手而归。

有一天，张打知道他不再受到人们的尊敬以后，就放下了枪。他也无法再举起那笨重的老枪。

人们现在喜欢的是会挣钱的人，会伐木的人，会烧炭的人，会开出“木材准运证”的人。

山上的草甸，他发现很适合放牧，就决定喂两头牛，让瞎眼的孙子跟他去放牛，做个牛倌。这放牛不需眼神，只要听见牛铃的响声便行了，吆喝它们，让它们选择自己要吃的草，红三叶呀，发草呀，丝叶苔草呀，美丽胡枝子呀，沙草呀，芒，等等。这十分适合一个老人和一个瞎眼的年轻人。当时刚好家里死了两只猎狗，张打想，添上两头牛是最适合的。

他虽然成了吞云岭上的牛倌，可他的那些行头是不会放弃的，他在镇上弄来了黄油，每天都要用长钎蘸了油把枪膛捅一捅，他晒火药，找老婆梳头掉下的头发，装进子弹袋子里。在成了牛倌之后，他那大儿媳妇已经改嫁回了四川，孙儿已经长成大人。家里的责任田他当然也得种，那已经不多了，就三亩来地，种点苞谷和洋芋，薅不过来的草就让它与粮食竞争去。他那比他大十岁的老伴早就老得走不动路了，但她还得为张打爷孙俩准备每天的伙食。早晨，炒一碗枯现饭后，中午就带上一壶水，几个火烧粑粑。火烧粑粑可不是她和的面，是孙子。他偶尔也卖一头牛，但那得换粮食，换点酒。他平生啥都不爱，就爱点酒，也时常挖点药材往酒里丢。比如黄芪呀，党参呀，头顶一颗珠呀，灵芝呀，或者打死了一条蛇呀，包括过去还保存了一点的虎骨豹骨什么的，都往酒里丢。他一身的骨头都疼，腿骨断过好几次，不喝点酒不行。

他喝酒，还有一把老劲儿，老伴却越来越不行，她卧床不起后，突然口里一个劲叨念：

“张胆要回来了。”

张打以为她在说胡话。张胆如何能回来呢，他在劳改农场又跟人打架，又半夜抠瞎了一个人的眼睛，又加了五年刑。看来他要把牢底坐穿了。可是老伴的话并没有说错。第二天，张打和孙子放牛回来，门口站着一个看起来比他还衰老的男人，剃着光头，因为对这个世界带着警惕和怀有深深的自卑，额头和嘴边的皮耷拉下来，从略有些歪斜的口眼来看，好像是继子张胆。

他见张打赶牛过来，用一种很陌生的热情和急切的语调说：

“爹，我是张胆呀，这个是不是我的儿子番娃？”

张番眨巴着瞎眼说：“这里没有你的儿子。”

“我听出来了，你就是我的儿子！”

这便是张胆。他的脚下灰尘扑扑，靠门框放着一个小小的行囊和一个黄色拉链布包，张打就问：

“你为何不进门去？”

张胆说：“屋里有个死人。”

张打一进去，是老伴，她咽气啦。张打就对张胆说：

“把你娘背到泉眼边刷一刷去。”

张胆就进了屋，从房里背起他娘，去了后山的泉眼边。

张打远远地看着张胆在那儿用一把刷鞋的毛刷子刷他的老娘，犹如刷一只腊猪蹄子。他把他老娘背回来后，张打一看老伴，就是具干尸。他这么多年，就跟这具干尸生活在一起，他跟这个女人，竟然生活了一辈子。他是没有眼泪了，他麻木了。他把干尸抱进棺材里，让孙子用手摸了摸那张骷髅脸，就封了棺。给人的感觉是真正的死尸并没有装进去，因为那棺材装这样缩成一团的干尸，再装十个也没有问题。祖孙三代就开始往盖子上钉铁钉了。铁钉是高铁匠的儿子小高铁匠专门打的棺材钉子，扁形的，比一般铁钉大，带爪儿的。他们叮叮当当地把棺封了之后，就抬出去埋。张打跟大儿子一前一后，抬到村口，被张家的族长拦下了，说张家这么高寿的人死了，是个喜事，白喜事，大家闹一闹多好呀，就这样，又让张打他们给抬回来，族长弄来了许多打丧鼓的响器，又叫来了唱得最好的人来唱丧歌：

……说什么高贵与贪乐，世上人生有几何？劝人行善莫行恶。前朝财主千千万，比不得南京沈万三，自古英雄多少将，比不得乌江楚霸王。八百周朝今何在？富贵长命是枉然。开门日日见青山，青山颜色不改换，人学青山难上难。我问青山何日老，青山问我几时闲？可叹人生多更换，难比青山万万年……

唱着唱着张打那大儿子就突然呜呜地哭起来了，孙子也哭起来了。然后，大家呜呜地唱着就把张打老伴埋了。

减一口，添一口，这是他的规矩，他就要去巴东买牛了。添一口牛也是一口嘛。可是家里没钱。张打那干儿子来登就趁火打劫说：“你把枪卖掉。”事情就是这样出来的。张打说：

“那值几个球钱，丢到猪栏里，不出半个月就一准锈成一摊水，卖钱看换不换得到一个打火机。”

“那是您说的，城里人见乡下的狗屎也是金子，什么叫回归自然，您知道吗？您不要自暴自弃。”

“我知道，我知道，”他说。他还有两个好麝香囊，一颗熊胆，以备急需的。他现在拿出了这些家当，对大儿子和孙子说：

“我要换一头纯种的巴山黄牛回来。”

两个麝香中有一个是白麝的，后来张打终于打了头白麝，想给那个老郎中，但后来去青峰山中的那个山洞，老郎中已不知所踪。这白麝的麝香，放在家里，浓香盈室，终年不散，提神醒脑，宽胸顺气。有时候人犯了迷糊，只要用这麝香晃一晃，人就醒过神来了，喝醉了也是，一晃，人就醒了酒。那个熊胆也存了多年，干爽透了，当初制它的时候曾悬吊在石灰缸中七日。治小儿惊风，水火烫伤，一抹即愈。

那一天早晨，朝暾如黛，红鳞满天，张打带着瞎眼的孙子就去了巴东的沿渡河。他们带着十斤火烧粑粑，一大塑料壶的泉水，走了三天，鄂西的耕牛交易会已经开始了。他因为大门不出，还不知道麝香如今比金子还金贵，一个麝香加一颗熊胆，足可以换一头大牛加一匹小犊子。他就这么换成了。那个白麝的麝香呢，又带回家来啦，大儿子不清醒，时常犯迷糊，他要用这东西经常晃晃他，治治他的老病。

爷孙俩赶着一大一小两头牛。他打心里很不是滋味，就对张番说：

“添了两口，只减了一口，不晓得你爷爷几时说伸腿就伸了腿。”

张番说：“爷爷从来不迷信的，今天怎么啦？”

张打说：“人老了，不由得你不迷信。”

张番说：“爷爷长命百岁。”

张打说：“人活百岁是一死。”

张打牵着大牛，孙儿牵小牛，他还得拽住大牛的尾巴。就这么人牵牛、牛牵人地踏上了回吞云岭的路。一路晓行夜宿，为了牛，只好睡人家干草垛和柴仓。走了五天五夜，大牛走肿了蹄子，小牛连卵子都走肿了。这匹大牯子有着四只极好的紫蹄，四膊各一个大花旋，漂亮得像牡丹，色泽汪亮，好像抹了桐油似的，嘴宽角圆，走起路来，浑身的肌肉一瓣瓣颤动，甚是英雄。两匹牛因不走生路，走起来够犟的。人犟如牛，牛犟起来如山。可怜的大牯子算是打有了，张打跟它们说："吞云岭的草才是最好的草。你们晓得么？那些长草的空地过去全是长大树的，扎过豺狼虎豹的，现在把给你们优哉游哉，鹊巢鸠占，那不是享福么！"

回家的那个傍晚天象依然很怪，好像真有什么要别离似的，晚霞黛青，红鳞变成了卷云，一阵又一阵的大风把山冈都快吹歪了，河水拱起的浪涛像鱼背一样闪闪发光。各种树木因为大风的长驱直入到处响起折断的咔嚓声，仿佛在过一队大兽阵一般。真撩拨人啊，让人一下子就想起了过去野猪、麂子挤满森林的情形。那些神秘的动物，它们有着鬼鬼祟祟的尊严，当你要打死它们时，它们跑得比风还快，真像是一群云精风神。可一忽你又觉得它们是本不该打死的，它们的徜徉极其优雅，一个个如绅士，行走的皮毛绚烂至极，多肉的掌子踏动山冈时无息无声，抬头望山望云时充满着伤感，你就会觉得它们真像你家中的一员，它们的情绪伸手即可触摸。可是，当你太穷，需要钱或肉食时，比如现在，咱们一路吃着火烧粑粑，拉屎都很困难，最后连火烧粑粑都吃完了，连买一碗面的钱都没有时，对那美丽的兽阵只会垂涎欲滴，恨不得每一个指头都是枪口，把它们嘣嘣嘣地解决了，剐了，卖钱。是太残忍了吧？活人哪能让自己饿死，谁不想过好日子，当没有门路，只有双手时，他必须暗算他周围的这片山林，打兽、伐木。我们要生存下去，就得学会社会进步中最可恶的东西，以否定咱们的传统，那灵魂深处中最让我们惧怕的东西。因为，当我们付出后，竟没有回报，土地和岩石一点都不仁慈，对我们板起千万年的面孔，以拒绝的方式订下了与我们的生死合约，那么财富究竟去了哪儿？变作浑浊的流水和云彩流向了山外？只有不停地砍树和偷猎才能使人稍微变得滋润一些吗？可是，对斧头和猎枪的操作是危险的，它危险万分。也是繁重的，压得你抬不起头来，就好像在岩石上挖一眼泉；树木和野兽都被这块土地吃掉了，不再让它们蓬勃地生长和发育，这块土地因失望而吝啬。对在这片山冈上生活的人们来讲，山冈是并不欢迎我们的，视我们为仇敌。因此，我们对世代生活的这块地方只会越来越感到生疏、沮丧和绝望。人和大地的亲密关系早就不复存在了，我们之间带着深深的狐疑、猜度和敌意。在对大地的凌辱中，以为大地不会说话而忘记了被施暴对象的存在，其实这种施暴，像迎风泼水，那水会飞回到你自己的头上。沉默的山冈愤怒无声。我们人类罪孽深深。被施暴的结果不是通过呻吟和愤怒还给我们，而是透过那些慢慢秃顶的山峰，透过越来越岑寂、干旱和没有滋味的日子表现出来。

今年的风灾因为没有大树的抵御，又把庄稼给成片地吹折了。

每个人都是破坏者，只要你住在山中。真的，除非你把每一棵树，每一头野兽看成神物，碰都不敢碰，可那是不可能的。谁都唬不到你，像咱这种当年杀过“杆子队”、带着大队人马跟敌人拼过老命的人，吃过兄弟的肉并喝了汤的人，什么东西能唬住我呢？我无所畏惧，我们无所畏惧。那这块山岭怎会不遭了罪，它未必比一些荷枪实弹的人狠些？

那两个人，张打的干儿子和那个买枪的城市客正等得不耐烦了。

“你们还回来的呀。”他们揶揄张打说。

张打想喝一口水，张打想叫大儿子给他舀点水喝，却见到大儿子躲在角落里嘿嘿地直笑，那个劳改的光头像个秋葫芦藏在黑暗里，发出一阵阵恐怖的幽光。他的笑声简直像乌鸦。

“那就卖吧，卖吧。”他见了大儿子这副样子他就这么答应了，他爽快地答应了。

“你也盘不动枪了，烂掉也就烂掉了。”干儿子来登抓住他的弱点说。

“打猎先问枪，卖枪先要说枪。”

张打拿出这杆枪，把用孙子当年的红领巾包着的啄火夹铁解开，说：

“这枪叫啥枪，知道么？叫‘捆枪’。我大哥告诉我说，我爹造此枪时，还没有‘汉阳造’。捆枪就是把枪柄和枪管捆扎住，你看三道铜皮子，好生地捆住，就用金刚钻钻膛了。这第三道箍的铜皮为何黄闪闪地发亮？是我的脸擦的，它贴着我的脸，每次瞄准放枪，都贴在脸上。枪管是八角形的，后面大，前面小，那是怕它炸膛。一点一点地钻穿可不是件容易的事，还不能钻歪。当年要十个银圆才能造好这一支枪。你看这背带，是柴油机的皮带子，我当年在镇上找人弄的，它可结实啦。我这枪从来没臭过，没瞎过火，就乱了一次膛。实话告诉你吧，这枪吃过人的，不过这孽债我还了，被打断了两条腿。这杆枪，不算我爹我大哥手上的收成，光在我手上几十年，就打死过两头老虎，二十几只豹子，九头老熊，野猪不算上，还打死过无以计数的青鹿和麂子，青鼬和巴狗子（豺）。我大哥打死的老熊和麂子也不少呐。我大哥你们都没有见过，他长得像电视里的赵本山，爱说爱唱，特别会唱赶五句，还会喝酒……”

“你开个价么？”城里客说。

“啊，这枪……我开这个价。”张打狠狠地伸出一只指头。给那干儿子伸的。

“我干爹说一大张钱。”来登对那个人说。

“一百元？”那个客人露出不知是贵了还是贱了的夸张神情。他站起来，接过枪，朝地上蹾蹾说：“两百元，两大张，您这么大年纪了，就算我孝敬您的，多给点烟钱吧。”

张打把火药囊和子弹袋给了他，张打说：

“我确实不想卖。”

那个客人还要芒筒和开山刀及香签筒。张打说不卖，张打说：

“说什么我也不能卖这些。你只要枪的，我这些东西不卖。”

他指着墙上，它空了。它只有一个三抓子的猎钩，一副冬天在冰上行走的脚码子（背盐、打猎都用过的）。那个城市人说：

“我再给您加五十块钱，一共二百五，这不好听，二百五不好听，我再加十块，二百六，可以了吧。”

张打就把那些东西给了他，张打把开山刀从皮鞘里抽出来。那个人说：

“鞘不给我我咋拿呀？”

张打说：“卖刀不卖鞘，卖马不卖缰。这是规矩。”

城市客说：“我再加二十元，凑个吉利数，二百八，行了吧？鞘给我，您留下鞘也没用。”

他把钱给了张打，张打拿着很少见到的这么多钱，特别是两个一百的，张打又不认识钱的真假，也像模像样地学着别人掸了掸，照了照，说：

“是不是假的啊？”

“您干儿子在这里，是假的我赔双倍，他作担保，这不行么。”

然后他拿出照相机，要张打背着那老枪，腰吊着火药囊和子弹袋，挎着开山刀，手拿芒筒，作吹状给他“留下最后一张猎王的照片”。张打就照了。他又要张打把脸贴在枪上，作瞄准状，张打又照了。他要跟张打祖孙三代三个人照个合影，张打他们又照了。他要张打真吹吹芒筒看。张打就嘴对着它的管子，吹了起来。张打吹起这棕树雕的有巨大共鸣音的芒筒，哈，还行，还能吹。他吹起这曾让群山打战，森林发抖的芒筒，这是赶仗围猎的时刻，雪野之上正奔跑着逃命的老虎和豹子。张打看到了那如离弦之箭的四条猎狗，它们踢踏的雪尘迷住了他的双眼，让他的双眼像钻进了沙尘一样磨出一些泪来。他那大儿子就嘿嘿地笑着。那孙子呢，他眨着深陷的瞎眼，他是否也想起了十岁时那夜半叱咤风云的威风，他那双能看透整个山林的一双比夜枭更锐厉的眼睛？

干儿子来登看出了张打的伤心，他上前来拿走他的芒筒，说：“您不要吹了，您算了。让他来学着试试。”

他轻描淡写地想掩拂和转移张打的心事，张打看那城市客接过去芒筒，也鼓了一口气去吹，打屁一样，吹不响，哈，吹不响，芒筒可不是这么随便能吹响的。张打就说：

“那你够练啊。”

半夜，张打还听见留宿的他们在那儿“打屁”，那样的打屁声能震慑野兽和群山，唤起猎狗和枪管的激情？

第二天早晨，城市客走的时候拿出包里的一个小收音机，对张打说：

“大爷，我猜想您以后的日子一定没有了回忆。这两百多块钱是太轻飘了，不如这枪沉。我感觉您要沉手的东西，有分量的，那才是您这辈子的感觉……可是，对不起啦，我缴了您的枪啊。这钱对山里人来说，说少不少，说多也不多，对我们，确实算不了什么，就一双皮鞋的钱，一顿饭钱，几张蹦迪的票钱。您也不太在乎钱的，您要有个东西看着，睡觉前瞅瞅，醒来，那东西还在墙上。我就想，这收音机给您做个伴儿，晚上，别想枪的事啦，别想过去当猎王杀人杀老虎的事，听听收音机里面的歌曲，听听广播吧，也就混了时间了……”

张打收下了，他想给孙子听听也是好的嘛。

他们要走了，背着扛着，张打跟孙子也要上山放牛了。张打又新添了两头牛。走一口，添一口，这是对了，走了一支枪，添了个小犊子，好。

他们走了，张打上了山。张打唱起了歌子，张打很高兴。张打没有了枪，张打手上拿着牛鞭和刺牛棒，他唱着他最喜欢的牧歌儿：

不唱歌的是条牛，

拎到后院驾轭头，
三把稻草要你吃，
两堆牛屎要你屙，
看你唱歌不唱歌……

张打唱着，看见他们频频向他招手。山冈上，蓝天，白云，牛群，还有他那老迈的歌声，萦荡在天地之间。

这杆枪拿回城市后的半年，某一天的夜里，城市客听见枪发出了鸣叫，枪膛里像灌进了风一样嗡嗡直响。他暗自嘀咕说：只怕那个老猎王快死了。等他打电话到山里时，来登告诉他，卖枪给他的那老干爹，的确谢世了，一问时间，很对，就是那天晚上。“我早知道，我拿走了他的枪，他就会活不了多久。”城市客说。他讲起这枪半夜发声的事，见多识广的历史研究者来登说：这是一种龙吟。你知道龙吟剑吗？它会自吟。只要久经沙场的剑，它会在夜半发出一种啸吟，那是在回忆它刀光剑影、万马嘶鸣的过去。枪也一样，它要回忆；那也是一种回声，过去这枪放出去的声音，一一回来了，百年的回声都要回来了——这是枪魂在喊叫，在枪管里回荡。

独摇草

一

且说，村长因喝醉酒，射杀了五个村民，这事儿传到伏水山谷，却没引起什么震动。“噢？噢。”他们说。大家该干什么的还干什么，该是什么表情还是什么表情。早晨，山谷的炊烟还是很悠游，雾气还是很沉浓，光线还是很晦暗。一切似乎都一样，既没有人欢呼，也没有人诅咒。这就巧了。其实很正常，因为村长数年内只来过这儿两回，碰见了谁，也可能没碰见谁，说是一个村，但相隔五十里，海拔高度相差两千米以上，加上村里的人又不大爱下山去，山外杀了多少人，杀了谁，与他们又有什么关系呢。

山谷叫七组，过去叫七生产队，七八户人家，散落在各自的山缝里，或以坪称，或以岩叫，比如覃二呆称为和尚岩的二呆，邓道理一家称为巴榔坪邓家，等等。各搂各的柴，各刨各的地，少有往来。见了面，跟野牲口一样，互相对视一下，磨磨牙齿，然后走开。一个人没事时，沉静着眉头，望山，跟山一样，没了血性，冷浸浸的，一副被无头无尾的日子慢慢销蚀的苦相。

太阳却出来了。

组长王老民要下山去参加枪毙村长的公审大会。这组长是个苦差，还路债的。唤下山了，还要给山谷的人带回日常生活用品，盐啊，肥皂啊，毛巾火柴啊，香烟蛤蜊油啊。

走到山下，村长已经毙了，血都干了。剩下的事就是跟村民们一起，轰进磷矿，去抢村长儿子的财产。这磷矿是村长儿子承包的，这小子仗着他爹的威风做尽了恶事，到处强奸民女，窑塌死人了也不赔钱。他爹抓起来，他就失踪了。王老民被愤怒的人流裹挟，也胡乱地、也满有心地抢了两把镐头，二十几斤炸药，还有一个收音机，喜滋滋地背回了山谷。

他想，是时候了，我得把那个落水孔挖挖看。

落水孔其实就是个喀斯特漏斗，伏水山谷的水经它排出去，并形成一条地下伏河，其出口在四川那边，不过现在已经完全堵塞了。

他的老婆死于一场热疾，后来又来了一个老婆，叫马桂，带来了一个女儿。儿子从小身体瘦弱，患有哮喘。可继女却像施了化肥的庄稼，见风长。有时候，她一顿会吃上三个人的饭菜，家里的洋芋、红薯、苞谷在黄桶里看着往下跌。这么个吃法，一定要把王家吃成一个赤贫户，何况王家已经穷到底了，只见锅响，不见油冒。他想找个理由把这娘俩赶出家门，可是一直下不了这个决心，那马桂对他太好了。慢慢地，也就狠狠记着了一定要找个让继女还米债的事儿。十六岁，今年，她的个头已经高过了门楣，进出必须弯腰。那何不让她去挖落水孔！挖穿了落水孔，那属于他第二轮承包的几百亩山谷就可以变成良田，至少可以成为林地。现在，狗村长死了，炸药有了，又正是瘦水的冬天，此时不干，更待何时！

他坐在老爷岩的山尖上，抿着干枯的、发炎的嘴唇，心中热情洋溢，激浪翻滚。看着腾起了一层沼气的脚下的山谷，那儿，安静如常，有正在越冬的白鹳起落，像一些白色的飞絮飘在眼际。遭受过夏日洪水浸蚀的稀落树丛，蜷缩成一团一团，露出它们的枯黄无助的面容。

在那里——他的手一挥——即将变成田畴，宽畅的泥垄间，到处是耕作的身影，苞谷由青到黄，喷吐着妖冶的红缨，独活的红梗摇曳着，散发出特有的药香——这些独活在无风的时候也会摇动，齐刷刷地，像波浪一样摇动，它就叫独摇草嘛。那是多么美好的景象，乌鸦啄食着泥土中的地蚕，风从植物间穿过，阳光淡得像女人的眼神，再也没有泥沼的臭味了，水退去，莫名其妙的怪鱼将会绝种，高山沼蛙哭泣似的叫声将远去，人们的梦将变得香甜，缠绵……

回到家里，他把他的打算告诉了家人。这想法是早已有之的，只是，他背回的这些炸药表明马上就要动手了。冬天的严寒在这个山谷是残酷的，没有谁出去，连獐子都会冻死，就在前两天，一头冻死的野猪被另外两头野猪争食，整整打了一夜架，就在山背后的崖下。每家大约要得一垛柴火来对付这不近情理的冬天，连狗和猫都整天守在火塘边上，以至于造成严重的便秘，拉屎时狂吠乱喊。

他的女人，马桂，一个面相干净的女人，牙齿整齐，鼻孔适中，她虽然生有一个高大的女儿，却并不粗蛮，也不泼辣。让自己带来的女儿在这个冬天干如此繁重的活计，比村里出义务工去山下修路还可怜、累人。而且，想一想吧，这山谷里的刀子风，还有泥浆，炸石，挖，背，一共就三个人，两个大人（王家兄弟），加上一个十几岁的女娃子。马桂在家做饭，喂猪，身体欠佳的儿子负责铡猪草，遛遛几只羊，再是去帮铁匠秦二拉拉风箱淬淬火，加工镐头。更重要的是：那得挖上几年呢？

挖上几年是几年。这是王老民的回答。你不挖，就永远不会挖，永远挖不穿。

山谷是他的山谷，至少有二十年了，是他承包的山场。当年，在别人都要山坡时，他要了这片冒气泡的山谷。山上当然好，有百年老树，有总能割出漆流出桦汁的经济树木，有挺拔的芝麻栎，有结实的铁匠木，还有学大寨时垒的梯田。王老民要了几亩门前的梯田，剩下的全要了山谷，山谷比山坡的树木一亩少六毛钱，山谷四毛钱一亩。他说："我全要了。"他于是要了，卖了一头牯子，要了。然后，他乐呵呵地对兄弟王老根说："泥炭是我们的啦。"

泥炭是沼泽中的臭泥，罱起来贴在墙上，晒干了，当柴烧。别人再也无权罱他的泥炭了。可是，谁家又缺那一船臭泥巴呢？随便上山搂的柴也烧不完。除了泥炭，还有一些顽强生在水中高地上的棠栎、珠珠树，一到夏天，它们就漫颈了，冬天再出现，一个个灰头土脸的，看了让人心酸。有几棵椴树还在水中顽强地开花呢，可蜜蜂一旦接近，就会大叫着离开，没飞多远，就一头栽进水里，死掉了。

"我说，"他说，"我过去是被村长骂苦了，我也是一个人，爹妈生的，为什么老让他骂呢？人穷志短，马瘦毛长。年年吃福利，那还不是被他骂的。现在，他死球了，我突然想，我们应该活过来。他不能让我活过来，我自己让我活过来。"

他的话当然有道理，他吸着烟，阴沉的脸上透出不容反对的信念。他的兄弟一声不吭。

“我是说，这是要人死的活计。”他的女人马桂说。

“你他妈的少放屁。”

“累死人。”女人补了一句。

“干什么不累？睡也累呢。”

炮声惊醒了沉睡的山谷。

有些小小的骚动。石屑和泥块在试探地落下来，从原来的位置飞溅到另外的位置。炮声惊起黑鹳和凤头麦鸡。凤头麦鸡慌乱地振翅时，翅上闪烁的金属般的光亮，带给了人们一些欣喜，并让山谷经年的昏暗消退了许多。

是泥浆，就运到自己和邻居家未种东西的梯田去；是石块，就堆在冰面上，等到雪化，这些石块就会沉到水底。

这是一次浪漫的行动，像一次游戏，他尽量冲淡它的意义，不想多说，笑笑，宁愿多敬几支烟给来看热闹的乡亲，说：“冬天没球事。”

铁匠秦二说：“那你可以把泥炭洗白么。”

王老民只笑，抠着嘴上的死皮，看着风雪弥漫的王家寨。

等他们走了，他还想多看一会儿寨子。那是他先人的寨子。在老爷岩的绝壁之上。可以说，在某些方面，他继承了他祖辈的浪漫心性。比方，一个郎中，为何不选择县城，而偏要到这绝壁之上设堂坐诊？人们的解释千奇百怪，新版《县志》上也没有答案。只说是一代名医；只说是王家寨过去有四层雕梁画栋的悬楼，在夕阳下如蜃景一般。而现在这寨子已经坍塌了，那四层楼已被无情的岁月抹去，只剩下四排巨大的凿孔（插木梁的），空洞地、无望地望着阴冷潮湿的山谷，像祖先们死不瞑目的眼睛。

可是，这里，水下，老爷岩的山脚，曾有一条通往四川巫山的石板小路，就是在这小路上，排列过三十桌热气腾腾的酒席，是大土匪高不留为答谢他的祖父王长卿郎中而摆的，祖父治好了高五年不愈的枪伤。这是何等风光的酒宴与排场啊，这虎狼出没的山谷里，八仙桌一字排开，人们猜拳行令——所有的酒菜、桌椅全是由数百人从百里之外的房县县城背进来的。你还能有这样的风光吗？而且，王长卿还有一个特殊的嗜好，在农历六月初六龙晒衣的日子，用簸箕晒他的银洋。别人若问其故，他说怕银洋发霉了。村长就提过这事，村长说："老民，你抵不了你老爷一根寒毛，老子要是你，早就一头撞死算了。"村长为何要咒他呢？县民政局补给他一年五十元，村长说只有二十元，你若多问一句，他就开骂，咒你死。

落水孔是哪一年堵塞的呢，没有谁能回答，等人们知道是怎么一回事之后，一切都晚了。山上的树砍光了，泥土碎石全被雨水刮下了山坡，是它们填满了那个深洞，深洞中的伏河。

开始的一个月均无怨言，也还顺利。炸药要得越来越多，王老民只好背出了两只羊子，到山下去换炸药。剩下的炸药他是交给兄弟老根的。老根虽言语不多，却极心细。然而，人算不如天算。那天上午老根点了炮，等到洞里平息了，觉得没了危险，便点上松明进去，就在这时，一块炸松的石头恰好落在他的头上，那石头足有脸盆大小，可以想见它的威力。

王老根当即就闭了气，头上血如雨淋，囟门那儿裂了个大口子。这老根到三十多岁，囟门还是软的，好像小儿一般。

砸死人了，就等着王老民回来，洗身装棺。

王老民下午回来，见兄弟如此这般，就找了些救命的草药，熬了汤猛灌，又掐了他一些穴位，没有什么反应，于是背起兄弟，就往山外而去。

他想救活他的可怜的兄弟，兆头又是如此地不好，这命若救不活，不是断送在他王老民手上了吗？谁让王老民想这个心思的，而兄弟又实在可怜，不仅三十多岁了还单身一个（老婆在新婚之夜跑了），而且遭受过几乎所有的苦难。比如他打野猪时被猪蹄敲掉了六颗牙；曾在九六年迷路在迷魂垭五天，回来时骨瘦如柴，全身爬满了山蚂蟥；有一次罱泥炭时船绳绊了他的脚，在水底下爬不起来，肚里灌了足有七八斤黑水；山中稀奇古怪的凶兽他都碰见过。他还见过黑黢黢的棺材兽，一头大，一头小，头上写着巨大的“奠”字，像一口活棺。懂科学的人说这种野物是林豚，可王老根回来却分明大病了一场，满嘴胡话达半月之久。

王老民含泪叫上了儿子胜利和继女小小后头跟着，他一个人硬是背了近百里路没歇一口气。到了房县医院，医生当即给王老根开颅。颅打开时，一股猛烈的白汽直往外冒，医生赶快给他推降颅压的甘露醇，又加上脱水剂、利尿剂，均不管用，血肿如常，心跳休止，血压为零。医生只好三针两线缝上脑袋，叫王老民快背回去埋掉。

这一天的雪下得确实很大，他的兄弟全身都冷掉了，并且僵硬。但是在路上，他听见了属于他兄弟的那种喘气声。这个他熟悉。这是在第二天的天亮了，他们在山路上整整走了一夜，没吃没喝。他分明听见他兄弟的喘气，回过头问儿子与继女：

“你们刚才谁喘了一口气？”

谁都在喘气，尤其是害哮喘的儿子，有时喘得蹲在山岩下半天。但是他问的是他兄弟的那种死去活来的喘气，他一定是幻听，两眼已经模糊，困，乏，加上饿，渴。他伸出一只手去试兄弟的鼻子，有了一丝儿进出的气流，他就狂喊：

“你们叔叔活过来了！”

于是他把他放下，放在雪地上，看他的胸口真的有微微的起伏，喉骨在蠕动。

“快给他塞雪。”

塞了一把雪在他嘴里。三个人把他的手、脚用扯来的巴茅草包好，王老民就喊他的名字：“老根，兄弟，你醒过来呀！”

再背上他上路了一段时间，雪就停了，天就开了，山脊上露出了一半橘红一半蔚蓝的颜色，鸟在天空划出了晴朗的痕迹，并留下清寂的、隐忍的叫声。这时，王老民看见他的兄弟也扑棱棱地飞了起来。

这绝对是清晰的印象：瞬时便飞走了两个一模一样的兄弟，往林隙上空而去。他猛然想到：这不是兄弟的三魂走掉了两魂么。

先走了游魂，再走了超生魂——就是托生了，兄弟的方向是往四川去的。还剩下一魂：守尸魂。兄弟呀，兄弟，你就是活过来，不也是一具僵尸了么？！

这么想他的心一阵一阵地寒冷，最后的热气遽然间被什么东西席卷一空了。失去了兄弟，他怎么向乡人交代，又怎么向死去的双亲交代呢？

全是我的错，兄弟。我害了你！

他一路哭诉，连他的儿子和继女都不知道他为何这么伤心，不是活了吗？叔不是喘气了吗？

女人马桂早已差人为小叔备好了棺材，铁匠秦二也被请来了，负责钉那些扁形的棺钉。他们知道，人死是不可能复活的，王老民之所以要去房县，也是一个程序罢了，以免以后给闲人留下话柄。

可是，王老民还是不肯罢休，他觉得还是要救。他想起竹山县有个郎中，曾在这一带采过草药，有一次王老民与他在山中相遇，谈过一些药理，很是佩服，他决定去找他一试，于是拔腿又去了竹山。

家里还是按部就班地赶办丧事，乡亲们为王老根净了身，换好了衣裳——那一身当新郎官的衣服正好做了他的寿衣，马桂为他纳的过年的新鞋也穿上了。放进棺木之后，乡亲们便把胜利和小小都绑在了门前的楝树上——因为王老根没后，侄儿侄女充当了儿女；风俗就是如此，必须把后代绑在树上，以免他们吵闹耽误了逝者上天的时间。

在秦二钉第三颗钉子的时候，王老民和那个郎中回来了。好一顿臭骂，王老民咆哮着要他们把他兄弟拖出来。那郎中手拿着一把钢针，是一个刮瘦的男人，尖脑袋，细胳膊，时隐时现的眉毛，两只委屈的眼睛忽闪忽闪。

“我又不是斋公师傅。”他说。斋公师傅是为死人做法事的。他哭笑不得地说。

但是人已经拖出来了，王老民愤怒一阵之后大家都一致地屏声静气，看那个郎中怎么来治这个死人。

神话般的郎中在死人身上又扎又捻，到处插满了钢针，嘿，人就活了，脚筋乱扯，嘴乱歪，耳朵乱动。接着，大家就听见了轰隆隆的脉声，如天上过飞机，如兽群在山梁夜行。

这么洪大的脉可真是少有的，大家喜，郎中不喜，撇着嘴说：

“脉虽来了，不过是秦王的赶山鞭赶的，是个死脉，医书上叫疾脉，疾脉浮而无根，这无根之木，终是一死，鄙人无能为力了。”

王老民说：“且慢，既有人气徐来，便有性命三分。这人气旺，脉气定旺，你骗不了我。”

郎中说：“诚然，你为王长卿的后人，也是神医世家，俗话说，没吃过猪肉，总见过猪在地上走，什么都瞒不过你。但是，对天发誓，我确实不行了，医术到此为止，再治，也就是这个水平了。明人不说暗话，我不过是个巫医罢了。”然后，伸出脸来，要王老民掌掴。

王老民哪敢打人家行远路而来的劳碌郎中。心想，总算给我把脉拽回了，没有一定的功夫，也是拽不回来这脉的。有了脉，我就来试试，死马当活马医吧。他吩咐他女人马桂给郎中打四个荷包蛋。心一定，头绪也有了，主意也来了。他猛然记起阁楼的椽子上吊有一包麝香，是二十年的老麝，父亲在世时说过，这是起死回生的良药。他取下麝香，对那吃完鸡蛋正打嗝的郎中说：

“我这儿有一包好麝，不知是否愿意再试试？”

郎中有了暖意，嘴也吃甜了，说：

“是什么麝的？”

王老民说：“白麝。”

郎中跳了起来，道：“快快打开。”

打开那火柴盒里的小纸包，登时一股奇香弥漫开来，郎中惊呼道："好麝！好麝！"又道："你也知白麝与命门关相配，可以从阎王口里拔牙。早知如此，为何不早点拿出？"

埋怨归埋怨，王老民于是配合那郎中，点燃一支艾蒿，洒上麝香，便灸王老根的几个关口。关隘一一打通了。这样翻来覆去两个时辰，王老根就睁开了眼睛，用隔世的眼珠子望着众人道：

"好大的火呀。"

二

兄弟活了。

兄弟是活了，也是全山谷的人都看得见的，是他王老民把兄弟从地狱里拖回的。兄弟活了，还得继续挖落水孔。他活过来，他就得挖。再说，这山谷有王老根的三分之一，约一百五十亩。当时没分开，与村里订合同也是两人签字按的手印。而且兄弟也没有分锅。只是住——在王老根结婚时，王老民给他做了两间干打垒的石板瓦盖房子。但是老婆却在新婚之夜跑了。原因什么都不因为，只是王老根说了一句："别穿衣裳睡，别把衣裳不当粮食。"这个山谷的男人怎么这么小气呀，于是跑了。也许还有别的原因，谁知道呢。但是山谷的人都说，王老根和他们都一样，从小就赤条条睡觉的，山外的女人不懂。就是城里捐来的旧衣服，也没谁敢穿着睡，这么抛洒浪费的。唉，老根也只有这个命了。

老根还是得挖。过了春节，天气转暖了，他们的进展很快。王老根自打伤后，头还是未消肿，还是一个大头，囟门那儿被医生缝紧的头皮中，长出一蓬弯弯扭扭的白发来，没牙的豁嘴显得更深，眼神更直，更木，更高兴，微笑着，口里咂巴着，好像品咂着美味佳肴，好像咂着女人的奶子。

他老哥奖赏他，给了他一台收音机，就是在村长儿子矿上抢的。这收音机在这山里听得不甚明白，信号不好，有时候，他用它来听北京的报时信号。很奇怪的是，他只要一拧开，就能听见里面“嘟、嘟、嘟”的报时信号声，总是分秒不差。

他总感觉到身上有一团火，王老根。

他还说脑壳里有一团火。他敞着怀，休息时仰面躺在冰面上，跷着腿，抱着收音机。在常绿的棠栎树下，留鸟们在纵情歌唱，石楠斜铺着长长的枝条，上面绣着雪层。而他，他的胸膛，正冒着腾腾的热气。

他有使不完的劲儿。

这一次挖孔到四月底结束。第一场春雨来后，他们收拾好镐头，并将落水孔前挖了一条排水沟，将孔洞挖成一个斜坡，以期洪水的力量将洞冲深一些。

这样，又等到十二月份，开始结冰了，水也慢慢退了，山谷的水波成了衣衫褴褛的零星泥沼，他们便又上阵，接着春天的活路再干。

然而，情况并不妙。他们发现，过去挖的落水孔不见了，淤泥、浊水和从山上、山谷间流来的枯枝败叶，又充填了那个孔洞。

这情景是王老民没能料到的。他也曾想过在挖出的孔洞前安一个拦污栅，但是，淤泥如何能拦住呢？它们将流向哪儿？它们只能钻入洞中，成为掘孔者的仇敌。

对此，王老民的兄弟老根是没话可说的，要他挖便挖，什么都不说。王老民把自己瘦弱的儿子也拉入了铲泥的队伍。那么，他明知道继女的“大姨妈”（月经）来了，也不会让她歇着。因为，大家看到，那个叫王胜利的、平时游手好闲并且还要喝上两杯的臭小子，也被他爹牢牢地钉在了落水孔里。

他的女人马桂在那个石板盖顶的屋子里，可以将一切收拾得井井有条，那些人回来有热饭添进碗里，筷子洗得干干净净，然后有热水洗脸，再舀上一瓢泡脚。猪因为吃饱了，在柴草间打着满足的鼾声。但是羊太多，她无暇照料，羊因为怕冷，挤在用木板搭成的高台角落里，因为拥挤，蹄子掉进了板缝，瘸了，板缝太多，却没有一个男人来修整。她说寻思着看能否把羊卖掉几只去。因为它们吃不饱，每天深夜的叫声可怜兮兮，那么尖嫩的、重复的叫声，直往人心里去，跟小娃儿在风中的哭声没有两样。

“那你就干脆说了，不让小小挖便了事。”

她的男人说出这样的话来，没有丝毫商量的余地。

“那就让它们饿死吧。”她说羊。女人暗暗地抹着泪，背着因为太劳累而熟睡的女儿。在这个家里，她们是外人，侵入者。她又能说什么呢？

早晨起来的时候，她就对自己的女儿说：“小小，晚上回来的时候，带几把羊草回来。”女儿看着眼睛红肿的妈，她心里清楚，只是不说。

中饭过后有片刻的休息，大家围在火塘边烤泥浆濡湿的裤子和透水的鞋子。小小就出去割羊草。胡颓子黄了，淫羊藿也枯了，羊只能啃吃埋在雪里的草根。她挖着草根，从干硬的石头和冰块下挖出那些草根，并不是容易的事。若是在夏天，她麻利的手脚不到半个时辰可能会割一篓好的红三叶草或是野苜蓿。夏天根本就不需要割草！冬天的野兽多了起来，因为缺少食物，羊若没人照管，出来觅食，就会被野兽当作美餐。她在想着冬天的难事，泪湿衣襟。

“这对我们有用吗？”她这样想的时候浑身就会没了劲。王家寨不是她梦想的源泉，那里没有她的激励，她虽然姓了王，那也不过只与一碗饭有关。伟大的母亲，她做出来的汤水饭，渍出来的酸菜，全是她的女儿吃了，她还是一再制止女儿的饕餮，说：“够了，饱了，行了。”每餐都这么提醒，仿佛，我们母女是白吃了人家的饭。在那个烟熏火燎的、乌黢油黑的厨房里，猫和毒蛇睡过的渣窝旁、灶口前，火钳和锅铲，永远是妈的工具，她还要喂牲口，剁猪草，煮猪草。莫非我们就是他们的奴隶吗？

“妈，我们走吧。”

有一天，她这么对妈说。妈知道女儿吃不住了，妈摸着女儿红肿的、被篼绳勒出紫印的双肩。还有冻得破溃了的手，说：

“妮子，哪儿是我们的家啊，这儿就是。”

“那我要出嫁，我出嫁了带您走。”

“妮子，你这么高的个头，哪个敢娶你啊。”妈叹气。

“我打篮球去，我找县里的体委去，有人给我说过，我要小舅带我去。”

女儿很天真，可女儿是一心要离开这个令人压抑的，让人如牛马一样的山谷。为娘的就要劝她了。娘说，一切都会变的，说不定真挖穿了，咱们娘俩跟他们王家的人就要享福了。你现在的爹不是说了吗，什么都会有的，以后要住楼房，顿顿吃肉。

“这是鬼话！”女儿说。

女儿的小舅就来了。仿佛知道她们需要他似的，有一种心灵的感应。他是在邻村巡线走了十几里山路顺便来看看姐姐和外甥女的。

女人的这个弟弟在山外的一个水电站干巡线的活儿，虽说是个临时工，可行头很气派，穿着工作服，绝缘胶鞋，腰里还别着起子和尖嘴钳。

喝酒的时候，他对王老民说：“姐夫，我说你们就别挖了。听说这落水孔过去一直通到四川那边，少说二十里路，你能挖到啥时候？”

王老民含含糊糊地说不会堵这么远的，肯定是哪儿石头卡上了一些树枝，泥巴一去，就堵住了。他说他贴着洞壁听见有流水的声音，肯定水就在不远，证明没有全堵，说不定几天就会挖穿，很有可能的。他说，从一个很窄的夹壁进去，就是一个深潭，不会超过一百米。小时候，我们冬天经常钻进去，到那个深潭里捉鱼，鱼是无鳞的，没眼，透明的，笔杆长，叫洋鱼条子，很好吃，那潭边，总会出现许多人和野牲口的脚印，你抹平了，第二天去看，又会有那些脚印，不知从哪儿来的，都说里头有鬼。后来淹死过一个人，就没人敢去了。估计，就是那夹壁处堵塞了。

小舅子不听这些，他坚持说：“离开这儿吧，姐夫，到山下的公路边去，那儿也能喂羊和牛。你懂草药，你摆个草药摊子，比这儿强百倍。”

“你以为我要饿死在这里吗？你姐和你外甥女会跟着我饿死？”

“不是这个意思，姐夫。你要过上好日子，这儿肯定不可能，又不通电，又不通路的。你家祖上当年住这儿，因为他是有名的郎中。”

“我就刨地，饿不死人的，我一样吃腊肉。”

“是饿不死人，现在是人民政府嘛。”

“我说这儿比哪儿都好，山下未必一切都好，六〇年那会儿，山下饿死了好多人，咱们伏水山谷没一个饿死的，随便抓一把野果就能填饱你的肚子。”

说服不了这个固执的、自私的姐夫，女人的弟弟坚持要把小小带出去，说是要参加县里的篮球队。

王老民不相信篮球队会要这样的蠢妮子，她篮球都没摸过，别人肯定不会要她的，带去就带去吧，她准会回来。他不好驳小舅子的面子，老婆又不是原配，女儿也非亲生，那就只当准她几天假，让她休息几天吧。

这个巡线员临走时对王老民说：“我告诉你一个不幸的消息吧姐夫，这次全国农网改造，也根本没派你们的单，这山谷通电架线，就七八户人家，怎么都不合算。给你两百两还是三百八（伏）的电？架水泥杆还是往树上钉？是牵四个的还是六个（公分）的线？一路线损，一度电要收你多少钱呐？我估计，要通电，那是十年以后的事了，姐夫。”

“我从来就没想要那个球电！”王老民说，“我还供不了那尊菩萨。不用电灯莫非活不了么？我没看你们用了电灯会多长一块肉！”

无法说服这个姐夫，巡线员便带着小小离开了山谷。

但是这个冬天奇冷，下过几场大雪后，太阳就没有出来过，于是地上冻起了牛皮凌，所有山峰都变白了，都戴上了厚厚的冰盔，往四围望去，好像一个个巨大的白冢，树及各种植物都被包裹在冰下面，整个世界犹如幔上了一层悲恸的、凄惨的尸布。就有人传话说，老虎下来了，要到山谷寻吃的来了。老虎（和其他什么野牲口）也要躲避山上的严寒。

虎啸果然出现了。

这是儿子胜利说的，那天他到山坡上砍柴，看见一只老虎从老爷岩蹿下来，追赶一只麂子。后来，那麂子跳了崖，老虎只好回去了。铁匠秦二也说他见到过，他说得更恐怖。他说那天他从四川卖锄头回来，经过八卦尖时，看见一只老虎在啃吃一条人腿。八卦尖正与四川交界。不过秦二说得也太邪乎了，他说那老虎分明啃的是一四川女子的腿。有人就说秦二家的床下的确藏有一只鲜红的女式高跟皮鞋，跟有两三寸高。“那么，不是旅游的就是走亲戚的，或是女鬼。”有人总结说。大家就要求秦二把那只皮鞋交出来，并骂他是个老邪货。有人就跑去他铁铺里，搜来了那只皮鞋，果然是高跟，果然是红的，还擦得贼亮贼亮的。有人就打趣说：“秦二肯定晚上抱着这只鞋睡觉。”秦二告诉大家说：“那虎只吃四川的娃子。”因为他去四川卖锄时，听到过许多老虎吃人的消息。哪知，他碰上了，原来是只湖北的虎，它不吃咱湖北的人。“很明显么，咱们这儿没哪家丢了娃子。”他说。他还说：

“那虎头上的‘王’字，跟老民爷爷过去的药堂幌子上的那个‘王’字，一模一样，篆写的。”

他于是示范地用树枝在地上画了个“王”字。大家看着这个“王”字，又看看王老民兄弟、胜利，没有话了。

后来王老民笑了。他不笑这事不得结束。他笑着说：“呵呵，我祖宗来了。”

秦二说："这个冬天你们家里这么多人在山谷里挖洞孔，老虎也没掩吃你们，这不是明摆着的么。"

"那我也就是老虎啰？"王老民说。

"哪里，哪里。"

"你不就是这个意思吗？那我王家人都是野牲口了？好嘛，小心我吃人。"

大家看见王老民生气了。他果真生气了。山谷里的活停了，女儿走了，他正为这事儿的不顺而犯焦呢，又听到秦二说出这种狗屁话来。但虎是实实在在的，秦二这老狗日的一只红皮鞋就是证明。这肯定是四川的女子，四川女子就比湖北女子爱打扮，吃起辣来，嘴唇泛红，噘着抽冷气，人见人爱。

我倒要去见识见识这只老虎！

他发了犟，他想赶走这只老虎，把它赶到四川去。他还想看看额头上那个神乎其神的"王"字。

晚上，他蘸着水和惨淡的月光磨着猎叉。空气已经整个被冻住了，到处是树挂哗哗啦啦的干硬的响声，从树林里透出来的寒气好像是僵死的，散发出奇怪的腥味。

"你真要去杀虎么？"他的女人马桂说。边说边往磨刀石上浇水。磨刀石是个废弃的石磙，因为长年磨铁，已经凹进去一块，那石头发出一种沙沙的、削铁如泥的吞噬声。

王老民"噢"了一声。他磨好了猎叉，进得屋去，又端来一个破碗，那碗里装有羊角七藤挤出的毒汁。他用布筋蘸了往叉尖上抹。抹一遍，用火烤干，再抹。

他的女人当然不会让他去，结果他还是走了。像他这么单薄的人去斗虎，在过去的山谷里不是没有过。虎跟其他野牲口一样，甚至不如野猪，那不算什么。当然，这是在有枪的年月。前两年，枪都让派出所收了，说是生态保护，又说是防止农民聚众闹事。可他怎么看都不是斗虎的人，薄得可怜的嘴唇，干瘦的下巴，眼睛甚至有白内障，只是手脚还算利索。

他就这么走了，但走了不远，他兄弟王老根就赶上来了。他兄弟倒是很墩的木筒身材，有力，仍然敞着怀，头上那缝过的地方伸出的一撮白发使他看上去像一只奇怪的鸟，像戴胜鸟。他兄弟拿着一把砍刀。其实王老民腰上也别了一把象鼻刀。他对他兄弟说：

“你来干什么？”

他兄弟走近了却不敢靠近，有点害怕的样子，垂手提着明晃晃的砍刀说：“嫂赶我。”王老根用手示意。

“回去，回去。”他的话说一不二，留下在那儿徘徊的兄弟，过了一会，他再往原路看时，兄弟不见了，回去了。

他现在一个人。

红果累累的蜈蚣刺在路上盘踞着，它们豆瓣似的小叶也全是紫红紫红的，小路的两边全是，它们长着长长的带刺的枝条，呈现出俏皮的、鲁莽的造型。冰瀑正顺山而下，层层叠叠，从上面滑过的风比刀还薄还寒。天空高朗而荒寂，山崖却拥挤着许多属于冬天的植物和景色，枯黄的灌木丛有许多不肯落下的叶子，正在风中有一阵没一阵地呻吟，然后是自己胸腔的心跳与气吼。就这么，他向上攀登。不知不觉已经到了王家寨的山门前。

我是向这里走来的吗？多少年我都没朝这边走了，我故意躲避它？我只仰望它，在夏天，我仰望先人手拿蒲扇的影子；在冬天，我期待着那寨门出现戴金丝猴皮帽的人，女人挽着烧金炭的手炉，环佩叮当，红鞋如莲……可这全都不可能！

他干脆登上了寨子。寨前用石头砌的平台坍塌了一个豁口，在下边，靠洞子的那儿，堆有一大堆大大小小的卵石——那是用来对付洗劫寨子的土匪的。现在它们遗弃在这里，仿佛抗敌的人拍拍手进洞了，敌情解除了。可是，这些石头明明白白地告诉他：祖先们都是提心吊胆地在这儿活着！扒开羡慕的表皮往深处看，每个人的一生都不是那么轻松容易的。

他陡然为自己，也为先辈的命运而一阵鼻酸，也增加了不少劲儿。在这儿，能听清楚一种从冻僵的栎树和灌木丛间发出的尖锐的声音，是被冰雪长久压榨的不堪忍受的声音。可人却什么都能忍受。

人比万物都更坚强。

他糊里糊涂地就走进了洞子，然后——

他看见了一个兽巢！

他发现了一堆骨头！

他哪还敢细看是人的还是兽的骨头，拔腿就跑，就往岩下跳，顺冰瀑往下滑。

等他下到山谷时，他不知自己是怎么飞下来的。

三

小小回来的那天，一场大雪降临了。

事情正像王老民的预料——他应该暗自得意了——小小垂头丧气地回来了。

小小看见屋里围着一堆人，在火塘边正在讨论一个很亢奋的话题，每个人都奋不顾身地插嘴。大火熊熊，许多人都争先恐后往火里投柴，仿佛只有投柴让火蹿起来才能把这个话题说透似的。

大家看到小小从野外只身归来，一个个诧异得嘴巴都合不拢，发出抽冷气的“啊啊”声。

“难道你没有闻见外头有什么腥味吗？”

小小说没有闻见。

“那是老虎的腥味，整个山谷都是！老虎来山谷了，进了你们挖的那个落水孔了，你们正好掏了个虎窝。”

事实上，野牲口对天气是十分敏感的，这证明，更漫长的风雪要来了，这个冬天难熬啊。

想下套子杀虎的人说，这是不能干的事。

想下阎王塌子的人说，这也是不能干的事。

阎王塌子得上百根好杉料和几千斤石头，除非是恨它不过了，才使这玩意儿，把它砸成肉饼。说只是说，就算老虎吃了咱山谷的人，你要砸它，也没木料做那塌子了，连烧木炭的铁匠木、刺叶栎都砍光了，人们在冬天，只好守着半干不湿的树疙瘩烤火，来对付毫无道理的、无赖般的寒冷。

老虎啊老虎，你哪儿不好去，为什么偏偏钻进咱们的落水孔呢？你是不是专来阻止咱挖这孔洞的？难道我们做错了？

好在，一个壮劳力终于从山外回来了——果不出他王老民的预料。但回来却只能让她闲着，让兄弟也闲着？看到小小脖子上围的一条从山外带回来的白围巾，毛线的，很长，齐了腰，毛茸茸的像兽毛。他想到铁匠秦二收藏的那只红皮鞋，山外的东西鲜艳夺目，让人不能安心。那么，他忽然想到一个念头：必须尽快让小小找个归宿，且是家里人。给胜利也可，给兄弟老根也可。

以后遥遥的挖孔任务不能没有她！其实这个念头萌生了很久。他只是在想着，那两个：儿子和兄弟，谁能与她匹配。

晚上他喝了很多酒，菜也不少，说是给小小压惊。小小黄浑胆子大没被老虎拖去嘛。

平时总是女人马桂为他暖被窝的，而这天晚上他却第一次先上床去，钻进那冰凉的被窝。他的女人第一次得到这样的温暖，她甚至感到，在黑暗中男人把家里他睡的唯一一个獐毛枕头也递了过来，然后就是一番少有的亲热。

再然后呢，就是王老民说话了，王老民点燃一支烟，说："我说小小也不小了，胜利呢，也不小了，他们两人……我看……"

"你是说让他们两人结婚？"

"可以先定亲嘛。"

"他们是兄妹！"

"没有血缘关系，怕个么子！你若觉得不合适，老根年纪也不是很大……"

"他是她叔叔！"

"没有血缘。"

"人家要指咱脊梁骨骂的。"

"这是咱们的家事……"

"亏你想得出，你这不是逼咱们娘俩走嘛。"

"我倒是希望咱们都不走，一个人都不走，都在这儿……"

女人马桂感觉到这个男人已经中了邪了。她犹如万箭穿心，她在想着这事如何了脱。

高大、健壮、正常的女儿虽然心不太细，可她也不至于找已经傻得像块石头了的叔辈，况且这叔侄配是多么龌龊的事呀。至于胜利，这娃子她不是没想过，可是这娃子风都吹得倒的样子，如何能与小小般配，就算身高不成问题，我也看不出小小对他有什么好感。因为身体的原因胜利这娃子已经废了，那还不废。你看，他晚上也喝了好几杯酒，在隔壁房里又哮喘起来了。有时候听他喘不过气来的声音总担心他会死过去。迟早，我看他就会这么喘着走的。

她听见男人的鼾声，一颗很亮的星在窗外的天空，寒气从山谷，从门缝里，从瓦片间钻进来了，鸡开始叫了。鸡的叫声也显得有气无力，并一声声发颤。

虎呢，还在山谷中发出警醒的吼叫，势如破竹，叫声像一块冰，插进你的怀里。

第二天，山谷里来了几个人。

他们打着两条横幅，一条写着：人民村长人民选，选好村长为人民；一条是：请珍惜手中神圣一票。

这几个人全副武装，只露出山下人的不守本分的眼睛来，眉毛上、头发尖上全是白霜，脚上的泥和雪裹成了树蔸一样，看来他们的此行是沉重的。可他们精神抖擞。他们是来为山下二组的方柱子助选来的。

这实在是一个新奇的事情，人们就顾不得老虎的威胁，来看稀奇了。哪知道凑个热闹，还每人发了一袋活力牌洗衣粉，他们知道了山下正在选村长，这是全村的大事，七组的乡亲也不例外。不过照铁匠秦二的说法，谁当都一样，天下乌鸦一般黑。他说："八〇年陈书记在位，我吃马铃薯，后来是叶村长，我吃土豆，现在若是方柱子、瘪柱子上台，未必我就不吃洋芋了？"

风凉话归风凉话，秦二还是选了一包分量比较充足没有破口的洗衣粉拎了回去。

谢天谢地，老虎这天没有出来。

第二天又来了一拨人，是五组霍老四的代表，开宗明义地说他们不是来贿选的。不过，“老四当村长，家家奔小康”——这是他们的口号。

大家对那几个人心有余悸，大家见过，前年邓道理的三兄弟邓道路在霍老四的私人磷矿里干活被砸死，送尸回来的就有今天其中的人。他们说，邓道路不遵守安全工作制度，砸死了，自作自受，只赔了一千块钱，还说是出于革命的人道主义。邓道路的两个妮子，大的不满十六岁，小的才十三岁，被人带到广东去了，至今音信全无，老婆也改嫁了，一家人就家破人亡了。可是，大家知道霍老四有来头，那矿镇长和派出所所长都有股份，听说县里也有人，砸死人只当砸了头猪，你又怎么。看来，这村长只怕是他的了。

不过这拨人提出的条件还非常诱人，他们说只要霍老四当了村长，他保证负担全村人的所有屠宰税，并将所有十岁以下的未入学和辍学的娃子全送回学校。

霍老四发给大家的是每份八块八角八的红包，说是快过年了，给老人买两包烟吃，小娃子买一双新袜新鞋。

这伙人走后，大家还聚集在王老民家里，说他们比虎还厉害，老四上了台，那不把村里闹得阴风惨惨才怪呢，看来老虎下来是有道理的，虎狼当道，莫非要老四坐轿？

“但是，”王老民说，“我们不要怕，老村长不是毙了吗？善恶都是有报应的。我们不投他的票。”

“那你等着有好果子吃吧。”

“别吓唬自己了。”王老民说。他暗自猜想，肯定还有其他的人来挑战霍老四的，既然是选举，肯定有众望所归的人物会站出来。

他的预料又应验了。

过了一天，又来了一拨人。大家看到，是高忠老师。这高忠老师过去当过村小学的老师，后来又当过一段村里的文书，据说与老村长合不来，便去贩板栗和香菇了，又听说他现在在巫山与人合股投资了一个景点，搞起旅游来了，也是个不安分的人。高忠相貌堂堂，悬胆鼻，眯眯眼，厚厚的耳朵，稳稳沉沉的传播智慧的声腔，走到哪儿都像干干净净的老师。可他是大土匪高不留的孙子，也就是与王老民祖父有交情的那个高不留，在这伏水山谷里摆三十桌答谢宴的高不留。

“王哥，我给你提酒来了。”进门就是如此亲切的呼唤。

他给王老民提来的是瓶装酒，有包装盒的，叫昭君二曲，是兴山县造的，昭君娘娘喝过的酒。然后他就说：

“我想真干一番事业，想帮咱全村父老乡亲脱贫。不是一个人富，不是一个组富，而是全村所有人富。最穷的七组，应该最先富。为什么，我对这山谷有感情。我爷爷当年虽在这儿胡闹过一阵，可山谷里的乡亲们并没有亏待他，他吃了山谷四年的粮食。他后来被政府杀了，那是他罪有应得。可是乡亲们的情义，后辈总是得报的，你们让我为你们服务一次吧！……”

他具体地说到了他的规划。他说老爷岩、八卦尖为扼川鄂咽喉之天险，奇峰翠谷，风景绝佳，应该拿出去卖钱，引资进来。王家寨之险绝不亚于四川忠县的那个石宝寨，若重建悬楼，定为鄂中一绝。听说王家兄弟决意要挖通落水孔，那么山谷又会恢复为百年前的原貌，又是几百亩开阔平坦的土地，再施以配套开发，你们这山谷四月还飘雪，十月又飘雪，夏季如春，还怕少有城里的人来避暑么？至于道路，从八卦尖向阳坪伐木队的简易公路开过来，也要不了多少钱，谁在这儿办旅游项目谁修路，虽说下山去村里绕了圈，但路过来了呀，以后就有了车，那你们又怕什么远呢……

可是，邓道理的憨里憨气的二弟邓道德就说话了，他说："高老师，你当村长了，我们找你办结婚证盖个章，办打工的边防证盖个章，你不一样收我们一百块么，你不吃、拿、卡、要，你争这个村长发疯了么？发羊角风？"

铁匠秦二看来是要投高忠一票的，他打了一下邓道德的头道：

"燕雀安知鸿鹄之志哉！"

四

几拨人的表演教乖了伏水山谷的乡民，他们才知道过去完全是懵懵懂懂地活着的。他们知道了自己和村长的重要，而且情势非常危急，比打虎的事还危急。大家认为这关系到自家的生死大事，过去有没有村长无所谓，谁当村长无所谓，看来这种态度要马上变过来了。选谁当村长，是让人活还是死，活好还是活孬的天大事儿。当然，一切要以候选人的诺言兑现为前提。

当晚，大家打着火把，吼着山（吓虎的），到王老民家里合计，权衡再三，一致认为选高忠老师为宜。

就在大家在一份委托书上签字画押按手印时，邓道理却签了他投霍老四一票的字，这让大家不解且愤慨万端。

秦二对他说："你三弟的冤魂饶不了你的。"

邓道理却振振有词："道路若九泉有知，也会同意我的选择。"

"这是为何？"

"怕他霍老四报复打击呀，不如做个顺水人情。"他坚持认为，这个村长一定是霍老四了。他说霍老四用钱买通了所有关口，一个村长对他来说那不是坛子里捉乌龟——手到擒来，小菜一碟。他说："你们等着瞧吧。"

村里的人虽然未见过世面，但天理报应的东西还是深信不疑的。他们说，老村长都毙了，霍老四以后不毙吗？以后再闹一次革命，像老四以及跟他合股的派出所长、镇长，都得毙。

这一次看来要让邓道理失算了，高忠老师成为了新的村长。

那天王老民带着山谷十几口选民的嘱托（就是那份委托书），一个人下山去作为代表投票。他记得那一天早晨的雾气很浓，像米汤一样，黏黏糊糊地与他的衣裳和头发撕扯着。他必须分外小心，于是打着火把。因为老虎怕火。

他记得走到山上的第一个隘口，听见了一阵吼声。哪来的人呐，这么早吼山。走近一看，全是村里的父老乡亲，他们的衣裳都被晨雾打湿了，他们站在那山嘴上，原来是送王老民并帮他吼山赶虎的。连覃二呆都来了，他虽呆，但嗓子大。

"三五里不会藏虎了，我们已吼过一阵子。"

王老民走了老远，还听见后头一阵一阵的吼声，那吼声迟迟地不肯离开他，伴随他。王老民走着想着听着，差一点流出泪来。他忍着，心里道：我不会辜负你们的期望的，我一定把人看准。

他仔细想了想，掂了掂，高忠似乎是个可以信赖的人，首先他当然是想到能有人支持他挖落水孔，高忠理解他。他是一定要把它挖通的，然后，因为有祖辈的交情，他会在山谷的开垦上帮助他。还有，假如真要重修那四层祖上的悬楼（那得多少资金呀！）那真是天大的好事了，何况，他还拍了胸，要修来一条走汽车的路，就冲着这条路，我也不会投别人的票。

他记得那一天乡亲们的吼声穿过浓雾时的朗阔和力量。生活是有滋有味的。吼声中你可以听出他们的幽默、自信、爽达、粗蛮、没理由的快乐。

他记得那一天雾慢慢散了，山冈的雪盔，闪射着炫目的光芒，天空呈现出纯净的灰绿色，光秃秃的树枝也更加简洁地织在头顶。他不怕。他认为虎也不算什么，霍老四的报复打击也不算什么。他于是用少有的内心的欢悦唱了一首很下流的山歌：

姐儿生得矮垛垛，
一对妈妈像秤砣，
白日把给娃儿嘲，
夜里把给情郎摸，
你说快活不快活……

王老民下山后，遇到了一连三天的暴风雪，隔在了山外边。

他的兄弟王老根浑身被火烧着。老根睡了两天，又听到山谷里响起了锣鼓和镲子的声音，好热闹，爬起来出去一看，是向三爹在房县杀猪的儿子雇了一个响器班子，来把女儿接走了。向三爹儿子的女儿两岁，为防虎衔去，只好这么连同向三爹，一家人搬出了山谷。而雪下得委实太大，那一路人走得太慢。不过向三爹的屠夫儿子一路走一路放擂炮炸鞭退虎，给山谷带来了喜气，好像要过春节一般。大家屈指一算，还真离春节不远了呢。

王老根焦急难忍，就背着镐头去了山谷。

他是一个没有多少记忆了的人，他去，完全是出于一种习惯，一种生活的惯性。在他燥热的时候，他总感到眼前有一些小小的人影，从他脑袋的囟门那儿出出进进，这种幻觉让他更不安身。他想吹风，想吃冰，想在雪地上打滚。

他的嫂子马桂当然看见他走出去了。马桂在搂羊草的时候看见了这个人，她想喊他，问他。喊了一声，知这人耳背。她后来就站定了，闭住嘴，紧紧闭着，目送他蹒跚而去。那山谷里的危险正在她眼里加深。如果去一个，女儿小小就会减一分痛苦，添一分欢乐。“去吧，去吧，去吧！”她心中这么坚决地说，像是指挥，像是诅咒。

雪壅住了王老根的双膝，远远看去，就像一个锯断了双腿的怪人，像一团鬼影。就在这时，她猛然看到胜利从屋里冲出来，手拿着猎叉，飞也似的向那个背影狂奔而去，大喊着：“叔！叔！”她赶紧闪进羊圈，贴在幽暗的木架子边，羊身的臊味和羊屎臭味扑面而来。羊也咩咩大叫起来，十几只全叫唤着。她一动没敢动。

胜利披着一块雨布，因为雪还在下，下的是雪子儿，他在奔跑中嘴唇突然碰到了猎叉齿，嘴唇登时麻了，并且干枯了，唇肉和下巴皮发出一阵干裂的撕扯声——那叉齿上的毒性还在。风凛冽地回旋在山谷的冰面上，是从秦岭山脉扑来的风，又匆匆越过山岭，向长江以南扑去。山谷高地上的楠木和猴樟在风雪中呜呜地低咽着，一蓬高地上的大山楂和一蓬雷公藤上挂着的红果在风雪中张牙舞爪地伸出舌头大喊大叫。几只绿嘴雀冒着严寒，在那儿神情紧张地上蹿下跳，嚷嚷大嚼。而这时，胜利分明看到了一串零乱的野牲口的爪印！

“虎！”

这一声喊把自己都吓了一跳。而冰面上已经没了积雪，只有雪粉在上面滑着，翻着筋斗，四处溃散。

说一声虎，虎就来了。

他的叔叔完全没有听见，也不见了，被那灌木丛和一人多高的芦苇丛给遮挡了。虎就在那儿，在苇丛的后面，睁着一双玻璃般的黄眼睛。

虎有点退缩，紧张，伏地，欲跑或是欲扑过来的样子，选择时机的机灵万状的样子。虎是这冰原上的一道温暖、神秘、凶残、随机应变的灵光，斑斓诱人。它粗丑的鼻子，宽大的上齿，胡乱插上去的虎须，像个精神不振的中年人。但是它下唇漏涎，腥味扑鼻，随时会有传说中的恐怖的冲动。

胜利又要哮喘了——这绝对是破罐子破摔的欲望，他必须克制，由手，到猎叉柄，到叉尖，都是克制的，让喉咙闭住！

虎爪好像黏结在冰上面了，那弓起的宽大的背脊也如凝固了一般。森凉的雾这时从山梁上卷下来，像云，比云更黏，更沉重，像一张悼丧脸，风这时似乎吓停了，云漫过树丛，漫过天空，占领了所有的天空，在燃烧、蒸腾、跌跌撞撞。

虎的身影好像要被抹去，云要猎杀它，假如云有力量的话。云又像是抚摩它，劝慰它，悄悄地对虎说，你走开，别唬人家一个娃子。在虎嘴的左边，有一张绿茵茵的刀鞘似的厚叶子，正撞着虎须；在它嘴的右边，有一棵在冰上站起来的小树苗，也在碰触着虎的腮帮。都像在解劝，都像挺身而出的小小义士，阻止这一场血腥的弱肉强食。胜利在内心祈祷着，也感激着这些山谷里不知名的植物们，它们霎时成了村里的人，成了他的朋友——全是有生命的了！

在三股尖叉和四只利爪暗中算计着怎样获得那百分之一秒的抢先出击时间时，在僵持时，落水孔突然传来了用镐头掘石的声音，一下，两下，三下……再接着，雷管爆炸了，是十个雷管，或者一百个雷管，像有巨人跺脚、山崩，接着就果然传来了山崩——

滚滚的气浪带着火硝味从落水孔方向冲射而来，掀起钢鞭一样的雪粉，带着滚滚惊雷向老爷岩呼啸而去，攀上了老爷岩的顶峰。山就崩了，是冰瀑和雪崖；几丈高的雪尘柱向山谷回敬过来，如夏日的山洪。

这阵势持续了多长时间？等声音止息之后，胜利的耳朵还在轰鸣，而浑身的衣裳都成条状了。这个站在冰原上的少年，比树还笔直，一动不动。淡黄色的太阳出现了，天空奔腾着飘浮的云彩还是硝烟？

虎不见了。

他向落水孔狂奔而去。

落水孔传来了深邃的、柔和的水声。

他看到了一个深潭，在松明的映照下，碧波动人。

他看到了潭边的沙滩，上面仿佛印着许多人兽的脚印。

他看见了他的叔叔，浑身裹着泥浆，拄着镐头，抿着嘴唇在向他平静地微笑着。

五

“通了？通了，那很好！”

就在落水孔被王老根用一大堆雷管神奇地炸通之后，在农历的二月初，山谷里走来了两个人，一个是新上任的高忠村长，一个是高村长请来的客人。他们一路对落水孔的挖通表示了极大的赞许。

他们的终点正是落水孔和即将成为一片旱地的开阔山谷。

慢慢融化的寒冰正潺潺地向落水孔流去，山谷里表现着初春大病复原的虚弱和新奇。比如春天的地气正在微微上升，草芽开始试探地伸出了，树枝露出一块块青皮。只看到有一枝歪歪的野樱桃在开花，不过十来朵。墨兰与石兰的黄花藏在极不显眼的叶片间，藏在树蔸的后面，几只看来即将最后告别山谷的鸬鹚，文质彬彬无所事事地缩着翅膀张望着，像些饥饿的高士。那个高村长带来的人看着眼前的山谷，不禁感慨道：

“真是广阔天地，大有作为啊。”

这个人姓金，是来自宜昌的一个老板，他穿着深蓝色的羊绒大衣，一条花格暗红底色的领带，洁白的衬衣领，恰到好处地卡着他的脖子和喉结。他的奔腾而下的鼻子虽然使得鼻梁的轮廓有些模糊，不那么挺拔，可一张很端正的嘴巴弥补了他的缺陷，整体上看起来，是一个不那么令人讨厌的人，何况，他阴沉沉的声音极富吸引力，又是一口很地道的宜昌腔。

“这全是王组长一家的功劳。”高村长说。

“这里可以搞个狩猎场。”

“最好的狩猎场！没看到那儿有兔子吗！”高村长惊呼道。

顺着他手指的方向，果然看到了几只惊慌的野兔。王老民对他们说：“这不稀奇，这儿到处是野兔。”

“好！”高村长说。

“嗯。”那个金老板说。他说：“不错，那个寨子吗？”他指着王家寨。

雪已经化得干干净净，雪本来就崩了。这时，从寨子的洞中淌出来一股瀑布，细细的，像一条白绢，荡荡悠悠地飘然而下，那些巨大的凿孔也因此透出生气来。

“那洞里的泉水是温热的。”王老民介绍说。

“真的么？”

“冬暖夏凉。现在一定是温热的。”

他们坐了下来。

就在王老民为两个客人拂去石头上的落叶和泥巴时，他们看到了一条很毒的烙铁头蛇，又花又绿，正趴在石头的另一端。高村长说：“快打了给金老板煲汤喝！”于是他抢先拿起了一块石头，照蛇砸过去，砸死了。王老民就去将蛇提了过来，还蛮长蛮壮的。

“这么早蛇就出洞，不是吉兆。”金老板嘀咕说。

“它冻僵了。这几天暖和嘛。”高村长说。

“我看，我们来共同开发，共同承担风险，不能让我一个人承担风险，谁的钱都是钱，而你们不能一点责任都没有。”

高村长听到这话就跳了起来，一改唯唯喏喏的样子，道：“你说谁没有担风险？你没看见他兄弟王老根吗？那——那就是王老根，一个废了的人，就是为挖这落水孔砸废了。你难道不知道他们挖断了多少镐头吗？十九把，十九把，全断了，秃了，没了。全是冬天挖的。你能说这不是风险？还有老虎，老虎现在当然走了，可你敢在老虎身边挖石头？”

“我说的是……”金老板依然平静地说，“这地你不要开个什么撵人的价。”

“你说吧，多少钱一亩？”

“我只出五块。”

“那就五块，请你全部买去。三十年归你啦。”

这高村长如此爽快。哪来的如此爽快的人。金老板一准在心里悔死：他这么好说话，我何不开个三块四块呢？

唉，说出去的话，泼出去的水。做生意就要的这个干脆劲儿，人家不愧是做大生意的人。

金老板说：“算了吧，就算我帮我老爹在这儿还债了。”

又来一个还债的人？王老民问高村长：“他老爹？”

“你不知道我祖父手下的高参金大头吗？就是他老爹，不过他后来投奔了解放军，在宜昌做了大官。没他那老爹，他有本事在宜昌一贷款就贷一个亿吗。”

“放屁，别在这儿放屁了。”金老板说。

“大款就是贷款，我要揭穿你们的老底。不过，你把款贷到我的山谷来，我也是很欢迎的啰……”

现在，王老民手头有一份开发山谷的计划书，这上面写有许多诱人的开发计划：主持开发的叫“老爷岩狩猎度假村开发股份有限公司”，他们将修建一个占地六百亩的狩猎度假村，成立“重修王家寨悬楼委员会”、金金生物制品公司、金金绿色食品开发公司（将开发出松子、五味子、鱼腥草根、芫藿、蜂蜜、绞股兰、桦树汁、香菇、木耳到宜昌乃至武汉各大超市）、野生动物驯化场（主要驯化梅花鹿、果子狸、竹鼠、麂子、獐子）。王老民与他的兄弟每年将得到九百元的补偿，其他被占地的乡亲也有不菲的补偿。

躺在床上的王老民当然有些兴奋。九百元他还真没敢想过。他连一百元一张的钞票也没见过。重要的是：汽车将要进山，路要修了，然后，到深山里度假的城里人将要来了，他们有男有女，有城里人香喷喷的笑声。他们背着猎枪，在山谷的围场里对准兔子就打。昔日臭气熏天的山谷将芳草连天，到处是打洞的野兔，这些野兔撞在了城里人的枪口上，然后就下锅。看吧，山谷将苏醒，山谷将沸腾，灯红酒绿，人欢马叫，甭说几十年前的那三十桌，就是三百桌也不在话下。还将有山歌和民俗表演，将有篝火，将有卖旅游纪念品的，将有擦皮鞋的、洗头的、打台球的，山谷里将矗起一座小镇来，重现当年川鄂古道的繁华与热闹。

“我将死而无憾。”王老民咂摸着他心中的那一股暖流。

就在向阳坪那边悄悄进驻了一支修路队之后，小小的炮声和撬石声就响起了，也是悄悄的，蹑手蹑脚，不张扬，另一些人在修整过去那被雨水和岁月冲断了的运木材的简易公路。这时候，山谷里走来了一个高大的男人。

男人走在苞谷刚刚蹿起茎秆的季节，桃花盛开，金黄色的鸡油菌缀满一路，刚下了点小雨，山中的空气清新爽人，到处浮着温暖的蓝雾，连鬼灯台也擎起了高高的花盏，一种属于春天的、胆大妄为的香气从所有植物和石缝间腾出来，布满了天空。

这人是由小小的舅舅带来的，也穿水电站的工作服，也挂起子和尖嘴钳，还挂着一个移动电话。这人的手像巴扇，大大的脸盘上缀满了褐色的雀斑，粗壮的头发，宽宽的下巴。两手都拎着东西。

到了王老民家，那巨人按小小舅舅的吩咐把东西恭恭敬敬地放到桌子上，计有：酥糖一包，金蝶香烟两条，潮州产的“燕窝脑白金”一提，同样是潮州产的“香港葱油饼”一盒，两段深蓝色的布料，四双估计是揩公家油水的绝缘胶鞋。然后便说：

“伯伯，我提亲来了。”

他的嗓子稀奇古怪，使人想起一头蠢熊的吼叫。

“你提亲？”这屋里的三个男人都有些惊诧。

“当然是提亲。”他朝小小笑咧着嘴巴，王老民把目光转向了一旁的小小，他看到小小的脸红了，也因为羞涩笑得咧起嘴巴。

他俩的嘴巴几乎一样。他们的个头也如此般配，他们站在一起，如一对兄妹，如天生一对！

那巨人说着就掏出一包烟来，撕开，将烟摊在手上，送给大家。然后便揿燃一个气体打火机，给大家点烟，连胜利的烟他也非常恭谦仔细地点燃了。他看见大家抽了一口烟，他终于吐了一口气。

屋里的气氛很紧张，很压抑。王老民的女人马桂给客人倒茶时，将一杯茶在桌上弄泼了。杯子发出倾倒的瓷音。这女人明显慌张。王老民让来人坐，看着桌上的那些花花绿绿的、参差不齐的礼品，门槛边还站有两个挎起子和钳子的电工，一共是四个人。王老民就说：“请坐，请坐。”然后问他们有什么打算。当得到确切的回答是来送聘礼之后，他又问女人马桂有什么打算。马桂说，全看小小她怎么说了。

小小已经跑了。

然后就是吃饭，就是喝酒。那个长得比红毛野人还高的提亲者——听介绍还是山下小阡河水电站的副站长——很能喝，他要敬王老民、王老根、胜利各两个（杯），他说：

“看，我先喝了。”

跷起粗大的兰花指，将那个小得像一只甲虫的酒杯整个儿丢进喉咙里，然后把酒杯吐出来。其实那一杯酒少说有二两，只是在他手中太微小了。他站起来，俯瞰全桌，眼睛冒着血红的酒火，说：“我这人爽快。”然后他就说：“这里一定要通电的。”因为他们在一盏煤油灯下喝酒、敬酒。当他站起来时，厚厚的身影一下子全挡住了从神龛上投来的灯光。这使人觉得他很可能绊下桌上的火锅，烫翻一桌人。大家提心吊胆地吃着饭，小小的舅舅时常在他站起来时为他笨拙的臂肘挡驾。

就在他拍胸保证这儿通电后，他马上又吐出了真言，他终于说出是高忠村长去找过他，因为那个开发公司提出这儿必须先通电，以改善投资环境，于是，高忠村长就把小小说给了他，以便换取农网改造的专项资金——原来，做大媒人的是高忠村长。

而这一切，全瞒着王老民，小小和她的母亲以及她舅舅早就得知并串通好了。

王老民压抑着他摔杯子掀桌子的愤怒。他今天喝死了也要跟这位未来的女婿喝。他要把他灌倒。可他自己倒了。在倒之前，他也拍了胸：

“行，你把电牵来，我把小小交给你！”

六

山洪如雷贯入落水孔。

王老民站在川鄂交界的八卦尖上，仍能感觉到山腹中洪流涌动的战抖。贴耳听去，隐隐的雷声遍布在整个大山深处。

他的兄弟捧着一把独活的种子站在他面前。兄弟在整个夏天都这么一副样子跟随他。

电杆一根根延伸到山谷来了。而兄弟好像也一天比一天魂不守舍了，常常围着老爷岩转圈，撵牛，撵野兔，在山谷里跑来跑去。

“老根，你的命只是这样。”王老民对他说。他想起了给兄弟找点事，就说：“你趁山洪来之前，多挖点泥炭贴着，以后就挖不到了，没了。”又说：“兄弟，没事听听收音机，等我哪天下山去给你买新电油，要换电油了。”

他的兄弟果然就去挖泥炭，贴在墙壁上。没几天，整个房子的墙壁都贴满了泥炭饼子，连厕所也是。

儿子胜利也不愿待在家了，他常常躲在铁匠秦二的铁铺里，与那个老东西对酒。到晚上，他们就去抓沼蛙，还夹兔子，常常喝得烂醉如泥，唤都唤不回。

也许全家动手开垦这山谷，不让那金老板得到它，就不会有这样的事吧？然而女人马桂躲着他，小小也躲着他。做了亏心事，那不躲着他！但是，如果舍去了这个小小，换来电、路、度假村和四层祖先的悬楼，那也未尝不可。何况小小本身就不是你的，别人家带来的。如果一切都将改变，兄弟和儿子也会有女人的，可能将会有更好的，身材更匀称的女人！

不过，他没有放弃在心里暗骂着高忠村长，他觉得高忠也不是那么正派的、光明磊落的人。他也有女儿，他为什么不牺牲自己的女儿呢？这个贩卖过香菇的高忠，善于做交易，而自己不花分文又能达到目的，可见，一个人做过什么，他就很难改变了，他就是那么个东西了。这么想，对高忠的不信任感油然而生，心中阴影层层。这些家伙们在选举前的话都是哄人的么？我还得找他要钱去呢！今年的九百块，我要嫁女，我得替女儿置办嫁妆，这门亲事是你牵的红线嘛，你未必不想成全？

于是他就下山去了。

见了高忠，本想找他发一通火的，没想高忠倒把他吼了一顿。说八字没一撇，九字没一钩，哪来的钱？人家还没开始营业，连房子都没做哪儿生钱去？他不给我我拿什么给你，拿命给你？王老民说，那你既然分文不给我，你管小小的事干什么？高忠说，老民兄你找了个电老虎女婿你还亏呀？你这辈子吃的喝的全有啦，你不感谢我还来问我的道理？岂有此理！

王老民心里的想法不好说出口，他想的是肥水不流他人田，想的是伤残后的兄弟甚至还有哮喘的儿子。电老虎有鸡娃子用，电老虎又不能送我一个弟媳妇或是儿媳妇，小小为什么就不能跟我家两个光棍中的一个，那不既少花了钱又亲上加亲了吗？

根子还是在那个从不显山露水的女人马桂身上。这个贱女人！她嫌厌咱们了，她想到山外享福去了，她想吃用电炉子炖的土鸡火锅了。她想睡电热毯了——这都是那个满脸雀斑的副站长在这儿说的。

他一路回来一路溢肆的大雨。山洪暴发了，在他路过修路的工地时听见了山崩的声音。那时候他正在过一座吊桥，就听见一阵天塌之声，红光闪闪，接着就有混杂的尖叫声。吊桥无故地就摇晃起来，差一点把他掀进了咆哮的河中。他忙跑去垮塌的那儿参加了救人。不过到了晚上也没能救出几个人来，第二天他回家后听说死了七个人，三个河南的，两个房县的，一个秭归的，都是民工。

山谷里洪水汹涌，但是到半夜就止息了，水从落水孔泄出了，泄到了四川巫山。

而早上就听见有人说，落水孔里游出了四只虎，一大三小，浑身湿漉漉的，顺着野草疯长的山谷，去了老爷岩。

虎原来一直在落水孔里！虎与大家相安无事！如果不是夏日的这场山洪去惊扰它的窝巢，大家还完全不知那黑暗的洞府里藏龙卧虎呢。

胆子就有些大了。王老民拿着猎叉想去山谷里看看，现在还能看看，以后恐怕就不能进去了，这次下山已经听村委会说那个什么狩猎度假村马上要围铁丝网了，还听说十月份铁定要通车通电。结果他看到，那些灌木和乔木的树干竟没有泥浆，被水冲洗得干干净净，只有一些草茎留在一些树杈缝里，迎风飘荡着，与树梢上生长的云雾草一起遥相呼应。他还在那山谷中发现了一条被山洪冲出来的、若隐若现的石板路！正是这条石板路，高不留摆过三十桌答谢王家先人的酒席，就是在这上面摆的，它的确正在老爷岩王家寨的脚下。王老民用手抚去落叶，摩挲着那些依然光滑的石板，这是被马蹄、行人和“背老二”（力夫）长年累月磨光的黑色石面，在露水的浸润下显出一种深远的魅力来。他寻找着，贪婪地嗅吸着，仿佛石板上还残留有先人们留下的笑声和气味。还留有放过桌子的痕迹。而一些负重的行客，穿着麻草鞋，手拿打杵，弓着背脊从八卦尖下来，又向远处走去，山谷的衰草渐渐遮没他们的身影。他们喘着气，怡然自得地高唱着伤感的山歌：“爬了一山又一坡，没见姐儿来接我。不知官府有多远，脚趴腿软只想坐，牛马又能驮几多……”

洪水过后的山谷，是暴烈的太阳卷了泥沼的干皮儿，没几天山谷就干透了，沼蛙哭闹的叫声消失了。又下了一场小雨，在早晨淡烟般的雾气里，往山谷看去，突然地上生出了一层野草莓，像神仙撒了一把种子似的，三叶草、江南蒿竟窜出了红花，一棵棵鼠李、棠栎，这些被多年的山洪欺凌、浸泡后扭曲的灌木，突然以一种奇异优美的造型在山谷里舞蹈起来，灰色的野兔忙着打洞，到处是一堆堆颗粒状的浮土。即使有水，那也不过是一汪明媚动人的水洼，像山谷的眼睛，含情脉脉地映着天空和男人似的峰峦。

最后一根电杆栽到落水孔那儿时，王老根剁掉了自己一只手指。

这时候，山谷里虎啸阵阵。

不良少年王胜利有过许多蠢事的记录。他虽然瘦弱，但是个天不怕地不怕的家伙。他曾经在镇上住读时戳破过镇长大人的吉普车轮胎；他曾经给秦二的铁炉里放过一颗生锈的子弹，差一点炸瞎了覃二呆的眼睛；他还在山上移动了猎人的垫枪，结果把向三爹家的一头牛犊的肚子打穿了。这一次他鬼使神差要去逗虎。他那天在秦二家多喝了点酒，就吹嘘他可以摸老虎的屁股。因为他与老虎对过阵。秦二就胡说道：其实对付老虎很简单，它真要吃你，你只要一把砍刀，用刀背朝它的白额那儿一敲，它就蔫了，比羊还软。武松当年打虎，正是打在了白额上。这两个老少酒鬼一吹，胜利就敢上阵了。

也许是个偶然。本来那天中午太阳巨毒，胜利从秦二那儿喝了许多酒回来，碰到了在路上树荫下歇凉的老虎。胜利以为是幻觉，揉揉眼睛又不是。事情来得太突然，老虎怎么挡了他的道儿呢？人喝酒了，胆比天大，胜利就说："老爷！"因为他看到了那个清晰的"王"字，就想到有人说这是王家的先人，于是就喊了声老爷。

可是这老爷睁只眼闭只眼没想搭理他。

这老爷还真不吃人，已经是第二次遭遇了，胜利就涎皮了，就又喊了声老爷，还说："你不吃我呀？"像是问，又像是挑衅。

他就干脆躺下来，躺在老虎的面前。也许他确实困了，这炎热的中午，加上酒力，人就会深深地犯困。

老虎见他躺下来，就起了身，从他身上跨过去了。

老虎走得慢吞吞的，估计也犯困，还没有从梦魇中醒过来，迷迷糊糊。胜利就一把薅过去抓住了虎的后腿。老虎的后腿掸了掸，跟一只猫的动作没有两样。尖锐的爪子丝毫没用力，一点儿也没划伤胜利的手，没有。老虎转过头来时，可怜巴巴地望了他一眼，仿佛说："放手吧。"

这一拽，竟把老虎拽回来了，老虎咋这没劲儿，老虎也就比一只豹差不了多少，比一头猪还轻，胯里黏黏的，热热的，一排乳头瘪瘪的，毛色也很差，颜色虽然鲜亮，也就比狗多了几条扁担花杠；胡髭也比猫硬不到哪儿去，比野猪的毛差多啦。他突然就往虎裆里钻，他说："我吃你的妈妈。"

这玩笑太大了，超出了老虎的忍耐程度。老虎先是吼了几声，有恫吓，也有乞求，但是后来就变成了愤怒。没有几下，胜利就身首异处了。老虎衔着胜利的一颗头，就往老爷岩而去。

老虎吃了人，眼是红的，并且射出几十米远的红光。那红光一闪，被邓道理的一个放牛的儿子看见了，再一细看，虎叼着一颗人头，分明是胜利的，这娃子丢了牛，就往王老民家狂奔而去，去叫王老民。

小小母女正在擂苞谷，听说胜利被虎吃了，小小操起一把斧头就往外跑去。那老虎许是吃了刚醉过酒的胜利的身子，也似乎醉了，歪歪倒倒、慢慢吞吞地在山道上转悠。小小飞也似的追了上去，当那老虎回头看人时，小小一斧头，正好击中老虎的白额，老虎晃几晃，就四肢委地，倒了。小小又骑上虎背，照准它脑袋就剁，边剁边哭喊：

“还我哥来！还我哥来！”

那血淋淋的人头突然在一边张开了眼睛和嘴巴，喊了一声：“小小，我的妻。”

七

有一天，山谷里突然亮起了电灯。电灯一闪，从头顶的屋梁上，垂下一个小金瓜般的玻璃东西，闪闪发光，照得每家的堂屋通明，显示出家中的另一种氛围；家有白天的家，黑夜的家，松明子里的家，现在却是电灯里的家。电灯里的家很让人惊异，好像是另一个家，神话中有仙女下凡的家，幽幽闪亮的家。山谷好像一下子开阔明亮起来，那种远古就传下的在黑夜中噤口不语、小心翼翼的姿态，一下子就逃遁了，人们突然想出去，走出门槛，在黑夜中加深的霉味、烟火味和酸菜味，必须趁这时抖一抖，抖落在夜晚的风中。人们不约而同地向外张望，显得有些手足无措。而这时，各种青虫与飞蛾像雨前的蚁阵一样，疯狂地朝电灯扑来，向家里扑来，一时间，兴奋的人们包裹在那些虫蛾之中，到处是，到处都是。人们去扑赶，去打，就是不打，电灯下立马就堆积起了厚厚一层虫蛾的尸体。有人赶快拉熄了电灯。他们知道，这种灯是可以拉熄的，而不需要用蒲扇或吹气和浇水。

个子高大的水电站副站长带着一个三百瓦的灯泡领着一干人来娶小小了。因为车还不能开进来，马也牵不来，他们只好步行。领头的是三个挑夫，每人挑着百十斤的鲜猪肉，一群亢奋的苍蝇紧跟着它们，歇满了扁担和他们的脸。副站长鹤立鸡群，又穿着新崭崭的西服，胸前还挂着一朵花，花下垂一条“新郎”的缎带，显得精神抖擞，喜气洋洋。

这些人来后，也给小小换上了一套西装，紫红色，也是定做的，刚好合身，也挂上了一朵红绸做的花，花下也坠有“新娘”两个字。这两个人都被幸福笼罩了，合规合矩地笑着。三声铳响，新娘子就要上路了。这时候，有她的母亲有她的舅舅、舅娘陪着。她的母亲马桂已经哭成了个泪人，边哭边唱道：

我的好妮子嘞，你在家好比小羊伴老羊，你走了留下我一个人孤单单嘞！你到婆家要顺婆家的心嘞，你墙上要加土，雪上莫加霜嘞！亲生的娘老子不要紧，人家的父母脚下要小心嘞！人家大声讲，你要轻声应，我的好妮子嘞！金盆打水清又清，你十分性情要改九分嘞！铜盆打水黄又黄，你十分性情要改光，我的好妮子呀……

上了老爷岩，这新娘也哭得更伤心：

我的妈呀我的娘，要莫伤心心越伤，天长日又久，山高水又长，路隔几千里（分明胡扯！），山隔几万匹（完全放屁！），我有脚难走千里路，我有翅难飞万重山嘞，我的妈呀我的娘，我梦里不得两团圆……

等那些人发现转回的送亲人中，不见了王老民与他兄弟时，都已经到了新开的、还未有铺设石子的大路了。

王老民在山谷里死劲地刨着地，他想把整个山谷都翻起来。他挥汗如雨地掘着地，发现前面有个人站着，一抬头，是他的兄弟王老根，还是捧着那一把紫色的独活籽儿。他见兄弟那一副要死不活的蠢样子，突然就来了气，大吼道：

“滚开点，别在这儿撒种！别想撒这儿！”

他的兄弟被镇住了，转过身就跑，口里“嗷嗷”地叫着。

过了几天，马桂不辞而别，留下个话说，下山照顾她已有了身孕的女儿去了。

车进了山谷。

这是又一天的事情。一辆蓝色的小“轻卡”拖来了大捆大捆的铁丝网。

放网的时候，野兔们闻到了被囚禁的气息，纷纷往外逃，可是它们撞在铁丝网上，当场昏死过去，也有的往山谷深处乱窜。但四面都围上了网，这些野兔们只好乖乖地待在了网里。

三天后，铁网合拢了，进惯了山谷吃草的牛群与猪群，就被隔在了围网外，它们不解地叫着，望着里面随风起伏的牧草。山谷干了水之后，一批批牲畜成了这儿的主人，散步者。牛铃叮当，猪欢羊叫的场面很让王老民激动过一阵，他纵容了牲畜对他草场的践踏。现在，这一切都不属于他了。

山坡上开始挖地基，没几天一栋栋小巧的木楼的雏形就冒出来了，那些刨得白生生的木胎，透出一股建设的新鲜气息，到处是敲敲打打的声音，吆喝声，号子声，各种建筑材料，大箱小箱像潮水涌入山谷。那儿，灯泡如繁星，瓦亮瓦亮，把山谷照得如同白昼。接着，从外面运进了梅花鹿、獐子、斑鸠、椋鸟、九节狸，并挂出了一个“珍稀动物驯化场”的牌子。

王老民又带着兄弟王老根去了一趟山下，代表山谷里的人去讨要那些钱款，因为盖房，又毁了一些人的青苗，这些都得一块算。他们沿着新修的路往山下走，他们本想拦个车，倒是有两个车从他们身旁经过，但你拦车，他们根本不停，反而开得更快。

这次王老民给高忠村长带去了一包鸡油菌，一包松菌，还有一包好芽茶，想总得弄几个钱回来。一打听，高村长与那个金老板出差去四川选服务员去了。王老民不解，为何要去四川选呢？村里人说这你就不懂了，四川的服务员漂亮呀，川妹子川妹子么。王老民听见了他们一阵稀奇古怪的笑声，好像在嘲笑他们老山里的人屁都不懂。

他是不懂，那又怎么办呢？他在那些人的嘲笑中，悻悻地回来了。

屋里冷冷清清。因为度假村施工，用电量很大，家里的电灯暗得像鬼火。副站长女婿拿来的三百瓦灯泡因为电压忽高忽低早炸了，那暗红的鬼火就惨淡地照着空无一人的房子。

他懒得生火，啃了两个生苕，也给了兄弟两个生苕。然后就爬上了阁楼。那儿的墙壁上，挂有一只虎尾。

就是小小打死的那只老虎，吃了他儿子的那只老虎。他后来上去把那虎尾剁了。虎皮本来是属他所有的，但之后不知怎么被县里知道了，收去了那张虎皮，而虎尾就让他藏了起来。

每次他这么端坐的时候，就会揪下一根虎尾上的毛，然后，怀着仇恨，把这根毛用牙齿一截截一点点地咬碎，咽下肚去。仿佛只有这样，才能解恨，才能慢慢地、一次一次地为儿子报仇。

他嚼着虎毛，黑暗中的老鼠出动了，到处响彻着它们奔跑和低叫的声音，阁楼仿佛闹鬼一般——每天晚上都是如此。在老鼠的簇拥中，他向夜晚的山谷望去，那儿尚有些明亮，木屋参差，灯火憧憧，在湛蓝色的夜空下，那些建筑、铁网，似乎在布置着一个民间故事和传说，让你走进去，触摸到它蕴含的神秘和内慧。山谷里有鹿和麂子们惨痛的、迷失般的叫声，芬芳的瘴气已经跃下了山崖，开始在山谷里弥漫。

如此美妙静谧的夜晚，终于在第一场风雪来临时结束了。一声枪响，一只野兔鲜血四溅，然后，木楼里就有了彻夜不息的男人和女人的嬉闹声。

这一天冬日的风已经很有些寒意了。很难找的高忠村长却出现了，还有金老板。他们的出现伴随着唢呐和女人的歌声。他们拿来有红色滚边的黄丝绸对襟衣服，还有白色的枕巾，枕巾是作为头帕的。高忠村长说：今天晚上将要举行篝火晚会，欢迎宜昌和县里的客人，你们配合一下，唱几段山歌。王老民说老久没唱了，高忠村长说反正找两三个人来，一人好歹唱几段，越土的越好，然后，我们就要拦住他们——我们有一些四川来的女娃子——让他们每人喝三碗酒进度假村，就说是伏水山谷的风俗。王老民说，我这里没这种风俗，要喝酒到桌子上喝，我敬一个你回一个地喝。高忠说那像什么话，那些客人自己想喝什么，也不消你我陪的。就是三杯酒，就是在篝火旁边跳舞，唱山歌子。酒是米酒。王老民打断他的话说，米酒鸡娃子喝头，要喝喝苞谷酒。金老板这时说，那让他们喝三碗苞谷酒，他们还没进我的度假村就开车跑了，我的度假村也就熄火了。让他们又有些为难又容易过关，闹个热豁子嘛。王老民就说，要唱山歌子可以，先把乡亲们的青苗损失费和第一年的土地补偿费付个三分之一他便去喊人。高忠村长说，商品经济的风刚刚吹来，你就学奸滑了。好呀，老民兄，你脑瓜子蛮灵活，是个人才。与金老板一番讨价还价，才答应先付两百元。

晚上唱了些民歌并让客人们喝了拦门酒之后，王老民终于拿到了有生以来的最多的钱两百元。不过非常遗憾，他还是没能见到一百元的钞票，金老板给了他四张五十的。五十的也稀罕。王老民给了兄弟一张，自己揣进了三张。

除了钱的喜悦外，他还看见了那么多乌龟车，好漂亮好漂亮，还有更漂亮的四川妮子，一个比一个似天仙。她们可不怕冷啊，上身穿了些像熊毛的衣服，下身就穿裙子，她们与客人一起围着篝火牵着手跳一种甩手舞，金老板向客人介绍说，这是伏水山谷特有的舞蹈。那些上当受骗的客人也就笨拙地学起了这种舞蹈，还有人拿照相机咔嚓咔嚓地把这些场面照了下来。然后，这些妮子又跟客人们手牵手地到山坡上挂着“木桶坊”的木楼里洗澡去了。王老民看见，那儿的水沟，正流出热气腾腾的肥皂水，叮呼有声，香味扑鼻。

情况就慢慢明了了，大家又不是傻瓜。铁匠秦二说："咱们这里成了鸡窝。"

"鸡窝？"

"我去过外头卖铁器，瞒不住我的，鸡窝。没看见人家在木桶里洗澡吗？那叫鸳鸯澡，男女一个桶。"

"还有这种事？"有人不信。

"这算什么。"

有人就调笑老铁匠秦二说："你真看见了？能让你看见？"

秦二就不正面回答，就故意神秘地问："你们知道木桶坊吗？哈哈。"

大家真还不知，只知道那里面确实有许多巨大的木桶。有人说那是装粮食的。秦二说："那就是鸡窝。"

而后，大家见了面，就不老实巴交地咧着嘴问"吃了么"，问的是："你知道木桶坊吗"，声音里满是吊儿郎当。没几天，山谷的乡亲全成了吊儿郎当的人。听那声音已经都不诚实了，滑球了。

而枪声在山谷里持续不断地响起，兔血飞溅，寒鸦哀鸣。还有放养的鹿与麂子，它们成天惊窜，喘着气，从灌木丛或草颠上伸出头来，望着天空。

兄弟王老根没事儿了，他牵着两头牛，把它拴在铁丝网上，就开始围着这网跑圈儿。并没有听到谁的指令，他为何要这样跑呢？

"你不能停一下吗，老根！"

兄弟王老根停不下来，在深浓的雾气中敞着怀跑着。牛因为吃不到网里的草，往往被铁丝网扎着了鼻子和嘴巴，疼得大声叫唤。还有猪，猪在网下面拱泥，也被扎到了，也叫。山谷里面的草太诱人了。

八

山洪成了又一年初夏的噩梦。

落水孔又堵上了。

王老民记得四月底最后崖上的冰碛融化坍塌的响声。大风迅猛地横扫了刚刚复苏的山冈，那一天白昼像黑夜一样伸手不见五指，牛和羊都在恓惶地大叫，烟幕像一只黑魔的手掌滑进山谷，从树冠和崖畔擦过，山坡上的木楼群在恐惧中发出令人窒息的亮光。不多久天就开了，天河也开了，滚烫如牛胯的雨水几乎与山洪一起到达，掀起冲天巨浪，万众一心地扑向落水孔和木楼。先是野兔和麂子被掼向空中，再落入山洪，浊浪滚滚。度假村的人分明看见一条破船从泥土里冲出来，顺流而下，卡在了落水孔里，尾随而至的树枝、树叶及杂草也堵在了那里。终于，水往回走了，慢慢地，水开始往上涨，树一截截地变矮，木楼也一层层地变矮。整个山谷在风雨飘摇之中。

“王组长，这是你的山谷，你说你挖通了的，现在全部都完了，我进了你们的圈套，我要告你们，我要找高忠那个混蛋打官司！”

金老板已经不像个老板了，像一个乞丐，叫花子，疯子，可怜虫。王老民没来得及跟他争论是非，就叫上兄弟王老根去了山谷。

他们看到的那条肇事船竟是覃二呆家多年前失踪的那条船，准确地说，已经不是船了，是一个船骸。兄弟俩跳进山洪里，泅向洞口，拴上船，游回山坡，十几个人下了力拉，只听轰隆一声，船骸拉散架了，几个漩涡，山洪跌了下去，落水孔又通了！

不过，水流得比往常要慢。

还怎么慢，也有流速。第二天，一个在水边看风景的四川妮子，不慎滑进水中，卷进洞去，没了踪影。估计已流到她的老家四川去了。

为了找到这妮子的尸体，王家兄弟只好领了任务，怀揣度假村给的一些馍馍，翻山越岭而去。

这一趟走得甚是辛苦，泥多路滑，暴雨不停。走到第二天的下午，走进一道石川，才看见伏水河的水，正从一个山褶里咕噜咕噜地汹涌而出。

伏水山谷的水腥味他们是闻得到的，水进入石川后刚好有个回水湾，有条石坝，他们很容易就找到了那个淹死的妮子。那妮子长发缠颈，面色发白，但在伏河中流撞，并没破相，看起来跟熟睡了一样，只是衣裳被洪水和洞中的石头扒光了，身上也有些伤痕。

兄弟俩捞起她来，摊在岸坡上，见她左手上有个戒指，右耳上有三个耳环（三个孔），就捋了下来，包好，准备交给金老板。他们找农家借了一把镢头，刨了个坑，将那妮子埋了，做上记号，以便她家人以后能找到。

正埋那妮子时，当地人就闻讯来了，就问她是怎么死的，王老民说是淹死的。当地人说，通了当然好，咱们又有水了，可水里流来了些啥呀，你们那边是不是在搞开发？王老民说，你咋知道？当地人说，浇田舀上来的全是避孕套，你老王用那个干啥呀，肯定是搞开发用的。刚才那死妮子的下身都是肿的烂的，总算把原因找到了。难怪咱们这边的牛困了水牛屄都烂的，连水獭的鸡巴也一个个不明不白地烂掉了。人下去游水，浑身发痒，起坨（疙瘩）。王老民大声地反驳说：“人家是良家闺女，是从你们这边招过去的服务员！”当地人说：“那你就是不打自招了，既是服务员，那还不是全方位服务，如今这世道，当官的花钱买享受。有了钱啥买不到……”

回来后王老民就细心观察那度假村。度假村在击退洪水后又开业了。他发现来这儿的好像真还是些当官的，都捧着各色茶杯，夹有一个小黑包，西服，领带，尖皮鞋，几乎全一样，看老戏，过去的朝服也是统一的，如今虽不兴那帽那袍那皂靴了，可也有一套统一的着装，连土管员、经管员、信贷员、计生干部进山谷来，也是这身神气的装束：西服领带尖皮鞋小皮包加茶杯，一个也不少。当然啰，还有香烟，还有咳嗽的样子，还有小分头发式，还有不留胡须的风气，从“乌龟壳”里钻出来正正领带活动活动颈子的习惯，都差不离。

他在这观察中发现了一些乐趣。他还发现了他兄弟也在观察着。他兄弟王老根难怪身上、脸上总有一些被虫咬的红疙瘩丘疹的。有好几次他见他兄弟把牛放了，躲在山坡围网的草丛中，专门窥视那“木桶坊”进进出出的男女，主要是洗得满面红光，头发湿漉漉，衣着甚少的妮子们。他手抓着草棵，眼睛瞪得大大的，嘴角流着哈喇子，囟门那儿顶着一撮白毛，伏在草丛中像一只捕食的怪鸟。

天气渐渐热了，麦吊杉垂下晒蔫的穗子，狗吐着长长的舌头躲在牛饮水的石槽下喘气歇荫，石槽里的水因为没人换而生了一池的孑孓，散发出被阳光蒸发的臭味。

这天中午，有两个人从明亮的山谷里向王老民家走来，走近一看，是高忠村长和嗓音阴沉的金老板。他们两个人都用餐巾纸揩着头上和脸上的汗水。那餐巾纸太差，一见水便烂了，纸屑便沾在了他们的腮帮上，下巴上，显得很滑稽。

“老民哥，送恭贺来了！”高忠村长说。

王老民不知送啥恭贺，一头雾水，高忠村长就说：“你得了外孙，你还不知道？”

我得了外孙？莫非是小小生了娃子？

正是。这两个人就是来拉他下山去小阡河的。他们说，车都停在了度假村门口，便要王老民赶快收拾。

王老民连忙翻箱倒柜找来了一件干净衬衣穿上，又换了双没破的力士鞋，又想往背篓里塞什么东西呢？还有些鸡蛋，就装上了，还有香菇，还有些腊肉，也装上。还……装上了几件旧棉衣，给外孙改尿布去。

把家中的事吩咐给了兄弟，便与他们一同上了“乌龟壳”。王老民有生以来第一次坐这种车，人斜躺在里面简直舒服死了，又有凉爽的山风从车窗外呼呼地吹进来，像有神仙趴在外头给你打扇一样。坐在这样的车里看山，看田，看庄稼，真是美啊，就是这么翻下岩去，摔得头破血流也值。这山哪有这么苍翠，田里的庄稼如何长得如此茂盛？山也美，人也美，羊也美，村庄也美。过去为何没发现呢？

高忠村长和金老板在车上反复给王老民说，一定要在他女婿面前多为他们美言几句，电是一定不能停的，前些时候经常停电，电压又不稳。

乌龟车一直开到小阡河水电站才停下来。到了站里，才知外孙都快满月了，也知继女小小生娃时大出血，造成了小中风，一只手不得劲了。

金老板变戏法似的从乌龟车尾盖里拿出了一包包洋奶粉、新式尿布尿不湿，还从里面推出一个婴儿车来。又抱出一个洋娃娃来，又拿出一个木制的一摁就会出现鸟叫的玩具。总之，有许多好玩的花花绿绿的东西。那个高大的副站长便说：

“好说，好说，电么，好说。”

那两个人得到了不再拉闸限电的保证后，笑逐颜开地走了。王老民就被女儿女婿留下来多住几日。

有一天王老民在集镇上瞎转，听到一个熟悉的声音在吆喝，吆喝的是：“磨剪子镪菜刀哎！”定眼一看，原来是铁匠秦二，难怪这些日子没见到他的影子也没听到那铁铺里的叮当声了，原来到山下来了。

王老民喊住他，问原委。他说：地没了，乡亲们的地也占完了，谁也不要锄头镰刀家什了，他待在山谷里喝西北风呀，没法子，只好下山来讨口饭吃。

秦二的腰弯得很厉害，围一个打铁的补丁围裙，戴一顶破草帽。一张沉重的磨刀凳上面，放着石浆沥沥的磨刀石，旁边的一个布袋里，有一些铁东西，也有些捡来的瓶瓶罐罐。王老民把他叫去，在一个小馆子里请他吃了碗葱花素面，还一人要了一杯土酒。喝着喝着，秦二就露出了真相，就要来酸王老民了。他说：

“地没了，路有鸡娃子用，老民，好处你一个人占了，大家都说你有私心。”

“我？没有，我到如今才拿了两百块钱，屁的好处。”

“那就是王家寨你祖上的悬楼给你盖起了。”

“鸡娃子，没个影。死了人。”

王老民说的是那个淹死的妮子，而秦二大约听成了他儿子胜利，便叹口气说：“胜利说，他不能把小小让给别人。”

“他说了这话？”

“他说他一定要娶小小。”

“他说过？然后，他就到你那儿喝酒，然后你把他灌醉了，让他去虎口拔牙？”

王老民摇摇晃晃地站起来，直视着秦二，他捏着那个酒杯，捏着捏着，酒杯破了，他还在捏，还没松开手指。鲜血跟酒从指缝里往外流。

“你、你好黑心哪秦二！”

他终于把碎杯子摔了。

秦二慌了，丢下筷子就往外走，边走边说：“你误会了老民，这不与我相干，这一切，全是你的错！”

他又听见秦二说：“这碗面我谢你，你欠我十七把镐头的钱，我不要了，抵了。”

王老民站在暴热的太阳下，心寒齿冷。我的错？我都做错了什么？

九

小阡河水电站待不下去了，那儿没有热量，他们都不怎么理他。女人马桂更加不会回去了，要带外孙，更有由头了。就算没外孙，她也不会回去，那个寒冷荒凉的山谷只不过被她借用了几天，养大了女儿小小，如今，那山谷里的一切，都与她们无关了。那些鸡，还有猪，还有正在生长的洋芋，二茬播种的苦荞，菜地里的芫藿与香菜，她都没问。电站里电压极端稳定的电灯使得这儿连鬼魂都不敢出现，电站里是转子在定子中转动的声音，流水的声音，还有电流通过变压器时发出的嗡嗡声，很热闹，很干净，很整洁，也很安静。走过一座小水泥桥就到了镇上，天天、时时都可以赶集，想买啥买啥，想吃什么吃什么，吃素面肉丝面加酸豆角包子，热噜噜的。山谷里能有什么呢，不过多了一道铁丝网而已。还有痛苦的、乏味的、缺少营养和人气的生活。

王老民一个人回到了山谷。

他一路在问自己：一切都是我错了吗？秦二的话振聋发聩，我还不是想为七组的乡亲脱离那猪狗不如的日子。我错了，莫非我儿胜利的饲虎也是我投去的？

他想不通。他面对着不再让秦二催债的十七把镐头。在旮旯里他把它们找出来，加上在磷矿抢的两把，一共十九把，磨秃的十九把镐头，为挖落水孔而耗去的铁、汗水与鲜血。这不，又来了第二十个磨秃的家伙——他的兄弟王老根。

他兄弟的汗褡子破了，露出一个肩膀，对他说："猪钻进铁网里去，被他们用枪打了。"

他们打猪？这些度假狩猎的人把猪当作猎物崩了？然后，他们说，这是野猪，然后便丢进鸳鸯火锅，下酒？

又听说邓道理的一只羊，钻进铁网缝中，被他们当麂子崩了，也做成了火锅。

邓道理拿着象鼻开山刀去砍那些铁网，砍度假村的那堂皇高大的木门楼，被闻讯赶去的王老民拉住了。邓道理不服，对他说："里头有你的股，是啵？你这个吃里爬外的黑心肝！"

王老民忍无可忍给了邓道理一耳光，他激动得快中风了，两眼通红，最后说：

“我连儿子都没了！”

他的眼泪哗哗流出来，喉咙发硬，想大声哭，就大声哭着离去了。

哭着回到家里，上了阁楼，对着那根虎尾，狠狠地拔下一把毛来，丢进嘴里嚼着，把牙齿都嚼碎了。

山谷的夕雾在暮色中像浓烟一样涌进门来，涌进阁楼。

家是空的。阁楼上几刀陈年的腊肉，生锈的猎叉。楼下也是空的，长凳、方桌、风车、黄桶、床、灶口、锅、一双鞋子、蓑衣……全是空的。山谷、风、巨岩、寨子、灰绿色的天空，都是空的。

晚上，他看见儿子回家了。儿子头发蓬乱，步履轻盈地进屋，一眨眼就坐上了八仙桌的上端。儿子的双手夹在裆里，头偏着，若有所思。儿子突然哮喘起来，低声喘着，害怕人听见似的。儿子的表情十分难受，脸扭曲了，小小的喉结上下滑动着，他好像应当喝一口水。

“胜利！”

儿子一惊便跑了，霎时无影无踪。只有那绵绵不断的浓雾正成絮团地朝屋里涌着，仿佛要把整个世界吞噬下去。

电又停了。完全停了。

第二天听到的是有人在山上剪了电线，拿去卖铜。电线接上后，依然时停时亮。在停电的夜晚，那烛光点点的度假村里，还是有着很热闹的声音，看来，停电丝毫不减那些客人的兴致。

没有谁再来找王老民了，因为这不是水电站人为的原因，原因只是：这个夏天干旱，几个月未下一滴雨，水没了，电也就没了。

终于在一个晚上，大火就燃了起来。山谷里和山坡上的那些木楼是很容易着火的，木头已在这个干旱的夏天晒得干枯，一点火星就会酿成大火。山谷里从来没有见过这么宽广这么高耸的火焰，天空都烧扭曲了，周围的树林也烧得噼里啪啦。火舌狂搅着，木楼里发出爆炸声和惨叫声。火光中还有一些抱头鼠窜的身影，有男有女，有的衣着甚少，有的干脆裹着一条浴巾。山谷里依然很寂静，除了大火周围外。惊醒的鸟也是沉默地飞撞着，就算被火焰卷进去，也不会叫唤，如一块土坯掉进火海；铁网里的动物跑进了依然凉爽的草丛，远远地、瑟瑟发抖地朝火光张望着，不知道这世界发生了什么。

山谷的浓烟三日不散，这是真正的浓烟，不是雾气。所有的草叶上都覆满了一层黑灰，焦煳味在浓烟里格外刺鼻。你若走出门去，回来时，一身烧焦的气味，牲畜也是，仿佛每一个生灵都遭受过深切的火劫。三日之后，烟渐渐散了，可那些废墟上依然冒着白烟，偶尔还会腾起一道火来，又倏地坍塌了。

没了一个人影——那里，那热闹的地方，往铁网里望去，好不容易在一个高地的灌木丛中，看到几只尚存活的梅花鹿，它们面色沉静，耳朵和枝茸在朦朦的晨光里明亮发红。

关于失火的原因就渐渐传出来了，最权威的一种说法是：停电，蜡烛倒了，点燃地毯，然后引发了火灾。另一种切实的版本是：金老板长期拖欠员工的工资，致使人家回不了家，恨不过，一把火点了。听说那个嫌疑人当晚就失踪了，后派出所介入去他老家调查，那人也没回家，从此杳无音信。

当然还有另一种说法：当地人恨他们不过，牛羊不能放了，就一把火烧了。

不一而足。

一个月后，才来了个五十多岁的山外男人，说是奉金老板之命来守摊儿的。这人已顾不得铁丝网了，铁丝网已千疮百孔，猪啊羊啊牛啊都涌进了山谷，欢乐地饕餮着，叫着，跑着。到处是甜甜的野草莓和插秧泡，是高挑的野山参、醉鱼草，黄蕊白朵，红果绿叶，谁能比它们更绚烂，更火热！

那山外男人只修理了一下鹿舍。梅花鹿白天进入山谷的灌木丛，晚上就会自觉地进入鹿舍歇息——它们倒是真正被驯化了。而其他的，要么先就被吃掉了，要么在大火后逃之夭夭。

乡亲们来找王老民，要他去问问金老板，今年与村里兑现钱款的事。那山外男人说，金老板只怕是一屁股的债了，他人毛咱都没见着，天天躲债。他说他找人算过命，他姓金又属金，金克木，火又克金，他这辈子跑不了要遭一把火的。

昔日的梯田今日的废墟上已无法再播种了，全是石头的高高的基础，基础上铺了一层厚厚的水泥和瓷砖。

王老民有时到那儿坐坐。他看到那个山外的男人和几个人一起，扳着梅花鹿的头，用锯子锯它们的鹿茸。从鹿角上淌出鲜红的鹿血来，那山外的男人就赶忙趴到地上，舔那地下的鹿血，抬起头时，满嘴的泥巴，说：“我又年轻了！”

废墟上长出了铁线莲，它们鱼骸般的叶子自由伸展，背阴的地方是一丛丛射干，开出了一些清纯的蓝花。走廊、石阶都在，都清清楚楚地撂在荒草中。王老民一抬头，就看见了王家寨先人们留下的那些悬楼凿孔，与这些残败的景色遥遥相对着。砖缝里还有一些酒瓶、饮料瓶和五颜六色的遗弃物。几个“木桶坊”的大木桶，因为当时装满了水而未能烧毁，现在它们依然盛满了水，里面水草丰茂，并游着许多罕见的水生物。

王老民喜欢坐在大木桶旁边，抽着烟。他的兄弟见他成天坐这儿，背靠着水桶，就奇怪地看着他。他就说：

“嘿嘿，老根，别那么看我，我不会犯神经的，我头脑清醒得很。”

他有时候站起来，把手伸到木桶中去荡，抓那里面的水虫和青藻。

可是，有一次他把手伸进去，就被什么东西咬了一口，踮起脚朝里一看，里面有条绿蛇，正覆在水藻上吐芯子。

“嘿，你咬我。”

他就自个去找了些大金刀、小金刀、鸡脚还阳草，往伤口上敷。但是第二天他全身都肿了。这绿蛇是条烙铁头，毒性忒大。他知道自己死期到了，就让兄弟把他扶上阁楼，面对那条虎尾，端端正正坐着。

“老根，真是我错了吗？”

王老根听见他的老哥在说话。

“这次肯定是我错了，我放了他们的火，我肯定错了，报应啊。”

过了一天他兄弟王老根再来看他时，他已经死了，浑身的皮肤是透明的，但还坐着，嘴里含着一把虎毛，一只鼻子被老鼠啃了。

十

小小等她的那只手渐渐能活动之后，有一天突然非常想回伏水山谷看看。她想念那山谷里的一切，那儿使她成长成一个少女。她坐着水电站巡线的小拖拉机，坐了一段，路被山洪毁了，只好步行。

山谷的雾气跟过去一样，无声无息地从山巅漫漶到地面，整个山谷像被烧着了一般，好像那场早已过去的大火至今还在燃烧。树、怪石、房子都在烟雾中呛咳着，一副难受的样子。过去用树皮打的篱笆歪歪倒倒地站着，黑瘦的身影触目惊心，仿佛一群难民。那些围起来的铁网已看不到了，原来网上爬满了疯狂的葛藤、夜交藤、瓜蒌。一缕西斜的阳光从老爷岩的垭口射过来，横过山谷，突然使得雾霭透明起来，如薄纱一样动人，好像温暖的炊烟！

可这全是假象，这山谷已经没有人了。

大群的牛在山谷和山坡间哞叫着，吃草，牛铃叮当。全是巴山黄牛。

她看见了她的那个叔叔。那个叔叔甩着牛鞭从很远的树林里奔来。他大约听见了牛群的骚动或者凭感觉知道有生人来了吧。他的叔叔光膀子套着一件破了衣领的背夹，鼻子像牛一样翕动着，眼神也是牛的，温顺、麻木，带点儿凄伤，甚至带点儿内慧。远远地望着她。

他手上的那个收音机吱吱地响着，好像在报着北京时间。

他后来吆喝着牛，天色已经晚了。

那些牛在他的叱咤和鞭赶下向一个方向汇拢，然后很自然地走上了曾被它们的蹄子删改过无数遍的泥泞小路，向村里走去。到了覃二呆的家，她看见有两头牛向屋后的牛栏走去……到了邓道理的屋场，又有三头牛走向那屋场边的牛栏，牛栏空洞洞地张着期待的眼睛……所有的牛都往各自的牛栏走去。而牛栏旁的房子呢，牛的主人呢？房子全是空的！

她到了自己的房子，与自家的两头牛一同归来，垛壁子上贴过泥炭饼的痕迹还在，废弃的杀猪盆歪搁在檐下，鸡笼成了小野兽的窝巢。门口的大背篓、背叉子、破鞋、蒜把儿、虫蛀过的苞谷棒子，都静静地靠在墙上。油纸在窗户上招展，麦吊杉发出浸满风缕的吟唱，隐隐约约，还能听见王家寨子上清泉垂下的响声。

这一夜，小小睡得格外香甜。

早晨起来，她去了她哥和她继父的坟头。那两个紧紧挨着的坟茔，上面有一条脱毛的虎尾，正迎风飘荡着。好像虎还是活的，只是隐去了身子和虎头。

她从落水孔那儿走进了山谷。

山谷是荒凉的草甸和灌木丛，野兔和勺鸡在里面奔跑着，到处是放肆长出来的树根、杂藤，植物的芳香浓得像乳汁一样，阳光寥廓而暖和。就在这时，她突然看见了一片红色茎干的植物，一小片，却分外抢眼。她拨开草丛蹚去，她看到了，在荒原上，有一小片并非野生的独活——独摇草，只有一个牛栏那么大，可地上拾掇得一根杂草也没有。此刻，没有一丝风，它们——这些开着白色小花的独摇草，却在那儿羞怯地、悄悄地、怡然自在地摇动着，仿佛是在为自己顽强美丽的生命而陶醉。

母　亲

一

得知妈中风了，青香的腿一下子软了。来人说，妈的半边身子已不得动，那就是偏瘫。偏瘫，妈怎么办呢？她把儿子交给另一个老师——乌云堡小学就两个老师——急匆匆地赶往牛家坳。

回到坳子，大嫂告诉她，妈送到镇医院去了，说二哥和弟弟也都去了，青香又往镇上赶。大嫂说，妈那天早上还好好的，还上山割了一背篓猪草，傍晚还听见她的唤猪声，到了晚上大哥去妈那边看她，妈倒在厕所里，一身的屎尿，已不能言语，半边身子也麻了。大哥没文化，也不知何事，大嫂和在家的女儿杏儿也不知何事，以为只是摔了一跤，给妈冲红糖水喝，喝不下，也不吃。第二天恰好二哥从邻村过来找大哥有点事，看到妈这个样子，二哥因小时候过继给人家，读过书懂得一些，知道半身不遂是中风脑血栓，他们村就出过这种事，就说要赶快到医院去溶栓——脑壳里被血栓住了，说听说过，溶了栓，把血管搞通了就行了，否则，就半边瘫痪。可上医院得要钱，二哥说手上有几百块钱，准备去买种羊的，先用了再说。大哥没钱，拿不出钱来，问妈还有没有钱。妈虽不会说话了，可心里明白，一听说钱，就摆手，就不让他们把她往医院拖。但是二哥坚持要去医院，又找了个人去给小弟搭信，还真找来了，于是兄弟三个将妈抬去了镇上……

到了镇上医院，青香看到妈正在打吊针，显然已经安静了。一问，却没有溶栓，推过一针，但没有用了。医院说，溶栓最佳时间只有六小时，即在发病后六小时溶栓，可以疏通，已过了三天，太晚了。六小时，青香一听六小时，从牛家坳空手走到镇上她也花去了八九个小时，还是一路小跑。也就是说，就算一发病知道要溶栓，且也有住院的钱，那也是枉然。牛家坳还不是最边远的村子，所以，山里人犯了这种病，只好由老天爷惩罚了。

可妈为什么会得这种病呢？听说城里人爱得这种病，当官的爱得这种病，劳动人民也能得这种病？二哥说妈的血压还奇高哩，抬来时低压一百三，高压两百四，医生说这么高的血压不中风才怪咧。说为什么平时不给她把血压控制住？几个儿子都面面相觑——谁知道妈有高血压啊，妈今年七十六进七十七了，从没进过医院，从没量过血压；村里人都是这样，没哪个量过血压，村里没有医生。

青香把所有的钱都带来了。那可是她与亮子这两个月的生活费，为找前夫索要儿子的生活费，已经被暴打过几次，她不想再作这种打算，自己与儿子紧巴巴过吧，可妈中风了。

大姐得信后也来了，背着一背篓香瓜，估计是权充钱的——的确如此。大姐一来就大哭了一场，为妈也为自己，说妈呀你咋得这种病，这下可造孽了，咋就这个苦命啊。妈，跟我一样呀，我对不起你，没带一分钱来，找人借也找不到，就搞了这些瓜匆匆赶来了。

大家就吃瓜，小弟青留找人赊了几个馍馍后，赊不到了，只好吃大姐的瓜。大姐见大家吃她的瓜，很高兴，破涕为笑，可还是满脸歉疚。

钱一下子就花完了，针打不了了，就征询医生的意见。医生觉得再榨不出他们多少油水来，干脆地说，那就办出院手续。不过医生说，虽不能完全恢复，如果有钱，在医院里还是可以恢复部分肢体功能和语言功能的，医学现在发展得很快，还是有一些药可以治的。

剩余的钱开了几瓶最便宜的维脑络通和硝酸甘油片，就出院了。

现在，妈是一个病人，这成了严峻的现实。过去妈是大家的纽带，兄弟姐妹一大帮，再加上媳妇女婿孙子外孙重孙，妈精神，能干，给大家带来的是团聚感和幸福感，可现在的妈突然变成废人了，成了一座山，压在五个子女的心头。

一路上气氛沉闷，只听得到滑竿压榨的吱哑声和脚板声。山风飕飕，人心森凉，大家都直觉得一阵阵冷。妈给绑在椅子上，一头麻白色的头发，像是睡着了，其实大约是冻僵了，盖着大哥的一件旧蓝大衣。青香把妈耷拉的手放进大衣中去，妈就像个死人，连哼一声也没了，一脸的灰暗。每个人的脸都灰暗，大家心里就像撒了一把灰。抬到半路，大哥终于开口说话了。青香感觉到在医院里大哥就想说的，好几次欲言又止。说出来就是祸，说出来就是得罪弟弟妹妹。他是老大，爹死得早，大家都几乎尊他如父。他也觉得是这样，长兄如父，长嫂也如母，大哥大嫂待弟妹那可是好得没法说，妈和他住在一起（至少一个村），弟妹回来了，他再没有吃的，也少不了要打四个荷包蛋给大家吃的，多少年来这也是大嫂的规矩。过年过节就在他家，谁要他与妈在一起呢。妈住老屋——那还是几十年前妈带着几个孩子盖的，房子干打垒，后检过两次瓦，但也老得不成样子了，大哥自己做了另外三间，儿子搬出去了，有一个患先天性心脏病还没嫁出去的女儿。那患病女儿杏儿也很亲热人，住在她家怎么吃喝也不会让你有难受感的。可大哥说话了。大哥说，妈怎么办啊？猪我们可以代喂——妈每年喂两头猪，都是杀了给子女们过年过节回家吃的，两头也给大哥一头，表示她与大哥住一堆麻烦了他——但妈手脚不灵便了，吃啊喝啊更不消说下地干活了，田也只好我代着种，一亩三分地，平常也大多是我代着种的，但得有人伺候她吃啊。

平常，大家对妈都是很好的，弟弟三十多岁了，还给妈焐脚；大姐再忙，也要每年回娘家来陪妈小住几天，拉呱拉呱；二哥虽是过继出去了，可他心孝得没说的，有钱就给妈，还给妈扯新衣裳穿，买这买那，这都是瞒着养父母和二嫂做的。可现在一个个都跟妈一样，失语了，不吭声了。

这时候妈就要解溲，大家把绑她的绳子解开，青香和弟弟青留要抱着她下地就近解，可妈竟要指着石头后边去解，还不要他们抱，要自己走。妈被搀扶着，后来竟不要他们搀扶了，不要弟弟，甩开他的手，表示自己能走。

就这样，子女们看着妈自己颤颤巍巍一步一瘸，走进了石崖背后。青香跟着，看着妈，妈自己扶着树，又扶着石壁，像一个蹒跚学步的小娃子，发出很暴躁的声音。可是，妈站起来了，用一只手解裤子，系裤子，青香就想到，得给妈做几件橡皮筋裤子，鞋也应是橡皮筋的，一脚蹬的，方便些。

几个子女看着他们的妈逞能一样地走了过来，走向滑竿，又像喝醉了一般坐上去，又要人把她绑着。人好像活了。大家不约而同地露出了一种宽释和微笑。自然想到，这就是妈，妈这一辈子，从来就是一个能干的、争强好胜的女人，看来中风没有打倒她。二哥大声说："兴许妈就会好的，妈怕过什么呀！"

是呀，妈怕过什么？妈很可能会好，手脚会恢复也说不定呢，妈是可以创造奇迹的，妈这一辈子，创造过多少奇迹！

儿女们在心里祈祷着，祈求菩萨的保佑，让妈重新恢复健康，因为，因为……

二

全乡学校要"评先"，青香就回去了，哥姐们都体谅她，她是家里唯一国家的人——吃国家饭的。

没几天大哥搭信来说，妈果真自己能做饭了，还能剁猪草了。猪草是暂不能上山打，大哥、大嫂和杏儿打好猪草，让妈剁。妈竟自己能一个人做吃的了！——这真是奇迹。奇迹还在后头哩，过了两个星期，青香惦记着妈，又抽了个空回去了一趟，她看见，妈自己洗衣服，还能说话了！

奇迹在妈的身上发生了。妈是一个不服输的人，现在又赢了。青香说，妈，你认得我吗？我叫什么？妈说，青香。妈说，唉，我这手脚什么时候才得好哟！妈的左手和左脚都不得力，拖着，掰着自己的左手，说，抓不住东西。猪在猪圈里哼哼，两只猪竟都让妈喂着。青香说，妈，猪咋没给大哥喂哦？妈说，喂了就不是我的了，过年你们回来吃什么？妈说话还是有点艰难，并且会把“我”说成“你”，“你”说成“我”，发音也很难受，听惯了才知道她说什么，有点含混不清和迟缓。可不管怎么样，妈恢复得很好，这个乡下的老太婆，七十六了，却在如虎似狼的中风脑血栓面前站住了。

青香问妈吃了药没有。妈说你们那个药攒着吃，贵哩，吃不起，我有偏方，有人给我介绍的，治好了好多高血压中风。青香问吃的啥，就去看。妈在厨屋里煮着一罐药。妈说是车前草，治我这个病很好的。青香看到了还有一大筲箕车前草，晒干了的，都是妈为自己备下的。青香不太相信中草药，就给妈说，医院开的药效果好些，您也得与那些药一起吃。妈说，你们不用管我，我晓得的。我也吃哩，那好的药，得省着点吃。青香说药不能省，妈，你只管吃，我这就再去给你买。这个学年，他们两个老师的乌云堡学校评为先进，每人发了一百块钱的奖金，她算着，这可以给妈买四个月的药了。

妈找药、吃药非常自觉，这在过去也是没有过的。妈是从来不吃药的，妈说，是药三分毒。妈不仅自己不吃，也让她的孩子们不吃，有头疼脑热肚痛之类的，就烧些姜汤喝，脑壳疼就扯鼻梁，再就是刮痧。什么猪毛痧，牛毛痧，狗毛痧，刮得颈子上，后背、手臂红赳赳的，可还真管用。刮痧的东西是找村里的老屠夫要的，一个黄牛角，刮得像玉石一样光滑了。

妈不仅吃药，还用冷水洗头，洗澡。妈说是血太热，冲到头上，血压就升起来了。把血压搞冷，血压就降了。青香觉得妈很幼稚，很好玩，这都是没读书没文化的缘故，就笑着说妈这是没科学根据的，血压只有吃药才能降下来，您一定要听我的，吃我买的药。您恢复得很好，不要不吃药再把病情加重了。

妈病刚好一点，又给青香做了好多好吃的，让带到学校去的，特别是鲊鱼、鲊辣椒。妈说，亮子喜欢吃的。妈说找村里打鱼的牛三爹买的，是洋鱼条子——这是神农架一种山溪小鱼，做鲊鱼特别好吃。还有青香爱吃的鲊辣椒、灌辣椒；灌辣椒是大红辣椒掏空了往里灌糯米。看见了妈的鲊辣椒，口水就往外汪，食欲就上来了。看着妈给她做好又包好的一大包菜，青香心里一阵感动，泪都快下来了。心里突然想，以后妈不在了，就没这些好吃的东西了。看妈，妈好可怜。瘸着手脚为她去村里买鱼还要磨苞谷粉弄来这些，又洗又灌，对儿女们真是没说的。妈真的好伟大。

这天晚上，妈关好了门，很郑重地、像做地下工作一样地，从她的枕头里面拿出一个包裹来，是用布和手绢包着的，层层叠叠，当妈在昏暗的电灯下打开那最后一层，青香看到了，是钱，是卷成筒状的钱。

妈把钱递给青香，说："这是八百块钱。"——那钱旧旧的，齐整整的，好像汪着一层汗水。

"妈，您这是怎么？……"

妈说："趁我现在还能说几句，给你交代清楚。有时我想说又说不出，迟早还是不能说话。这钱——"妈说，"等杏儿结婚，给她两百。她对我很好，端茶递水，嘘寒问暖的。只是她的病，嫁不出去，又没钱治；给亮子两百；大姐的晓军若考上大学，也给两百。"——晓军是大姐的大孙子，明年高考，成绩不错，估计三类大学是不会有问题的。妈接着说，"给二哥的南南一百。我亏欠了他的，小时候把他过继给别人，他对我心里有疙瘩哩……"

青香说："没有的，妈，您不要这样想，都是您亲生的。"

妈说："剩余的一百，就是你的了，买点好吃的，你身体也不好……"

"妈，我不要，我不会要您的钱的！"青香喊了起来，可被妈制止住了，妈看看窗外，怕让人听见。

"我真的不要钱，我拿工资啊，我刚发了好多奖金，明早就给您去镇上开药的。"青香只觉一股热泪在眼里涌出来，还把口袋里的钱拿出来给妈看。她两只眼睛都漤得难受，特别是那只被前夫打坏的眼睛，一遇流泪，那种痛彻大脑和心里的感觉就沉沉地呼啸而至。

"……还有几十块零钱，放在柜子中间——那棉被底下压着的……"妈艰难地站起来指给青香看位置。妈的沉滞的身影移动在厚重的黑暗里。妈是待青香最好的，最疼她，与她感情最深。她被前夫打掉一颗眼珠后，妈还与那恶毒的女婿打过一架，要把他杀了。妈时常会走老远，穿山越水，到乌云堡去看她，给她带去腊肉、晒的豆瓣酱和一些好菜、瓜果，帮着照看亮子，为她拆洗被子衣物，还帮那些住宿的小学生洗被子衣物。妈对亮子这个外孙也是最好的。亮子也最喜欢外婆。可是，这种时候将不再了，妈再也不可能一个人突然而至乌云堡，给青香和亮子带去惊喜。妈走不动了。

晚上，青香睡在妈身旁。半夜醒来，看见妈坐着，妈明明是睡下了的呀。妈用她粗糙的僵硬的手，摸着青香的头，头发。青香不敢睁开眼睛，假装熟睡，任妈抚摩着，泪水一颗颗滴到枕头上。

人的一生是很短暂的。走在山道上，青香想。妈曾经是一个多么能干溜飒的女人啊！四十年前的一个春天，爹到山里去打药材，遇到老熊，给生生咬死了。妈那时还怀着最后一个弟弟。妈抱着被老熊啃得千疮百孔的爹哭得死去活来。三个娃子，肚里还一个，加上公婆、公爹，七口人。有人劝她快去把肚里的打掉。可妈不干，说，牛志常的娃，我凭什么要打掉？我就是讨米要饭也要把他留着养活。小弟生下来了，叫牛青留，表示留下了。可这之前，爹在世时把二哥过继给了人家，是爹的一个好友，邻村赵家的。那是爹的问题。爹那时老是病，算命先生就说二哥克他。二哥属虎，爹属羊，赵家给爹说，那我把青河弄去带几天，给你避避凶，这样，就成了赵家的儿子。妈可是不干的，但算命先生的话，妈又不敢不听，偷偷地哭了几场，还是让二哥成了别人的儿子。可剩下的四个，妈是要死活养大的。妈并不是一个很能干的人，在牛家坳子，在爹还在时，妈只不过是个喂猪做饭、割草挖药、听公婆话的一般家庭妇女。可爹死后，妈突然很有主见了。该吃的，该穿的，该做的，该花的，妈全装在心里。生产队分来的苞谷、洋芋根本不够吃，可妈在自己的房前屋后点了许多南瓜，还栽了不少柿子树、杜仲树。春天带着几个娃去挖笋，夏天去捡野菌，秋天就进山去挖川地龙、扣子七、柴胡，还去摘五味子，捡榛子、漆树籽，到山下去卖；冬天到雪地上下套子套麂子和岩羊。生产队只许每家喂两只鸡，多了叫资本主义尾巴，可妈把鸡放到牛栏屋的竹楼上养，谁都不知道，只养母鸡，不养公鸡。鸡就不叫了。队长是本家，见她们孤儿寡母，也就睁只眼闭只眼；每家只准养一箱蜂子，可她们家养了三箱。妈不仅学会了自己缝衣，还学会了自己织布。换来的棉花不够，就去采打破碗碗花的花絮，掺和在一起纺线。不仅把几个娃儿穿暖了，连公婆公爹也穿得暖热热的。在生产队里干活，妈也是一把好手，修梯田垒石堰时，没有一个女人敢跟她比挑土，所以，每天的工分不是十分，而是男人们的十二分。就这么把几个娃子拉扯大了，还让他们读了书，嫁了汉，娶了媳。而且在那个年月，死去的牛志常的家，竟在坳子里率先盖起了瓦房。这就像是个神话。可妈不是神话，妈是一个人。那时是：爷爷奶奶被妈送入土了——他们思念自己的儿子年久成疾，到了该去的年龄也就去了。娃子大了，房子破了。特别是大哥青海，要准备给辛劳一生的妈找儿媳妇。家在山壁下，山壁上的水直往屋里灌，屋里终年潮湿，四壁透风，妈这就下了决心要造新房。新房要砍树，妈带着大哥和大姐去山里砍树；新房要瓦，大队的砖瓦窑是爹的一个未出五服的表哥当头儿，妈把自己积攒的几十元钱和埋在地下大半年的一坛子猪油交给那表哥时，那表哥竟哑着说不出话来，看着妈的一双裂着血盆大口的手，说，我收你的猪油，志常老弟会在阴间骂我的，提回去给你娃儿们吃吧，我知道你们家用酱油滋锅炒菜，瓦我给你。干打垒的三间一偏厦瓦屋就在牛家坳子里矗起了。有了新房子，虽然家徒四壁，可毕竟是能遮风挡雨暖洋洋的新房子啊！

可妈在爹刚死时并不是这样。妈那时快要死了，妈差一点成神经病，差一点成了别人的老婆，青香她们差一点全成了别人的儿女。

爹死去，妈硬挺了一些时，终于挺不住了，想念自己的丈夫，魂不守舍。妈有一阵子说——对几个孩子说，你爹在那边唤我哩。妈有时偷偷跑去爹的坟上一坐半天，回来就说你们爹唤我去，要我跟他走。孩子们就哭，就说，妈，爹走了，您可不能走啊，您走了我们咋办啊？孩子们拉着她的手，扯她的膀子，锥心泣血地呼喊妈，想把她唤醒，爷爷奶奶也劝她，给她弄药吃，什么何首乌、夜交藤啊，远志啊，朱砂煮猪头啊，吃了不见效。一连三年，妈出现了严重的幻觉和幻听，说爹在唤她去。时好时坏。后来妈经过爹的坟头时不走近了。青香跟妈打猪草回来时，妈就背着背篓，手拿镰刀，远远地站在树林外头，远远地望着爹的坟，叫青香，说，你去给你爹磕一个头，要他不要唤我了。——有一次，妈就这样说了。青香那时该多么高兴，这表明妈开始清醒，有自制力了，想通了。妈回去后给爹的灵牌烧了三炷香，敬了酒和菜，对爹说：娃他爹，不要唤我了，唤我娃儿们就没命了。

在妈恍恍惚惚的那些日子里，本家的队长出于同情和关心，给妈找了个公社的炊事员，炊事员是个矮矮胖胖敦厚的人，死了老婆，有三个娃子。队长对妈说，跟上老韩，至少有油吃，还可以经常去镇上住。

老韩来我们家时，大哥用镰刀削掉了自己的一截小指。老韩带来了许多糖果，给青香他们每个娃子一把，还给妈带来了一条头巾（就是条枕巾）。老韩说，吃糖吃糖。大哥看着这个陌生的一头臭汗的男人，把那沾有汗渍和奇怪体味的糖当即就丢到地上，让狗吃了。老韩去捡糖，呆怔地看着那时已成大人的大哥，面露难堪之色。可妈扇了大哥一耳光，把大哥打跑了。

妈和老韩在房里说了一会话，出来后就走了。妈眼睛红红的，估计是哭过。等老韩走后，妈问几个眼巴巴的孩子：“你们想要还是不想要这个爹？”几个孩子在大哥的威逼下已经只有一种回答和选择了。当妈那有些潮红的脸和热切的，甚至有点乞怜的眼睛期待孩子们的首肯时，四个孩子齐刷刷地向妈跪下来，齐声说：“我们不要。”妈知道是这样的结果，妈已经料到了。妈说，跟上这个韩爹，我们就可以不饿肚子了，还有书读。她的吞吞吐吐的诱导和蛊惑证明她也没有勇气一定要坚持下去，她得到的是“不要”。“那就不要吧。”妈说。妈眼里的一点光就这么散去了，她抱着几个孩子，抽泣道：“那就不要。”就这样，妈与儿女们紧紧地绑在了一起，将这个残缺不全的、失了顶梁柱的家又拢成了一个完整的家，外人不敢觊觎的家。当然，这天还加上大哥为了使妈彻底死了这条心，竟残忍地自导了一场剁指恶作剧。妈本来去烧火做饭了，可大哥突然去厨屋，从背后递给妈一截血淋淋的指头，再现出那剁出的伤口——拿开按住的手，一股鲜血就喷向了妈。妈不看则已，一看就尖叫一声，一下子晕倒在地。这就是大哥几十年虽未提起但一直负疚并照看着妈的直接原因。大哥把妈下半辈子的幸福给毁了，全毁了。

后来老韩又来过一次，给她们家提来了一瓶菜籽油。妈不敢表示，连茶也没端给老韩喝，吃饭还是队长家，妈去作了一下陪。青香其实知道，妈是喜欢老韩的，老韩人好。妈以赶集的借口，什么人也不带，一个人去过公社两趟，还带了些蘑菇和一双布鞋之类的，估计是捎给了老韩。回来时青香她们又吃到了糖果，妈也偷偷地穿上了一双花尼龙袜子。不过只穿了两“水”，就给大姐穿了。

就这样，妈老老实实成了爹，成了妈。失去了男人的女人，甚至要承担比两个女人更重的担子，也要承担比两个男人更重的担子。这就是一个寡妇的命，苦命。

深秋的山道上，黄叶簌簌地落下，山坡上干活的人全是些大大小小老老少少的女人。她忽然听见有女人唱起了那辛酸的山歌：

太阳歇得么？——歇得；
月亮歇得么？——歇得；
男人歇得么？——歇得；
女人歇得么？——歇不得！歇不得！
女人歇了大人娃子没衣穿，
女人歇了没得饭吃，
女人歇了这个家也就歇了。
——女人歇不得！
太阳歇了哟还有那个月亮，
月亮歇了哟还有那个太阳，
男人歇了哟有女人，
女人歇了哟，日子也就歇了！歇了！……

这就是山里的女人，凄伤的歌在诉说山里女人的万年悲哀。青香听着听着，想着妈，不禁眼就湿了，脸上冰凉的，用手一摸，是泪。泪像秋叶一样簌簌掉落，擦了又落下，擦了又落下。

到了镇医院。医生听说妈竟能生活自理又能说话了，甚感惊奇。说山里的人就是生命力旺盛，并鼓励青香要她妈坚持吃药，草药也可以一试，多走动，有条件喝点蛇血酒最好，还可以康复得更快。

三

可是，可是……

两个月以后，青香正在给孩子们上课，就又有搭信的人来给她说，她妈这次是全瘫了，完全不能说话了，疼得在床上乱喊哩。

妈好，心情就愉快，工作就有劲。这一来，她心情又灰暗了，心中想着妈只是暂时的，跟上次一样，又会奇迹般地恢复的，又能说话，又能生活自理。

事情很严峻。这一次妈可能永不能恢复了，妈可能要在床上躺着度过她衰老的余生。

青香回去的时候，除大姐外，其余都在。妈躺在床上，大小便失禁。大嫂说床上已经换过两次，连垫絮也洗了晒干了。妈疼得哇哇呻唤，世界到了末日，听着就像拿刀子往青香心里割。给妈刮了痧，大哥大嫂刮的，全身都刮红了，可还是叫唤，问是怎么疼，哪里疼，妈又不能说话，表达不清。

“那还是得送医院啊！”

这是大家不想说的话，但青香终于说了。大家不想说，是上次花去了近千块钱的医疗费，这一次更严重，这一次一进医院，还不晓得会花……

“你们倒是表表态呀！妈不能就这么疼死啊！”青香说。

几个儿子你看我，我看你，又看地下，低着头，不表态。

大哥吃着烟，几次与大嫂交换眼神，可能是在大嫂的暗示下，鼓起勇气说话了：

“有钱，有钱，杏儿的病就治好了，不会拖到她三十岁……我这一向头也疼，还不是就挺着……”

他说的是事实。杏儿的病要四五万元，大家就是帮衬着，也没办法筹到这么多钱。可怜的杏儿乌紫着嘴唇和脸，就这么在家吃“老米饭”，又不能干活。其实她那个先天性心脏病是能治好的。

二哥这时也说话了，上次他花了不少钱。“是啊，钱呢？那你说怎么解决？”他问妹妹青香。

“不送医院，要疼死了，人家会指戳咱脊梁骨骂的，五个儿女！”青香说。

小弟青留是不指望了，弟媳妇是个厉害角色，小弟要无条件听她的。再说小弟脑子被他舅子也就是老婆的哥哥打坏了，时好时坏，也不管用——那是在弟弟与弟媳谈恋爱时，弟媳的那在乡镇企业工作的哥哥不同意这门亲事，趁弟弟去找他求情时，在乡里吊桥头上，趁弟弟没防备，给了他头上一棒，就把脑子打坏了。可弟媳还好，当时已怀上了弟弟的娃子，只好成了亲，两口子东游西荡，连家都没一个，现在林场栽树做临时工。

在青香的坚持下，还是她和二哥出大头，拿出了身上带着的钱。大家又一起扎滑竿，抬起叫唤着的妈奔镇上。

哪知去了医院又节外生出了更大的枝叶。

大哥说头疼，医生给妈量血压时给大哥也顺带量了，这一量，大哥的血压也出现了大问题，低压一百一，高压一百九——这可是要住院了。大哥哪来的钱住院！还没完，医生说这是遗传性高血压，如果家长有高血压的话，五个后代中可能要遗传两个。二哥、青香和弟弟都量了，结果弟弟也有高血压，达一百六，大姐还没量，还不知是什么结果。

一家出了三个高血压，且妈的血压还是奇高，达两百四。医生抱怨说怎么没把血压控制住？青香想到，这个月她忘了给妈开药，开药的事，其他兄姊们是不管的。

天彻底黑了。妈还在叫唤。大嫂不在，没跟来，若在，也要叫唤的——为高血压的大哥。天黑了，大哥吃着妈的药。天真黑了，是自然的天。妈叫唤，打了止疼针也不行。医生说，必须进行CT检查，一问多少钱，二百五——二百五——一个部位二百五，查一个部位还不行。那你不查清楚我怎么治？一个部位二百五，两个部位就完蛋了，查清楚了就没钱开药和治病了。

眼睛像奸商一样的医生见引诱不了这几个农民进CT室，就说，看看吧，先观察一下再说吧，就离开了这鬼一样叫唤的简陋病房，去寻安静去了。

妈叫唤了一夜。

可大哥也不安静，一个劲说“我也完了！我也完了”。说：“我完了，你们大嫂和杏儿咋办啊？特别是杏儿，你们说咋办啊？”大家好言劝他，说，哪儿的话，医生说只要发现吃药控制就行了。大哥说这病又治不好，是绝症啊！二哥说，治不好的不见得是绝症，你要放宽心，不要发躁，越发躁血压越高。平时多喝点清火去躁的东西，像绞股蓝哪，藤茶哪，还有多吃点苦瓜、苦荞、竹笋、蕺儿根，青留给妈打了几条蛇喝的蛇血酒，你也可以喝，蛇肉多吃。大哥说，苦命，苦命，跟妈一样！

妈叫唤了一夜。大家都麻木了。

连心肠最好的二哥也说：“还叫什么呐，这是在医院呀！针也打了，药也吃了，您不叫了好不好，医院要安静的！”

大家有点烦。

到了半夜，给妈擀揉着腹部的青香对坐在椅子上打盹的二哥说，天亮一定要给妈做CT，不然的话要疼死的。她给二哥说她去镇上找教育组借借看，还有镇里小学去找认识的老师想想办法。可天亮时，二哥把准备出门借钱的青香喊住了，说，我看算了，没有用了。借钱终是要还的，你那一月眼屎大点工资，你现在这个样子，跟亮子连个家也没有，总不能在乌云堡一辈子，还得找个人，还得给亮子准备点钱。照了CT，查出病根有什么用？有钱给妈做手术么？如果是绝症，反正是个死；照了假如没什么病，只是因为拉大便拉不出，或是吃坏了肚子，那几百上千块钱就冤枉花了，咱何必给医生增加提成呢！听说如今医生都吃这个。没看到他们一个个肥头大耳跟乡干部一样了么？你看他那个肚子，不要几十万才能吃出来；他那口黑牙齿，该要好多烟熏出来——他抽的精黄鹤楼，十几块钱一包啊，还不是吃的病人的！

二哥的话在理，可青香却感到他（或者他们）做好了抛弃妈的准备。他们的冷漠，他们的麻木，他们在内心的打算，似乎渐渐明晰起来。她甚至感到，他们希望妈疼死——这是个机会，如果顺顺当当地疼死了，这何尝不是一件好事，让人轻松的事。

她忽然一阵发冷。这么想时她感到心里一下子被人抽去了温度，世界寒意袭人。

有一口气也得救啊，是妈在叫喊而不是一头猪在喊啊！何况，一头猪这么喊也不能无动于衷。

又加了一针。那只是止疼针。医生说这也只能救救急。天亮时分妈许是叫唤倦累了，许是止疼药发挥了点作用，终于像一摊凉水哀哀地睡去，极度虚弱地睡去。

青香走到大街上，镇上开始热闹起来。人们脸上带着懒懒的睡意，带着安详，带着天下无事的幸福——天下的人真是幸福啊，镇上的人真是幸福，好像从来没有灾病在他们身旁，他们永远是平安的人，家庭幸福的人。世界是属于他们的。

有淡淡的花香和潮气充盈在巷子里，炊烟袅袅，店门大开，阳光和鸟也开始躁动起来。青香听着店铺飞出来的音乐，感到世界的不公。她的前夫就在这里。她去找他借钱吗？他连儿子的抚养费也不给的。这个法西斯丈夫，这个一肚子坏水的家伙，就在种苗站，过去伐木，沾染了一身野气，就像牲口。从种苗站一回到乌云堡，就要拉你睡觉，正上课哩，也要拉你睡觉。不从，就打。有一次把眼珠子一巴掌打掉了一颗。一颗眼珠子终于换回了自由，惨痛的自由。借钱？我只想咬死他！

她忽然看到了公社的老房子，现在是退休人员住的。她看到一个老头子，突然想到了老韩。如果妈现在有个老伴儿，有个拿工资的老伴儿，她会这么惨吗？会这样即将让看似孝心浓浓的儿女们暗暗地、渐渐地抛弃吗？妈因为没有老伴，妈病了，重病在身，妈一下子就势单力薄了，没有任何给她支撑的东西，像一匹老兽，被它的兽群抛弃了。没有一个人支援她啊，她的晚年竟是这样的，她生命的最后竟是这样的！世界完全不回应她了，对她撕心裂肺的叫唤，像没听见一样的。可她完全是为了我们儿女才放弃了她后半生本该得到的幸福。妈能干，妈并不丑，妈那时候。

她知道老韩住的地方，可她不敢进去。她站在那个老公社的老院门口，真是天助她，老韩竟出现在院门口，走了出来，气色和精神都很好，眼睛东张西望的很有活力。青香永远也不会忘记，多年以前，她在镇上小学从县师范来实习的时候，一次碰到老韩，一说话就知道了她是谁，竟给了她五块钱，说是让她买点吃的。青香回去把这事告诉了妈，妈竟几天幸福得头重脚轻，说老韩是个好人，还让青香偷偷给老韩家搭去了一只鸡子。

她喊“韩伯”。这位韩伯眼神好得像神仙，又是一下子就认出青香来，青香说了妈第二次中风躺在医院里的事，披着衣出来的韩伯扣好衣服就要青香带他去看看。

这可能是妈在世界上唯一的一位异性朋友了，除了死去的爹。这位妈的异性朋友怀着几十年的遗憾来到妈的病床前，喊着妈——也没喊妈的名字，只是“喂，喂，还认得我吗？”地喊。

妈后来睁开了疼痛糊满的眼睛，恍恍惚惚地望着俯身看她的这个老头。这个老头因为一点点激动口里呼哧呼哧的，肺里咕噜咕噜的。

“你还好吗？”老韩韩伯说。

妈望着他，像认识，又像不认识，就那么望着或者说没望着他，望着这个世界上仅存的一点光明的声音，一点阳光。

老韩韩伯就去掏钱。他可能真的有点激动，手颤抖着，搜索着，拿出了所有的钱，几个荷包搜空了，放到妈那不能动弹的、瘦骨嶙峋的手里。老韩韩伯抓着妈的手，快要哭起来，脸憋得通红。

“你怎么平时不注意一点呢？……”老韩韩伯说。

老韩韩伯的嘴和鼻子神经质地搐动着，脸也扭歪了，很难看，很难受。

“好好地治。”他说。

妈“啊啊”着，像给他说话。人到了这个地步，说和不说都没有意义了。

老韩韩伯就走了。像偿还了良心的欠债一样，空了荷包就走了。

“我再来看她，好好治，好好治……”老韩韩伯对几个孩子说，临走时还握了大哥的手。就是这个坏小子，可老韩韩伯还是握了他的手。大哥躲着，最后也握了老韩的手。大哥已经老了，有高血压。老韩也老了。一下子，青香看老韩韩伯，就老了，一进医院，一与病入膏肓的妈挨近，他就遽然间苍老了。他们的时代过去了，完了。

四

这一天，医生来会诊了两次，还拉来了一个老中医。他们认为，妈可能是结肠炎，也说可能是胃有问题。他们说，你们不配合检查，我们只能猜了。加了许多消炎的药、保胃的药、通便的药。到了晚上，就开始拉了。妈不得动弹，几个子女就把她抬着，底下放便盆，拉得臭气熏天，拉得妈直哼哼，却不叫唤，上上下下，下下上上，拉了有七八次。就去找医生，说，行了，行了，拉不得了。医生不以为然，说，还疼不疼呢？子女们说不疼。医生说，这就对了，这就对了，再观察。拉到十五次，医生只好又开了止泻药，和在葡萄糖里输进去。嗬，不拉了，人也像一坨稀泥了，彻底不拉了。第三天，还是不拉，又山摇地动地叫唤起来。又打止疼针，一针大几十元。还得针灸恢复妈的知觉，一次三十元。

钱成了不可逾越的大山。

一家人在镇上吃、住，都要花钱，而且是连续花钱。这就像从未出过门住过店的一家人全家出门旅游，就像个暴富的承包大户，可事实却正好相反。到旅社登记了两个最差的床铺，一个十块，一个床睡两个人，另一个轮流晚上在医院照看妈。

为了让妈不疼甚至调理好肠胃——即屙还是不屙，正常屙，就一晃过去了五天。五天里大家都臭熏熏的。好在老韩韩伯的那几百块钱，又加上他后来提了一挂香蕉，还让他老伴（后来找的）提过两次鸡汤，撑到第五天，钱又见底了。青香的存折上还有妈那八百块钱。这是妈一生的积蓄准备给她的第三代的。可青香没这么规划。这钱一定是妈的，妈享用的，妈哪一天走了，给她办后事用的，办后事不用，烧在妈坟前！青香就是这么想的。当然，万一不行，救人要紧，拿出来交住院费。但不到万不得已，她不会拿出来，也不会给哥哥姐姐弟弟们说。

二哥已经十分愤怒了。有一天他对着护士的背影说，我好想把医院炸了，把医生捅几刀，还有护士。

护士来每天给妈量三次血压，收十二元，说是电子血压计，说这只是县医院的一半，说这是省卫生厅定的物价局审核批准的，又不是我们自己乱定的；量体温，一次两元。每当护士又拿着东西端着盘子进来，他们就心跳加速，冷汗直冒，就像看见抢劫犯进来了一样。就像看见钱被洪水卷走一样。

他们要护士不要量体温了，妈不烧。“请不要量了！”

“这就是抢钱啊！”二哥跺着脚喊。

“这样不行啊，还是抬回去，给韩伯说一声，咱们走了，掐不住啊。”二哥看着那温暖的鸡汤，喃喃地说。

那天是个赶集的日子。二哥要大哥去碰碰他们村长，看村里能不能接济一点。一触到钱的事，大哥十分敏感，就像触到了炭火一般。

村长碰到了，也来了，背着背篓，卷着裤腿，是卖了漆树籽的。

村长看了妈，说，我碰到乡里的民政干事，也讲了。你们的妈不是五保户，咋个补助啊？村里没钱，如今三提五统都取消了，税也取消了，还倒给农民补助！补助你们也挂不上号，儿孙满堂，还是自己解决吧。

不是村长心狠，村长也是个好人，也姓牛，本家，也年轻，通情达理。叹息几声，也属于苦劳村长，不能扭转乾坤，说，村里的牛三秀，也是没钱，子宫癌早期拖成了晚期，转移了，还在家里疼得撞墙哩。牛黑子的爹还不是没钱治瘫痪在床，屁股烂出碗大一个洞，烂出骨头，全是蛆，就这么死了。你们的妈要这么瘫痪了，得时常翻动，免得也那样就惨了。唉，农民就像无娘的娃子。无娘的娃子天照应，无灾无病最好。俗话讲得好啊：穷人不害病，就像撞大运，唉……

村长来了虽没给一分钱，可大哥高兴，大哥是个胜利者，这证明大哥说的“咱村里穷死”的话是真话。村长走了后，大哥高兴地又帮村长的腔说村长说得对。

二哥对大哥与走掉的村长一唱一和遥相呼应很有意见，加上憋着一肚子气，就与大哥争了起来。二哥说：

“你们村里不是咱乡有名的小康村吗？前年就跨进小康的门槛了，人均收入达到一千九了！”

大哥最怕人说他有钱，特别是妈病后，当即就回辩道：

“鬼扯，全是村长和县里去的一个 ×× 干事鼓捣出来的！青河你相信我一家一年有五六千块钱的收入啊？有这个收入杏儿的病早给治了！来统计的干事和村长帮我填表说我一家粮食收入一千八百块，我说一分钱都没见，那干事说，你吃的粮食不算呀！一个人打一年吃五百斤，一斤按一块二算，好家伙，就是一千八了。我说我就收的那几个烂洋芋，一年大部分时间吃洋芋，那也算？还有猪，算了八百一头。我过年杀了自己吃，又没卖，也八百。这样算，一头野猪一年也得吃上两千斤的食——那算粮食！一头野猪的年收入也有两千，那山里的畜生也个个达到小康标准了，我的个天！……”

说钱是一个敏感的话题。大姐也说，她们村也是这么算的，都人均一千五了，哪来的收入，我十年没做一件新衣裳了。

都是冲着二哥来的，好像二哥来查他们家里的账似的。二哥就作出了决定，“闪”医院一竿子，连夜逃亡。

算下来，逃亡的那天晚上，他们还欠医院七十多块钱。二哥是不打算交了。二哥观察着医院的动静，不过两次住院已经摸到了医院的一些规律。

晚上是青香守夜，好在病房里就妈一个人，这就有了逃亡的条件。窗户打开着，窗外的山坡上是菜地和树林，树叶飒飒，枯草飕飕，有了冬天的气象。可以看到那微弱灯光下的许多墓碑和坟包。这住院部的窗外敢情是一个墓地。看着妈，一片阴森心情，死亡离每个人都这么近。青香将妈两边的被子掖了掖，将脚头也扎严实，看到妈是在睡着，就在妈的旁边靠着床头，盖了大哥留下的那件蓝大衣打个盹儿。她梦见了妈，妈在吃草哩。妈为什么吃草呢？二哥就拍醒了她，给她说，医院住不得了，连夜走，在三四点钟时，已给其他几个讲了，他们都在旅社等着。就开始收东西。

青香无语。是呀，药都停了，针也停了，因为欠费。住在这里，那又怎么样呢？不就是图了个名声，让村里人以后不骂他们这些子女，可每天的钱大江东去，也没个盼头，只好将妈弄走。

二哥是对的。

“不是我们狠心。”二哥说。二哥以后还要多次说这句话，来宽慰自己，宽慰冷漠的、无情的、具有犯罪企图的自己和这群无可奈何的儿女们。

凌晨三点钟，住院部空无一人似的，妈也没叫唤，万籁俱静，一干人像窃贼，将妈抬出了医院，顺利穿出小镇，走上了上山的路。二哥见没人追上来，吐了一口气说，你做得初一，我做得十五。

山里冷着哪，初冬的早晨百物噤声，抬妈的人淌着汗，大家都流着汗，只有妈在大哥那件蓝大衣里冻得如死去一般。突然一声惊天动地的叫唤就响起来了，这一声，把在山道上疾步行走的大家唤醒，滑竿就停下了，找了块平整的地方放下。

“怎么办？”大哥说，“怎么办？”因为这是抬往他的家。抬往妈的家就是抬往他的家。其他人不在妈身边。抬回去，都走了那不又是把这个妈甩给他一个人了吗？

“我已经去问了——镇福利院，”二哥说，“他们只收孤寡老人，能自食其力的五保户还要特批哩，现在是，人丧失了劳动力，村里不管，乡里也不管，只有儿女管。”

“儿女管那是当然的呀。”青香这么插了一句。

“那你就管啦，你怎么管？”大姐忽然来了这么一句，对妹妹青香。

“我管就我管嘛。”青香不知怎么说出了这么一句话，想也没想，就果断地说出了这句话。

“要管还是大家一起管，现在是回去怎么管的问题了，”二哥说，“大哥一个人管也是不妥的，他有高血压，以后也得注意，还有杏儿也帮不了手。”

“那怎么管？”大姐问道。

没了话了。沉默。清晨的风凌厉如刀，割在人的脸上生疼。风一吹，人冷了，感觉到山里冬天的深切寒意。天边亮了起来，是在东面的山冈上，有一线瓦蓝色的静悄悄的光，被沉睡的、疲倦的山影衬着，森林和山冈荒肃无垠。

“先走吧。”大哥这么说。

妈的叫唤一声紧似一声。可他们还是抬起了她，往家走，往村里走。不可能往回走了，就是疼死，也不可能回医院去了。剩下的未来也许就将是叫唤陪伴着她，在床上，这是一定的！

五

到了家。二哥说，我们要心平气和地讨论妈的事了，就这个样子，悔也悔不转来了，只能面对现实。二哥的深明大义，二哥的家长风度，让青香一阵好感和感动。她说：“妈身边肯定要有个人。”也等于是说妈要靠一家。

“那就轮流来，”大哥说，“妈一家待几个月。”

“我没个家哩。”弟弟说。他是指他没个房子，跟她老婆娃儿借住在林场的油毡工棚里，就一张床。

“那你就回来照顾，不行出钱也可以，请个人照顾妈。”

“我哪有钱？”弟弟说，鼻涕都流出来了。他就是个半傻子。

“妈是最心疼你的，青留。”大嫂这时在一旁插话了。也暴露了她——她为这事暗暗着急着哪！她害怕妈留在村里，丢给她们一家。她说：

“我嫁过来时就看到一到夏天你好长疮，妈给你用口吸疮……”

“那是因为我没看见过爹哩！……”弟弟抹着鼻涕嚷道，快哭起来。

青香看到当大嫂插话时，在旁边不作声的杏儿在暗中拉了一把她妈的衣角，可大嫂没理，倒是把衣服拉了回来，还瞪了杏儿一眼。

这时猪圈里的猪也叫了。大哥说：“就妈这两头猪，每天要打三背篓猪草，我不在家，都饿得皮包骨头了，把猪栏都啃了。”

大嫂接过话头数落大哥说：“我没给它们吃么？都是你割的草么？”

二哥说：“不要争了，再过年，我们带肉来。”

大哥说：“瞎说，过年未必没肉你们吃么！”

如果他们真正都不想要妈的话……青香就要果敢地做出决定了，她要亮出个姿态，还要说几句话。她就说：

“就让妈到我那儿我照顾一段时间。”

大家把目光都投向青香，投向只有一只眼，亮着善良的青香。

“你是嫁出去的人哪！”大姐说。也是在说她自己的身份。

“妈又没有财产，哥哥弟弟又继承不了妈的财产，分什么男女，都是我们的妈，都是在她怀里抱大的，一样。妈这个样子，日子已经不多了，我去照拂一段时间，算我尽的一点孝心，以后等她死了我不留遗憾。”

大哥不干。大哥真心诚意地说：

“青香不行。你那儿养不了。”

“以为我养不活妈找你们要钱啊？”

“不是，你又忙，你那儿吃没吃的，喝没喝的，哪叫学校，就像个破庙，再说，你也可怜，太难了。”大哥说。

“那就我吧，”弟弟青留说，“到我那儿去，给妈搭个棚子。”

二哥说：“你这个叫花子还养娘。”二哥对弟弟是心疼，也是不屑。

“算了吧，到我那儿去稳当些。”二哥说。

这时妈突然摆起手来，哼叫起来，拍打起床沿来——用那只稍微能动的手。

大家凑过去，研究妈的意思。这才发现，妈在听哩，妈全听去了，妈又是摆头又是点头又是用手指指戳戳，后来他们终于弄明白妈的意思了：妈哪儿也不去，要死就死在这屋里，死在这老屋里。

“妈不想离开，她住惯了自己家，到别个屋里搞不好的，还是自己家里安逸、自在……”

“可妈没有生活自理能力了呀……”

“还是放这儿我们来慢慢照看吧，咋办呢，你不适合，他不适合，妈也不愿走的。”大哥说，他没朝大嫂看。

青香知道，至少杏儿是不会反对的。大哥这么冷静，可大哥是个暴躁的人，不暴躁不会得高血压，若大嫂反对，他会给她发老火的。大嫂其实也是个好人，善良之辈。

“那我就一个月出一百，妈的药我包了。”青香说。

“我也得出一点钱。”二哥说。

“我没有钱，我一个月回来一个星期照看妈行不？”弟弟说，“还有给妈喝蛇血，我包了。”

“我也是没得钱，我也抽些时间回来照看妈。”大姐说。

“算了算了，不要你们的钱。几十年都是我照顾妈的，你们只是逢年过节回来走一遭。几十年都熬过来了，老大当缠绊了，么法呢。”

大嫂走了。

大哥立马止了话。一会，大哥说：“你们都走吧，都走吧，各有各的家，各忙各的去吧，我说了，有我一口，有妈一口，会好好待妈的，你们不要管，杏儿也会好好待她婆婆（奶奶）的。”他去用眼光征求杏儿的意见，杏儿在那儿点头。

大哥是往外吐痰去的，大哥点着烟，跨出去却突然哭喊起来：

“妈呀，你跟我的命一样，咋是这么苦哇！都是个苦命呀！……”

他这一哭一走，其他人都惊呆了，问杏儿：“你爸是咋的啦？”

杏儿说：“你们别往心里去，晓得触动了他哪些伤心事。爸的心肠蛮软的，婆婆这么躺在床上，都伤心。”杏儿说到这里，也喉咙发硬，眼圈就红了。

“那会让你辛苦啊。”青香拉着杏儿的手说。

“没事的。”杏儿低着头说，拿手去揩眼睑。

先是大姐说家里有事，走了。接着弟弟走了。二哥说，他回去了会马上来的。留下青香在这里，可想着学校，想着那些住宿的老山里的学生娃子们，想着儿子亮子。但妈的疼痛还没消，还时不时清汪鬼叫。给她吃药，按摩。还要端屎端尿。坛子里没米了，菜地里没菜了。过去，妈自己种苞谷，收苞谷，种洋芋，收洋芋；自己擂苞谷，自己磨面，自己种菜。现在，粮食要吃大哥的（大哥拿来了一些），有时就端来面和糁子给妈吃；菜也要吃别人的，什么都没有了，什么都要子女们承担了，村里不管，乡里不管。过去搞公社的时候，妈可是学大寨的标兵，优秀社员，还得过一些奖励的。现在单干了，承包了谁都不理她的闲。收款的还找上门来了。

村长找上门来，见妈躺在床上，问好了些么，跟会计一起来的，就叫来大哥说：现在虽然税不交了，村里的事乡里的事，还不是大伙办，全靠国家也不行——这修路的集资款你妈还得交啊。

大哥一听就火冒万丈，说：

“她快死了，又没找你们的麻烦，她还交什么！”

青香也恼火，说：“我妈不能走路了也交修路费？这是哪家的王法？”

“乡里头规定，按人头交。”

“那死了交不交？”大哥问。

“死了就不交了。活一天交一天。九十岁一百岁也得交，谁叫她是村民呢。”会计说。

会计是个不讲情面的家伙，有点酒鬼风范，一只鼻子通红，上面全是坑坑凹凹，两只野猪眼，一对狼耳朵。

“她瘫痪在床啊！”大哥说，“她快死了，等于死了。”

“可还是没死。”会计说。

“青海哥，”村长拍着大哥道，“到了时间，乡里只找我们结账，说是领导不力，希望大家配合一下，不然扣我们的工资，唉，都是本家亲戚，哪个为难哪个，希望理解，理解，青香妹也在这里，是国家干部，老师，对政策是比我们还清楚……”

青香说：“村长，那不还是三提五统？”

村长说："没有了，没有了，早就没有了，你妈不是最后一年没交吗，还不是没哪个追了。"

青香说："就是五统中的公路养护费，一样啊！"

村长说："不一样，不一样，哪一样呢。这不是公路，是我们乡通往外面的致富路，光明路，幸福路……""就不能免吗？"

会计说："除非是烈属，残废军人，老红军，老革命，退休干部……"

"就没有老农民？就没有像我妈这样得了重病的老人？"

"人家只讲那是给国家做过贡献的人……"

"农民就没有给国家做贡献？一到老了就像棵烂白菜帮子扔了。扔了也好呀，还不想扔，还想抓住榨出二两油来！"青香气愤得不行，话像崩豆一样地往外喷。

"牛老师可不能这么说，牛老师，我们哪想榨牛妈的油！"

"这钱是上交的，乡里定的，这不是我们的事，是乡里县里领导的事……"

最后说缓交，缓交，因为村长是本家，村长还有个娃子在乌云堡住读，在青香的手里。村长说，只有我先垫了才不扣我的工资，可我已经垫付了一千多块啦！……

指望村里、乡里是不可能了，你没向他们伸手，他们向你伸出一百只手。

妈疼得凶，喊得凶。喊得青香心慌如鼓，心烦意乱，坐卧不安。怎么都喊叫。青香就给大哥说只怕还是得到医院去。大哥却说：是你在这里，妈这一病就像个娃儿了，返老还童了，就像见了大人讨吃的，撒娇。你不在可能好些。青香就试，就给妈说她走了，过几天来看她。就躲在屋外头听屋里。果然，喊了几声，妈就不喊了，屋里安静下来。妈是不是真正的老年痴呆像小娃儿了？这么就等了一会再回屋去，果然，妈一见到她，就又叫唤起来。

青香决定回学校，学校就一个老师，不知乱成啥样了。青香给妈屋里收拾好，给妈洗了个澡，给妈剪了指甲梳了头，把妈床上的全换洗了，又在村头会计家开的小卖部买了两包点心（防妈饿了或者吃不下饭），就火忙火急、归心似箭地回到了她的乌云堡小学。

六

一场灿烂的大雪过后就放假了，就是腊月，就是春节。因为老是请假，乡教育组来考核青香不合格，扣掉了半年奖金。小年二十四时准备回家赶快去照顾母亲，不想那该死的前夫来了。

前夫来了把儿子关在门外就把她拖上床强奸。青香为学校的事为妈的事已心力交瘁，任由前夫蹂躏。最后前夫抽了她一耳光，说你妈死了还好些，生下这种女儿没一点情趣，无滋无味，这次来老子是来找你赔青春损失费的。

男人找女人赔青春损失费，算来也是天下奇闻，整个神农架山区怕是头一桩头一遭听说此事。可事情真真切切。这个流氓加恶棍加施暴狂说他做木材生意亏了本，一车木材被没收了，听说你是全县优秀教师年终奖金很丰厚，赔我几个青春损失费——老子的青春断在你手里了。

哪个的青春断在哪个的手里了？我一只眼睛被你打瞎了分文没赔，儿子你分文抚养费不给还要我赔什么损失费，你咋就这么狼心狗肺，恁歹毒啊！不让我们母子活了啊？青香想到娘，想到自己，一时突然绝望，拿起刀子来就割腕。那前夫一看见血，这才慌了，溜之大吉。

学校还有两个因大雪封山不能回去的学生。儿子亮子喊来了那两个学生，给他妈青香包扎，才捡了条命。青香收拾好东西，带着腕子上的伤，牵着儿子走进了茫茫雪野，皑皑山路，一路哭着，痛着；痛着，哭着。

摔了无数跟头带着伤和一双哭肿的眼睛回到牛家坳子，兄弟姊妹除了大姐外都在，都说在等你回哩。

他们没有发现青香的异样，看见她就像看见了救星一样。

妈还在，还没死，可已经瘦成一把干柴了。脸上已经痴呆了，牙掉了，差不多全掉了，脚却肿得像个大浆包馍，赤脚裸露在被子外面，屋里有更浓郁的屎臭味。

“妈不行了。”他们说。

妈叫得厉害，声音还是那么有力，还是那么肯定，还是那么惨痛，仿佛每日都是这样，仿佛阎王故意要她不死，每天遣了小鬼拿钝刀子割她，折磨她，不晓得她前世做了什么恶人。可怜的妈啊！可怜的妈啊！人活到这步田地还有什么意思啊！

二哥手拿着一份报纸，是县里的报纸，让青香看，也给她说。青香就看明白了，说县中医院有名老中医门诊专治瘫痪，可以将人治得坐起来，下地行走并能生活自理。二哥说，已打电话咨询了，一个星期就会有效果，一个月保证可以下地活动。二哥说一个月大概要一千五。说是他们村一个亲戚介绍的，听说这老中医有治瘫痪的特效药，宜昌、十堰，甚至武汉的都来找他治，每天排好长的队。

青香说，广告不要轻易相信啊，广告治病骗人的事太多了，如今这个世界骗子横行。把瘫子治起来走路，若真有这个狠，那不要获诺贝尔医学奖。大家问什么是萝卜医学奖，青香说是目前全世界最高的科学奖。弟弟说，特效药还不是像这号羊角七、雷公藤治瘫的大药。弟弟拿起一个他在林场挖来的羊角七说——这药是给妈泡药酒喝的。弟弟挖了不少，但因为有大毒，每次只能放一颗到酒瓶里。这药是神农架治风湿瘫痪的大药、王药。

“那我去问一问，我去看一看。”青香说。

其实青香知道，妈的生命已经快走到尽头了，她就是个半只脚踏在阳界的死人。就是有这种神医，也不可能把妈这样的人医起来。可她依然抱着一线悲哀的希望。因为妈已经长了褥疮，屁股烂了。她给妈擦洗着疮，她还要给妈开一些药来，包括治褥疮的药。

“三个疗程四五千，你们有钱你们出啊。有这个钱，杏儿的病早治好了……”大哥在那里算计，嘟囔道。

是啊，这让青香和其他人都犯了踟蹰。是救一个老人，还是救一个年轻人？是救一个死人，还是救一个活人？就算——就算能治好妈，救活了又有什么意义呢？

“效果肯定是有的，”二哥沉吟说，“妈不起来那就会在床上烂死了——就算坐起来也好啊。这件事，大家看着办吧，杏儿也造孽，杏儿也是得治的，不能拖了，都三十了……”

“我只是看一看，去县里，给妈买点药，也给杏儿带点药回来。我们可以报销一部分的……”青香含含混混地说。其实她在说假话，理不直气不壮。她们的药费包干了的，一年两百块钱，门诊开药。住院要县教育局批准才能报销百分之七十，而且两千块封顶。老师患了重病，那也只有等死了。

青香先上了公路，再拦车去县城。县城热闹非凡，一派过年的气氛。她先是去医院看了看自己的那只坏眼，处理一下割腕的伤口，给妈和杏儿开了些药，还给大哥开了降压药。给自己和亮子开了点常备药，就按地址找到了那个老中医门诊。果然有几个瘫掉的和骨节变形的人在那里面。青香细细地咨询和观察了一下，情况并不如广告上说的好，甚至完全是欺诈。也有拖着半边身体行走的中风患者。青香决定还是开些那老头吹得天花乱坠的神药“治瘫灵”。买了五大盒半个月的药，看那粗糙的包装，明知无用，但走出来，总算了却了一份心事样的轻松，就去搭车。

雪下得像鬼一样，路滑得像鬼一样，天气像鬼一样。回到家已是晚上九点多钟了，村里有稀稀落落的鞭炮声，有深深的狗吠。

当即给妈吃药。给大哥和杏儿把药拿过去，再一想，索性把给自己开的常备药都给了大哥，也算是对大哥一家对妈照料的一点心意。她到大哥家，发现其他几个也给大哥家拿来了不少东西：二哥给大哥提来了一只整羊；弟弟给大哥提来了他在林场晒的各种稀奇古怪的好吃的山菌。

大哥拿着那么多药，把青香叫到火笼屋里，烤着火，给她说：

“大哥我硬是搞不动了，有时候我想死。想到妈和杏儿，就想死。”

青香说：“大哥可不能说这种话。”

“妈要把我们拖死的。”大哥含着烟杆，这么说。他松弛的眼泡里泪汁浑浊，一副肮脏的老绵羊相。青香这时遽然想到，大哥翻过年就五十八了，快一个花甲的老人了。把妈的担子让他一个人承着是不道德的。大哥还说，他总是整天心慌，心跳得就像要快死过去一样。青香怀疑大哥也染上了心脏病，高血压和心脏病是串通的。她要大哥戒了烟酒。大哥说，我都快入土的人了，戒个屁。

春节没有春节的气氛，因为妈。因为妈叫得慌瘆，像有无数鬼魂挤在这个昔日儿孙满堂、四室同堂欢聚的屋子。现在这个屋子，鬼魂肆虐。

好在大家都能体谅大哥的苦处和妈的痛处，首先是弟弟接揽了照料妈的任务。他说开过年来有两个月林场没事，工人们都在帮农民干活，他就回来照顾妈，自己背粮食来。大姐说，妈的端屎端尿问题和洗澡问题怎么办?

弟弟说:“我是她生的，我给她洗怕什么呢。”

大哥说:“有些事你们大嫂和杏儿可以来帮帮忙的，你们不在，这些事还不是她们母女俩做的。”

大家就给大嫂和杏儿敬酒。

二哥说:“我有点对不起了，你们二嫂有意见，为妈两头跑，羊没照顾好，你们二嫂干事儿又弱，羊被狼叼去了几只，还饿死病死了几只，损失大了。她过年不回来，其实是为这事，不是她娘家有啥事，我还得去接她。”

哪家都有难处。

不过，都尽了心，妈还是应当满足的。青香想。

七

不久，有搭信来的给她说弟弟疯病犯了。青香又只好往牛家坳子跑。

弟弟这一次全是因为妈。大哥大嫂说，因为妈整夜整夜叫唤，弟弟就承受不了了，头痛和疯病就犯了，头疼得去撞墙，撞得头破血流，然后在妈床头跪下一跪一天，求妈不要叫了。他媳妇把他接走了，去了医院。

大哥说，青留很细心的，每天给妈翻身，擦洗身子，你开的药每天给妈擦，褥疮没有扩大，他还捉了许多蛇加羊角七给妈泡酒喝。大哥说他的心脏病加重了，每天心慌，杏儿的病也犯了，再不给治只怕也要完了，大嫂的眩晕症也很厉害，这个家本来就她一个正常人，太劳累，里里外外，已经晕倒了几次，看医生说是贫血。大姐有事又不能来，妈咋办呐？

妈现在因为无人搬动，大哥只好在她床上的屁股那儿挖了个大洞（剪掉垫絮和床单），底下放了口破大锅，里面垫的是草木灰，任由妈拉屎拉尿。青香回来时就看到了，妈的褥疮又烂了，身上、屋里更臭，就像个猪圈或是厕所。青香心里有些愠怒，不管怎么病，大哥、大嫂和杏儿总可以抱妈在便盆里拉，不能任由她这么像畜生一样拉了没人管，没人擦。妈呀，妈张着被病魔死掐着的、痛苦惶惶的眼睛望着青香，望着那屋顶，像望着虚空。可青香看到，妈却胖了，白了，脸上白里透红，头发好像返了青——至少有返青的征兆。一打听，妈还能吃，能吃能拉。过去只吃点稀粥的，现在能吃一大碗，肉啊，青菜啊，洋芋啊，逮着什么吃什么。这都是弟弟青留悉心调理的功劳。

青香照看了妈两天，学校的消息就过来了，她们班一个住宿生（都是十来岁的小娃子）做饭，烧开的水泼了，烫伤了两个同学，送去医院，等着她回去处理。

她若一走，妈又没人管了，大哥家仿佛是乱了套。给二哥搭信，回信的人说二哥还得两天。她就硬着头皮等了两天。两天后来的是一个大妈，六十多岁，说是二哥村里的，来让她照看几天的，说二哥的羊春天走瘟，到处找人在治哩。

大哥不放心这个请来的大妈，另一桩，这大妈来了摸头不是脑，大哥还得给她吃的，等于是来了个客人，就让那大妈走了。大哥说，只好我上阵嘞。

青香到了镇上，乡教育组的领导对她大为恼怒，扬言要她提前下岗。青香也不示弱，内心火山爆发了，说，我妈快死了，瘫痪在床，我就不能尽尽孝么？我常年在那高山上最远的学校教书，有关系有路子的谁在那儿教书？十几年了没调下来，跟住读的娃子们吃住一起像叫花子一样，自己种菜自己吃，甚至没菜吃，遇到大雪封山就盐水煮饭，吃的粮食自己爬几十里山路下山来背，好些次差点被虎狼吃了，被泥石流埋了，被山洪卷走了，被摔下悬崖了，领导体察过我们的困难吗？中国还有没有比我们更苦的老师？您也有母亲我也有母亲，十几年里我没照顾一天母亲，母亲中风瘫痪在床没人管，我为什么就不能请几天假照看一下？！

一番义正词严入情入理的话把那领导说得哑口无言。

处理好学生烫伤的事，本来是要去学校的，可放心不下妈，加上在医院打盹时做了个噩梦，梦见妈让人给乱石砸死了。上了路，还是趄了个弯儿，踏上了去牛家坳的路，顺便也把给妈开的药送去。

一路心里惴惴的，老像有什么事似的心神不宁，并且有幻觉妈让乱石在砸，森林里到处是砸石头的恶狠狠的声音。回去，就感到气氛不对。

大姐来了，弟弟也来了，二哥也在。他们告诉青香，杏儿的病犯了，很厉害。

去看杏儿，躺在自己的床上，脸色青紫，嘴唇乌黑得像嚼过煤炭似的，正张大嘴巴大口大口地喘气。她妈在给她揉胸。

“这都是妈吓的。妈见你们来了，就喊得更凶，”大哥说，“杏儿一听到喊叫号闹，就不行了……”

“要治呀！”青香坐在床沿上说。

“哪找钱去！本来是想搞点事的，准备搞点养殖业，学学青河养些羊和牛赚点钱了给杏儿治去的，妈这一病，什么都没搞，什么都搞不成了，我该死呀！唉！……”大哥捶打着自己的脑壳。

二哥说：“还学我哩，妈这一病，我准备今年繁殖到四十只的羊，死了十多只，我算完了，只有二十只了，我一来，羊又没人管，只好放了野。国英（二嫂）跟我闹离婚，实话说了吧，给妈治病前后花的这一千多块钱，全是准备去买种羊的，上次回去，哄国英说是让人半路给抢了，为圆话，把自己的脸抓破，拿石头把自己的鼻子打破，血糊淌流的才蒙混过了关……唉！……不过杏儿的病一定要治了，不能拖了，就是砸锅卖铁也要赶快去宜昌治，杏儿还年轻。”

杏儿这时说：“你们不要管我，把婆婆管好，把她治好。”

大姐说：“瞎说，先顾小的，再顾老的呀，你日子还长，你婆婆还有几天？！”

弟弟青留说，他请到了一个郎中，别人介绍的，说是治好过手脚不便的病人，也有瘫痪病人，来给妈治治。二哥说医生看了不少，药也吃了不少，青香开的县医生的药，也没一点效果，不要相信了。青香问多少钱？弟弟说他没说钱，说治好了再说，介绍的人说每一次五十块钱总是要的。“行。”青香说。死马当作活马医吧。

不一会，果然来了个人，不像个医生，是个老头儿，穿得黑咕隆咚脏兮兮的，就像个逃难的。从那潲水缸浸过的布包里拿出了些针不像针，刀不像刀的东西，说是把脚筋挑活的，脚筋挑活了，脚就能动了；手筋也是一个理儿。那老头说得嘴角白沫成堆，眼睛乱眨，拿起妈干肉一样的脚就扎。刀口出现了——就是在割，血就一线一团地往外鲜红地流。妈还有这么多血啊，流了一脚。青香她们拿卫生纸来给擦着，垫着，妈哀哀地号叫。

“扎不得了！扎不得了！”青香看得心直缩，胃里翻哕，就制止老头的暴行。

可老头不依，抓住妈的脚还要扎，说：“不流瘀血，筋就不活。”

青香给了那老头三十块钱，让他走了，要他永远不要来了。大哥二哥大姐都说青香不该给他那么多钱。

当下妈的脚就肿了，肿得像个大青瓜，且依然没有知觉，不能动弹。二哥就说弟弟：“你找的什么巫医啊！”大家都说是巫医，是骗子，弟弟青留给说得快哭起来，说：“我也是好心，我还不是想让妈站起来别害我们呀！……”

关于杏儿的病，大家讨论了半天，也没个子丑寅卯，砸锅卖铁也筹不到这么些钱，要是找个好婆家，婆家肯出这笔钱就好了。但这是说说，不是现实。

妈是不可能站起来了，照看的人也没有，二哥抱怨说，每个人都要脱一层皮的。大姐说，钱我没出，妈就抬到我那儿去咧。大姐说话根本不肯定，大家听得出。她还说了一通什么“就是三个孙娃，我还喂六头猪，大孙娃今年要高考，妈这么叫唤怕影响他学习”之类，大哥二哥就顺坡下驴说那是不行，咱牛家几辈子人第一个有希望上大学的莫让妈给搅黄了。弟弟说还是他来照料，可大家一致反对，怕又把他的病搞犯了，他两个娃子怎么办。青香说，那就带到我那儿去。她说话很轻松，就像带一件东西，可心里很犯难。而且当时的情形好像只有她站出来了。她又那么孝顺，对妈投入得那么多，其实其他几个都清楚，妈最喜欢的也是青香，前些年，没事就抽几天空时到乌云堡那儿去小住几天（当然了，猪草都剁好了，只是要大哥大嫂按时喂食）。这一次没有谁说青香不行，没有谁替她说话，好像她是最佳人选。青香说带去，大家都松了一口气，等于是把妈这个包袱交给青香了。这些人还催促她赶快上路，给妈准备东西，让弟弟青留陪她去，路上背妈。

就这么，青香自告奋勇一句话，把自己推上了又一次漫漫苦刑。

她背着妈，弟弟背着背篓，沉沉一大背篓全是给妈装的用品，也没啥，两床被子，这是要的。再就是妈在尚好时去山上扯的一大包车前草，晒干的，煎水降血压的。衣服没几件，妈本来就没什么衣服，身上穿的裤子两个膝头还补着补丁，两块与裤料不同颜色的补丁，是妈身体好时自己补的，补得一样大小，补得平平整整，补得像工艺品。过去，青香他们还没成人时，穿的补丁衣服，都是妈一针一线补的。新衣当然也是妈一针一线做的。那补丁衣服外人看了不但不会笑话她们家穷，还会夸奖，说妈的缝补手艺真是好啊。妈是个干干净净的人，就是穿着补丁衣裳，也比其他老人看着干净利落，仿佛天生就有一股子鹤立鸡群的气质。可现在妈身上脏了，臭了，叫唤声皱皱巴巴，就像塞进儿女牙缝的一颗砂子。妈是个从不麻烦别人的人，这些年与大哥分家后，从来不到大哥家吃饭，倒是自己做了好吃的，会盛一大碗去给大哥大嫂杏儿吃。只是来了客，大哥喊她，她才会拉三扯四地去那边端个碗。现在，她身不由己要麻烦儿女了，且是无休止地麻烦。

“妈，你不哼哼了好不好啊，你累不累啊！”青香气喘吁吁地说。她累了，有些烦了。往哪儿背啊？真往学校背？可分明是往学校的路。

弟弟说：“姐，我来背。”

青香偏不，没理。她是个倔人，心想就这么背，背到死，背到趴下算了。

路边林子里斑鸠咕咕地叫着，天上杜鹃“豌豆巴果”地叫着，山上和灌丛里的杜鹃花红了，满山的红火烂漫。“妈，你看看山上的花呀，这么好的花你看不见么？”妈耷着眼皮，不朝山上的美景看。山上的美景与她有什么相干呢？是啊，春光虽美，青香的心里却是苦的，美好的世界不属于生病的人和他们的子女。

山坡上干活的女人又唱起了《女人歇不得》，还唱着“春季开花满山红，没得啥子妹相送，三两金子打金簪，四两银子打花红……”天气热了。他们歇下来。太阳汪到妈的脸上，就像给死人涂了一层胭脂。青香想到旧社会穿行在川鄂密林中的赶尸人，背着死尸，口念咒语，死尸就能行走，走得脚下灰尘扑扑，日行千里。连死尸都会走路，妈没死却不能走路。现在她听到《女人歇不得》时，只有疲倦，没有感动。仿佛世界把天下的女人都逼到了墙角，让她们身心两销，神魂离体……

山路好漫长啊。

八

到了学校，妈的住成了问题。乌云堡小学就是一个土匪的寨堡改建成的学校，孤零零地蹲在山上，石瓦（不是石瓦会被大风卷走），瓦缝里常爬着乌黑的毒蛇。可寨堡太小。妈与青香母子住一张床上，隔壁的老师学生两个夜晚没睡好觉，听到的是青香妈长号短号的鬼魂似的叫唤声。第三天，升完了国旗，唱完了国歌，另一个老师就来给青香说了，学生们也害怕，晚上睡不好，白天上课打瞌睡，还说牛老师家关了个鬼。亮子也受不住。那老师就跟青香商量，在堡子下面不远有个山洞，又经人凿过的，很有些年头了，可以住下一个人，把它整理后再修一扇门，铺个床，把她妈安顿到那里去。

青香知道那个山洞，洞里有学生拉的野屎，还有路过的野兽避风雨拉的野屎，有虫蛇爬过的痕迹，又臭又潮，里面淌着水。几年前有人来考察过，说这就是寄窑，寄窑就是很早前神农架有过的风俗，人老了，不得动弹了，重病，就将老人放到这洞里，定时送饭来，直到死去。这是残忍的风俗，就是把丧失劳动力的老人抛在荒郊野地。什么时代的风俗呢？反正有过。可我的妈就成了住寄窑的老人么？她被子女们抛弃了？

哭是没用的。哭了一场，还得收拾。边哭边收拾。只叹自己命不好，在这荒郊野地教书，寄人篱下。找了个学生的家长来做了门，又搭了个床，自然的，床上挖一个大洞，好让妈屎尿自流，因为妈大小便失禁。我的妈哟！我那时读书，是想日后报答您的，您对我太好了，我如今就这么报答您啊，妈！……爹死后，有人念她们家艰难，有个无儿无女的人家，就想把青香接去做女儿。来人已经给爷爷奶奶谈好了，在族人的劝说下妈也糊里糊涂地答应了，那家人家还给青香买了新衣服，青香那时才几岁，坚决不去，打死不去，每天抱着门框哭。妈在来人领青香走时突然改变了主意，一把拢住她说："不能的，不能的！"妈那时头脑并不清醒，成天恍惚，可说出话来却字字如铁。她说："我不能接了，接过去青河，不能让牛志常又丢个娃儿，他在那边会怪罪我的。"青香不仅没过继给别人，因她成绩好，乡下的女娃子一般只读个小学就下学了，可青香读了初中妈还让她读师范。妈经常步行百里，穿过深山老林去县城，给她送粮食。有一次，妈给她送去了粮食，青香问妈吃没有，妈说在路上刚吃过了，连口水都没喝就走了。青香觉得过意不去，等下课了赶去送妈一程，她看到，妈在街上的垃圾箱里寻吃的。青香跑过去抱着妈就哭。妈说，别哭，等你读出来了，咱家就有吃国家粮的了，以后妈就会跟着你享福的……

妈就这样子跟我享福——将妈搬到了山洞里。这里凉着哩，妈盖着被子还发冷。给妈生火，烟子出不去，妈熏得又是流泪又是喷嚏，只怕要把妈熏死。又是哭。妈还叫着，就哭着发脾气：妈，不叫了，把鬼叫来了，把野牲口叫来了，把你吃了！

唬住一时，唬不住一天。

管了学生管儿子，管了儿子管妈。

妈这样叫唤，夜里还真唤来了野兽。一天晚上，一头老熊来抓门。门是被青香反锁着的，那门被老熊抓出好多道槽子，还留下一泡熊粪。知道的人说这就是老熊抓的。妈若是让野兽吃了，传出去该遭多少人骂。青香只好晚上来与妈同住，备了一把猎叉，用石头抵门，还点了一盏灯。晚上果然有野牲口抓门，青香就一阵高喊，又用木棍敲打脸盆，才把那东西吓走，以后也没再来了。

青香给妈细心调理，找人弄了些偏方和草药。妈不吃药，还是怕花了青香的钱，青香就说是不花钱的草药，像哄小儿几经劝说才吃；每天给妈按摩四肢，一按就是一两个小时，上一堂课后就来给妈翻动身子，端屎端尿，褥疮就慢慢愈合了。实在忙得头昏眼花，精疲力竭了，就听说隔壁红岭乡的福利院可能收费低些，经人介绍，利用星期天去那儿看了看。想若是两三百拿下来的话，咬牙就交给福利院照看。

到了红岭乡福利院，福利院就像个老坟场，杂草丛生，几个死去活来的老人，也像被抛弃了一样。而院长虽说优惠，在四百元上高低不松口，说还得研究，因是瘫痪的，工作人员不肯做。再看看工作人员，有一个女的正在与一老头吵架。老头说那女服务员偷了他的衣服和钱，那女的不承认，口带脏字吼老头。青香感觉不对，不舒服。再一想，妈一生的积蓄八百元，也就只能住两个月最烂的福利院，无限悲哀，扭头就走了。

青香忙里忙外，忙上忙下，消瘦得厉害，吃不香，睡不沉，有一天上课时竟昏倒在石头垒的讲台上。没几天，又昏倒了一次。在妈住在这儿第三个月时候，她到山下的一个村子去磨苞谷面，那磨面坊的师傅看着她，看了半天，眼露惊恐之色，问："你真是牛老师么？"青香很纳闷又吃惊，回答说我是牛老师呀，乌云堡小学的牛老师。"你只怕有病吧？要不肚里有虫？要不一个月没吃饭？"那师傅说，就猜她只有七十五斤。青香踏上磅秤一称，七十六斤。她突然记起自己去年称过一次是一百零五斤，这几月咋只剩下七十六斤？掉了三四十斤！再一照镜子——就是个鬼，骷髅！两个颧骨像两个枪刺，牙龈外露，眼窝深陷，瞎掉的那只深得像个无底洞，从里面能看到地狱。

——我怎么成了这么一副样子？！平常她不照镜的，眼瞎后就不照镜了，也不化妆，早上起来，头发用梳子挞两下，算是梳了头。

心想自己把自己怎么办啊，把妈怎么办啊？那个讨要青春损失费的前夫跑来了。前夫来了，又摆出一副想强奸她的架势在教室门口喊她。可当她一出现在门口时，前夫看着她，看着她，突然一声惊天动地的“妈呀！”，扭头就跑，在下坡时绊了一跤，一直滚到坡底下，爬起来又跑得没影了——前夫以为碰到了个鬼，女鬼。

二哥来看妈，一见到青香，也直摆脑壳，说青香你咋啦？你病了？

青香说没病，就是瘦了。

“这绝对不行，你太辛苦了，还是把妈搞回去！”二哥看着这个妹妹，心疼得不行，嘴唇直打战，说，我回去了叫他们来把妈抬回去。你这样，妈没死，把你累死了，这又何必呢！青香不干，说行，能挺住的，到了秋上再说。

弟弟也来看妈了，他好多了，神情比较自然，拿了好些东西来给妈吃，还有蛇。见了妈，哭着说妈胖了，姐姐你成猴子了。坚持要把妈背走，背到他那儿去。青香也拒绝了。

大姐来看妈，期期艾艾的根本没说妈好坏，只说自己的大孙子没考上大学，跟家里不辞而别，去贵州打工去了，现在联系不上，要家里寄几千块钱，不知是何事。青香知道些外面的事，一听就知是传销，到比神农架更穷的贵州打工，姐的这个孙子只怕落入了传销陷阱。大姐忧心忡忡，听青香一说后更加着急，连给妈说几句话也没说，就连夜赶了回去。

转眼到了秋天，新学年又要开始了。

大哥、二哥、弟弟都来了，他们这次来就是要把妈抬回去的。因为青香多次昏倒的事都让兄弟姊妹知道了，妈有好转，青香体重只剩下七十斤，风都吹得倒的样子。

几兄弟抬走了妈，青香好一阵轻松，又一阵惆怅，也一阵伤感。妈没死在她这里，没死在“寄窑”里，这就是她的欣慰。她所做的一切，都是为了以后不后悔。她也是做给亮子看的。她想到她也会老去，只有一个孩子，以后的老人会更加孤苦伶仃，她要让亮子照着她学，以后对她孝顺。从这一些苦心看，她瘦去几十斤肉，昏倒几次又算得了什么呢。

抬妈的滑竿在山道上消失了。分手时她看到妈望着她，眼角的泪水往下流着，手虽无力，可青香还是感到了妈的温暖和依依不舍。不是妈的手温暖，而是妈感到女儿青香的手温暖。妈不能说话，无法言语，无法紧握，那浑浊的老泪代表了一切。天高云淡，有了寒意，妈下一站该在哪儿享福，哪儿受苦呢？

九

时间过得很快，秋天过后是冬天。山里的冬天来得早，雪一下，就要放寒假了，就奔年关了。

这期间青香回去看过妈一次，妈依然住在她自己当年飒爽英姿亲手带着几个孩子建造的老屋里，三兄弟轮流照料她。

春节回去的时候，大哥的女儿杏儿去医院抢救刚刚回家。大哥说杏儿差一点死了，说是给妈翻身的时候，一用力，一口气没上来，心脏病就发着了。

坳子里有喜庆的鞭炮声。她在学校就想着今年过年要让妈给几个孙子孙女外孙压岁钱，去年妈得病忘了这事。妈每年过年都要给孙子们压岁钱的，虽然是挖药材、捡漆树籽换来的，一分一毛积攒的，可妈没有挪过一次。今年，就用妈的那些钱。死了就用不上了。青香已经将钱换成了一块一块的新票子，每人六元，比过去多一块，六代表大顺。希望大家顺顺利利，平平安安，妈顺顺利利活着，平平安安，这是大家的福气。听到了鞭炮声，心里就有了一些暖意，就与亮子加快了脚步。

除了杏儿外，大姐的孩子孙子没来，二哥的孩子没来，弟弟的孩子也没来，且他们的老婆都没来。二哥显然是与人打过恶架的，眼睛充血浮肿，耳朵上缠着浸血的布带，颈上满是抓痕，头发零乱，神情凶狠悒郁。妈叫得天翻地覆。这一次有三天水米没沾了，一个星期拉不出屎来，是真的疼痛。通过按摩和摸索，青香知道妈身体哪个部位都在疼，是真疼，可能各个器官都衰竭了。妈号叫着，张大着嘴巴，黑洞洞的嘴巴里有几颗没掉完的牙齿，就像大山洞里长的几个钟乳石。大哥这时突然向妈跪下了，惨兮兮地哭喊着说："妈，你不叫了好不好，我也有高血压，搞得不好我要到你前面走的，妈你做做好事！"大家把大哥拉起来，看大哥鼻涕眼泪一大把，怪可怜的。

村长答应拿止痛片来，拿来了，可找他们讨要妈的修路集资费。妈这么叫，他是来交换的，是趁火打劫的。大家看着他手中的止痛片。为给妈止痛，青香还是交出了村长要的九十块钱。村长给青香戴高帽子说，还是牛老师深明大义，基层干部不好当呀，净是得罪人让人骂祖宗的事。又说乡村合作医疗上头在说这事，也不知何时到咱老山旮旯里来，听说一个人交十元。交十块钱你还想报销一千、一万不成，还不是报销点小钱，求人不如求自己……

妈吃了止痛片，声音缓下来了，可嘴还是张大着吼气，是吼，往外吼，好像要把最后一口气吼出来似的。几个儿女站在她床前，看着她这副下地狱的样子，揪着心不作声。

大家看着，突然有一种送别的意绪。这种意绪很奇怪地升到青香心头时，她突然听见二哥说：

“这样下去都受不了了，我看只有把妈搞死算了，让她轻松地走。”

当二哥一说出这句话，好像正好说出了大家想说的，大家都准备好了，好像这是大家预谋的一样，好像他们终于看到了一线光明，找到了一条化解之路，说出子女们心底的话。人人的脸上有一种久雨初晴，豁然开朗的感觉。这层迟早要捅破的窗户纸，被二哥捅破了。

青香心头一震，她听见自己的心脏停跳了。

搞死妈？搞死生我养我们的妈？搞死待我们恩重如山，给我们生命和一切的妈？搞死对我们牵肠挂肚，愿意献出一切的妈？青香突然心寒齿冷，突然看到天变了色，地翻了窝……这种念头我也不是没有过啊，当我背着妈去乌云堡的那天，我想妈若在我的背上滑下悬崖……当老熊抓妈住的那个山洞门，我也曾心头一闪念想过若真的老熊把妈抓吃了，或许是个好事……不，不，不能这样！她看到其他四个兄姊们已经交流了眼光，有一种默契，有同意这种方案的表情……我要反对，否则妈真会让他们搞死的，他们早就有了这种念头，只是没人敢说，现在说出了，开弓没有回头箭，一比四，他们就敢动手了！

“不！不能搞死妈！”她喊，她高喊，她大声喊。

那四个人神色稳定，像吃了定心丸似的，稳定中透出铁似的凝重，凝重中透出狼似的诡异……

“别喊，青香，别让外人听到了……是这样的，”二哥过来抚着她激动得乱颤的瘦肩说，“你看你，你瘦得还有人形吗？妈走的是顺路，她反正也不是个好人了，人总会死的，人活百岁是一死，妈身体好时，妈这两年，咱们五姊妹，哪个不孝？都抢着尽孝，你二哥我的表现你也见着了，良心扪在中间，没一个不尽孝的。妈，妈已活到头了，不能再害我们了，我们都是可怜人啊，种田的啊，再这样下去，一家家都要家破人亡！不是我们心狠，情况就摆在这里。莫非妈不死，我们死几个，她就高兴了？妈不是这样的人啊！妈若能说话，妈若清醒，她自己也不会活了，喝了药寻了短见——这样的事在咱们农村多着哩……呜呜呜……”二哥说到这里，呜呜地哭了起来，流的是红泪——他的眼跟二嫂打架打伤了。

“不！不！妈活着一天就是个人，活着我们还有个妈，死了就是一把灰！”青香哭着说。

“青香妹，”大哥这时查看了一下门闩转来后说话了，“你冷静一下，你二哥说的是条出路，我们给妈治不起病，也拖不得了，都脱了一层皮，为妈，咱们家家的盐罐子都涮干净了……儿女是父母的讨债鬼，前世父母欠了我们的，可今日个，我们给妈倒找了……”

“妈没有死罪！她一个人含辛茹苦当牛做马把咱们兄弟姊妹拉扯成人，咱们不能因她有病就弃了她！这是罪该万死要进地狱的事！”

“妈这个样子她活着就是受罪，”二哥说，“妈走了，我们把她风风光光地送上山，咱们兄弟姊妹还是像往常妈在时一样往来，过年时还是一大家人，还是到妈的老屋来过年……”

“不可能的，妈一走，这个家就不存在了，维系咱兄妹的纽带就要断了，都彻底地各奔东西。这儿，妈这儿，这老屋，就只是记忆了，晓不晓得？！偶尔回来一下，那会相隔很长很长时间。再说，看哪个呀？”

“我呀，大哥大嫂杏儿呀，青香妹妹，你冷静……”大哥说。

“二哥你说得出口，”青香还是把矛头对准说出这话的二哥，她有话要说，她说，“二哥就是妈没把你养大，你耿耿于怀。”

“瞎说！”二哥发脾气了，这触到了他的痛筋。

“就是，二哥你过继给赵家，是爹的主意，妈在你去赵家后，偷偷流过多少泪？经常到你们村去偷偷看你，塞给你吃的你忘了？那一年你去潭里炸鱼，被吓着了，高烧一直不退，病得不行，瘦得皮包骨，妈说你是把魂吓掉了，妈在家天天哭你知不知道？妈爬到这屋脊上去喊魂，喊你的魂你晓不晓得？为你喊魂都是半夜三更，妈说把你的魂喊回来了你就好了，足足在屋顶上喊了七天，七个晚上，说爬到屋脊上头声传得远才能把你掉在山里的魂喊回来……”

二哥哭得厉害了，二哥说：“青香你别说了，这事我记着，妈死了我会天天跪在她坟前磕头的，妈的确是天下难找的最好的妈……”

“都不说了，二哥说下步怎么办吧？”弟弟说话了。

“你也想搞死妈呐，青留？！你为什么搞死妈？”青香一把拽住了又一个目标，“都说不保你，妈是死活要保你这个遗腹子你才生下来的……”

“我就是没看见爹哩！……”青留哭着说。

“妈又当妈又当爹把你喂活了，你今天咋恁毒呢？比虎狼蛇蝎还毒啊？前几年妈能动时喂三头猪，有一头是专为你这个幺儿子养的，你背走了屁都没放一个。高玲（弟弟老婆）前年去武汉打工，把两个娃子丢给妈，带了大半年，过年的时候你说感谢，给妈五块钱扯罩衫，你说妈不需要钱，又不出门，吃穿都在屋里——五块钱扯罩衫啊！……”

“那是高玲那狗婊子做的缺德事，说是我给妈的，不是我！二姐你搞错了！”弟弟哀哀地申冤，“我不想搞死妈的。可不想搞死妈我们都要被妈搞死，没个活路，唉嘿嘿！……”弟弟哭喊得呛咳起来，弯下腰去。

……

说了半天，青香也无话可辩了；她说了一通，憋了许久的怨气也散了，最后被架到廊檐的草堆旁，最后她妥协了——不妥协又怎样，达成一致看法，妈这么活是活受罪，让妈早一点解脱是好事不是坏事。

五兄妹统一了思想，于是磨好羊角七粉，让妈喝下去。

十

三个男人，三兄弟，到猪圈里去磨粉。

不是掺在酒里，而是兑水喝了。兑水喝来得快些。

剧毒的羊角七水已经兑好了。二哥青河说，妈若不想走，说不定这药过量了，把妈的手脚治好了也是大福气啊。二哥因此说这也等于是一次试验。羊角七，这药若适量泡酒，能治风湿瘫痪；用多了，人喝过后，浑身的皮肉就会一块块炸裂，最后悲惨死去。

三兄弟来到黑暗中的廊檐草堆旁，会大姐青梅和青香。

二哥说："哪个去？"

"青河你就去嘛，有劳你了，反正是一下子……"大哥青海的嘴边有火星一闪一闪。

弟弟青留已经躲在墙角里了，青香刚在哭，哭过一阵，昏昏沉沉偎在草堆里。夜风呼呼地吹，在山冈上，在树林里，在屋顶。

"那得签个字，每个人画个押。我是过继给别人的，以后传出去，让我一个人背骂名。"二哥说。

"绝不会的，大家都同意的，这事说好了，千万不能传出去，只有我们五兄妹知道，哪个传出去了，我们就说是他！青河，我们等着你……"大哥在黑暗中把那装满了羊角七水的碗捧递给老二青河。

很大一会，门终于推开了，屋里电灯摇晃了一下，昏黄的光线像浑浊的溪水荡漾起来。

"……把娘摁紧一点……别让她喊啊……"大哥颤抖的声音。

妈正在叫唤，喊，哭诉……

二哥青河闪进去了，可又趑转来，在门口对其他几个说：

"你们……不能帮我进去摁……都不进去送妈一程？……"

风汩汩地吹着，像流着浮冰。二哥青河的声音浮在浮冰上滚动……

他进去，好像下不了手。他哭了，身子乱抖，他把那碗抖抖嗦嗦地放在桌子上，出来说：

“还、还是青留去，我、我心跳得慌，快泼洒了，青留年、年轻些，手脚利索，劲也大、大些呀……”

可是青留畏畏缩缩在草堆里，嗫嗫嚅嚅不出来。二哥就说：

“青留，求求你、你了，这样吧，青留代、代表我们去给妈灌了，这房子就、就给他算了，我、我不要……”

看着他哭，都哭起来。有人要大姐去，大姐哭着说：我是嫁出去的人了，又不孝，妈死妈活只当我没见着……

大哥哭得凶，说青河说的可以，房子以后给青留，要他去……

青留要青香去，说姐妈相信你，不防备你去灌毒的，一下子妈就喝进去了……青香说你们想杀就杀啊，你们快杀了你们过好日子……她已经冻得浑身冰凉，四肢麻木。她很疲倦，很累，只想睡一觉，暖暖的……

青留听说这房子归他，还是有诱惑力的，他居无定所，如今还借住在林场的油毡棚子里。他本来也已经冻得不行了，几个兄姊怂恿撺掇甚至半推半逼地就将他撵进了屋里并且把门带上了。青留去拉门，已拉不开。

妈在号叫着，在里屋。桌上的那碗羊角七水搁在那儿，像桌子长出来的一个巨大的瘤子，发布着厚重的阴影。

“……妈呀，他们让我来毒死你，说你活到尽头了……妈呀，不是我没有良心，这两年为照看您我把老病都犯了，为给您捉蛇也差点咬死，老天是看在眼里的，妈呀！……”

妈用眼睛望着他，望着他，把他记着，颧骨硬邦邦的，嘴唇黑黢黢的，眼眶到底了，可眼里有着热望，那是求生的热望……

“妈呀，您不想死是吗？您告诉我，您是不是不想死？您不想死就摇摇头……”

他看见妈摇了摇头——沉重的头颅好像晃动了一下。

“妈，可你活不了了，他们不叫您活了，没有钱来治你，谁叫咱们是农村人咧，要我来喂您喝这个汤……妈，都说您最疼我，我是您幺儿子，从小没见过爹，您就最疼我……”他想起来，想起妈给他用口吮吸腿疮的情景——“妈，我小时喜欢玩粪堆，腿上长疮，您就用口吸，吸得我疤痕都没一个。您吸了毒疮嘴却肿了，肿得像两块火烧糍粑……我还记得我骑在您头上去镇里看戏的情景，看的是《牛郎织女》，织女被王母娘娘抱到天上，一阵烟雾就上了天，人就升了老高，不知是什么机关，至今我都没弄明白……我被我那流氓舅子棒打后昏迷了五天五夜，都是您守在我病床前，唤着我的名字，终于把我唤醒了……妈呀，我好不孝啊……妈，您疼着我是我没见着我爹，现在我又要亲手搞死妈……哇嘿嘿……”

青留哭着，说着，可他仍下不了手，他端着碗手抖得像筛糠。他想捏住妈的鼻子，一下子就将碗倒入她的口中。但他仍然在那儿踟蹰着，碗沿在妈的下巴前停住了。妈望着他，看着他，像看一个陌生的人。在那昏暗得像下雨的傍晚的光线里，妈突然伸出一只手来，一下子就抓住了那个碗，青留没想到妈会抓他的碗的，妈不是瘫了吗？妈却抓住了碗，青留反应过来去与妈夺碗时，他发现妈的手劲真大，比他的还大，比健康人还大。青留与妈争夺着，可妈已经将药往嘴里倒了。青留拉那碗，碗被妈的牙齿紧紧咬着，就像碗长在妈的嘴里，他撼不动了。

妈咕咚咕咚三口两口就喝了下去，那浑浊的有凶狠药味的水流进了妈的喉咙和身体。因喝得猛，喝得急，药水从妈的两边嘴角往外流，一直流到颈子里，流到枕头上。

“妈！妈呀！”青留嘶声大喊。

碗掉落到地上，当啷一声，碎了。

接着他听见，他们听见，五个子女听见，他们的妈身体发出噼噼叭叭的声音，就像果实炸裂的声音，就像美妙的秋天的声音——他们的妈，皮肉像干裂的土地，一块一块地炸开了。像大火崩豆一样地炸开了。像鞭炮一样地炸开了。

过年了，村里响起一阵一阵的团年的鞭炮声。

这时下起了雪，晶莹的雪片像纸花一样纷纷落下来。风住了，只有雪，在无声地落着，白得耀眼，白得温暖、遥远……

这时候，他们的妈死了。

十一

清明的时候，青香回到了牛家坳妈的坟前。妈的坟是新坟，爹的坟是旧坟。妈的坟上新立了一块碑，碑上刻着：

故显妣梁讳秀英大人之墓

墓的上方刻着四个大字：

万古流芳。

这就是妈的墓碑。

“妈，一路走好。”青香在心里说。

弟　弟

往隘口的路上遗弃着一些倒伏的树，很有些年头了，雪和苍苔盖在上面，根本看不出是什么树。反正已经腐烂了，反正是一些不能当正材的树，枫杨啦、泡桐啦、花栎啦。牛膝藤和火刺几天就把小路给拦起来了，如果人与牛几天不走的话。这儿哪里有人。

“哪里有人？”明生说。

他们站在一个山崖的下面，而更深的下面，是河谷和乱石成群的河水，狮吼一片。徐福气喘得不行了，他脸色苍白，鼻子缩到了脸皮中，汗珠子一颗颗从头发里滚出来。他与明生停下脚步时，听见旁边的一个山坡上的杂树林里，发出噗嗒噗嗒的响声。那是雪被晒化了，从枝条上掉下来，初冬的太阳刚好照到那儿。空气并不寒冷。

“我弟弟真是死了吗？”徐福说，“他凭什么要帮浙江佬砍铁匠木，他死了？”

“那他不是死了，浙江人说的那还有错，就看他在哪一块砍，从哪个岩上掉下去的。”明生说。

“为什么浙江佬不自己去砍，他们要烧炭为什么不自己去砍？”

“他们要照顾窑火。再说，他们是老板。”

“我看他们是些强盗，他们在这里偷我们的树，把我们的树砍光了，人也杀光了。”徐福说。

“人家在这儿烧炭是村长同意的，一个窑四十五块钱，可浙江人说给了八十。”

“那一个窑还有三十五块呢？村长吞了，他吞了。”

“一个窑要出一千八百斤金炭，听说这金炭比金子还贵，全运到小日本去了……喏，那是不是有一堆铁匠木？”

顺着明生手指的方向，徐福就爬上一棵横在斜坡上的树干，想站得高一些看那个山谷。他爬上去，结果青苔和雪让他滑了个倒栽葱。

“徐福！”明生喊。

已经晚了，徐福头先触地。可徐福爬起来，头上顶着雪、枯草和泥的混合物，摇摇晃晃地红麻着脸，像喝醉了一样。

“徐福，你没有事吧？徐福！”

徐福没说话，徐福的确站起来了，拍打身上和脸上。他栽进一个土坑，正是有人多年前挖这棵倒伏的树时留下的坑，好在坑里没有石头，是石头，脖子就要断了，明生就会又背回去一个死人。他是徐福临时喊来帮他找弟弟的。

“我弟弟死了吗？他不会死的，一定是浙江佬害死的。”徐福抓着头上的草茎，哭诉着。

“浙江人不会害人的，我想他是摔死了。”

他们又往另一个方向的一面陡坡下去，那儿的确有一堆铁匠木。

“这儿有铁匠木！”

忽然蹿出来一个人说："这是我的铁匠木。"

那个人手拿着明晃晃的斧头，哈着热气，穿一件红不红黑不黑的破毛线衣，袖子短了一截，毛衣死死地掖在一根黄牛皮带里，使得腹部和前头的裤窗都紧张地凸起来了。

"你知道有一个人摔死了吗？"明生急切地问。

那人笑着摇摇头，露出岔七岔八的黄牙齿。

"我们走。"徐福对明生说。

明生走时又问了那个持斧人："还有没有砍铁匠木的？"

那人拿斧头一指。在头顶，在鹰子变得越来越小，人变得越来越晕的那垛大崖上，岩石直戳戳地、毫不留情地挺着巨胸。

"他死了吗？"徐福说，"我弟弟。他在那个上面？"

徐福惊惊慌慌地看了看上面，又看了看脚下。

"他摔死在这儿！"他跌着脚大喊，并且因为气堵咳嗽起来。

徐福人已经恍恍惚惚了，这样找是一定找不到的。再这样找下去，说不定徐福也给摇下哪一个悬崖。哪儿都是悬崖，在这儿，在神农架，哪一脚下去没有踏实，就会滚下悬崖。悬崖处处跟着你。

"徐福，我们往回走吧。"明生对他说。

徐福一回头，头就僵在了那里："我弟弟应该跟我来了。"

"那不是你的弟弟。"

"是什么？"

"是一只斑羚。"

徐福想着自己的弟弟，是他硬要弟弟去砍树的。他说，别人都去了你为啥不去？弟弟说，他们只出三分钱一斤，而别处六分。徐福说，你不砍你一分钱也捡不到。

瞎了一只眼的母亲腿脚不灵便了，那一年她坐在也是这么一个冬日的下午，手上择着用开水烫过之后摊晒的白芨，对他说，让老二跟你们搭伙吧，我奔不动了。弟弟就住在了他们屋里。弟弟二十多岁了，却还没有哪个女人来找他。家里一贫如洗，除了石磨上搭的那一些旧衣服，就是两个黄桶里装的苞谷，几箱蜂子。今年春天的时候，有两箱蜂子被不知哪儿蹿出来的一群野蜂给全咬死了。徐福自己有两个女儿，一个小时候让村里的土医生打针把耳朵给打聋了，没读一天书，现放几只羊子；另一个小女儿才四岁。时间好像突然间变快了，当妈给他说要让弟弟与他们搭伙时，他突然觉得弟弟是一夜之间长大的，像龙爪花的花茎，像梭罗树苗，昨日还没出土呢，今天就蹿出五尺高了。

弟弟比他还高，像他，很像，一个样子。有时候外人常把他喊成他弟弟，把他弟弟喊成他。只不过，弟弟比他壮实一些，脸上的肉紧些。给弟弟说了两个女人，一个还是徐福的姨妹，可人家看不中弟弟，说穷了，连自己的房子也没有。弟弟在家里已经很让徐福碍眼了，徐福的老婆关了门在屋里洗澡，他的弟弟在门口的椅子上喷着鼻子，像喷两条火龙。他在想什么呢？他又不走远，背上背篓和拿上锄头上山去，避开这个时刻。有一次小女儿正在檐沟里唰唰地撒尿，徐福无意间去看弟弟，却看到了弟弟的眼睛正在自己的侄女身上。那时太阳阴阴阳阳，雾气疏疏密密，一头小猪正在拖一块晒着的猪头皮，徐福喊弟弟："你不把猪赶一下。"他恼怒，又不好声音太露。他的弟弟说："它拖不跑的。"把猪头皮追回来了，又放在墙边的竹晒席上。猪还吃猪，这猪前几天还跟它在一个栏里的呢，真是畜生。弟弟就是畜生。徐福这么想。弟弟谁也没有注意他，就跟在我的后头长大了，他吃生红薯、烧苞谷，也一次吃过两碗烧性大的鹿肉，就长大了。他背东西走山道总是抢在哥哥徐福的前面，他背着个大花背篓，那里面可不是装的猪草，全是苞谷，或是土豆，有一次背三块门方，少说五百斤。弟弟在前面走着，看不见他的头，只看见一个背篓，正在险峻的山道上移动着。有时候想起那些事，他就想把他推下岩去。你只要挨到他背篓，一拨，一个人就会滚落峡谷。后来，他就说：“弟弟，我给你打个屋基吧。”

他带着老婆，在后面几十米的山壁下，给弟弟刨石头，清屋场。他和老婆撬着石头，用簸箕端石头填场子，抬石头码基础。弟弟也干，弟弟很感动，并且想着找两个人两匹牛来踩泥烧瓦。可是一场大雨，山体崩坍，清出的屋场又给泥石流完完整整地塞满了。弟弟说：“我不要屋了。”弟弟从他的耳廓上取下一根烟递给徐福，弟弟爱耳朵上夹烟，递过来时徐福闻到了弟弟那只手上和烟嘴上浓重的酸菜气味。他闻得很生分和排斥，他就说：“好歹你跟他们一起去山西挖煤去吧，弄两个钱，屋基我们在家慢慢帮你挖。”

那年春节一过，弟弟就和村里的四五个人默默地背着换洗衣服走了。弟弟知道了哥哥家里没他的位置，弟弟并不想去，弟弟早晨扛着锄背着背篓上山，无论大雨还是大雪都很有劲，大声地咳嗽和吐痰，把山都啐得啪啪响，可去山西却闷不出声了，像根被雨水泡软的苞谷秆。都知道，前山后村去山西的死了不少，弟弟是没说要去的，他心里肯定不情愿，千好万好不如在家好，金窝银窝不如家里的狗窝。可弟弟没有办法，弟弟塞进去一些破破烂烂的衣服，装进去嫂子给他炕的粑粑，就在正月的一天被雾气和寒寂给收走了。

徐福的心刚开始还揪了几下，看着山路上没了弟弟的影子，狠下心来想，要死就死了吧。大妮子赶着羊安全地上了山，小女的开裆裤想不缝也就不缝，爱怎么撒尿怎么撒，家里就他这个男人，老婆洗澡也不消闩门了。

然而一年后弟弟回来了，就他一个人活着回来了，弟弟回来伴着好几个骨灰盒。弟弟活赳赳地又出现在徐福面前。他说在山西染上了一身的虱子，那里的虱子可比神农架厉害呢。他还是肌肉紧紧的，他在冬天脱下热气腾腾的破背心，一身的煤黑迹，还有肩上深深的紫痕。“可比背篓重多了，”弟弟不经意地说，他说，“那都是拉煤的细钢丝勒的。”他在妈心疼地摸着他的背脊时这么说。

弟弟回来啦，徐福以为他永远不回来了的，死在那儿也好，落户在那儿也好。“是有些女人，可一次要三四十块，转个背就不认你了。”有一次他在屋场前跟几个村里的哥哥们说。

弟弟从他肮脏的耳夹里递过来一支很远地方的烟，然后说：“对了，哥，我给你带了顶帽子。”

是一顶工人呢帽，厚厚的，像鸭舌，帽里面有一圈深红色的塑料条子。徐福照老婆的镜子，发现他很有些气派。他对弟弟说：“看要你破费的，买这么高级的东西做啥。”弟弟说：“就一顶帽子。”

哥哥徐福戴着工人呢帽，发现他自己简直是个村长，村长应该是他。他在家里请春客时双肘放在桌上，戴着那顶呢帽要人家喝酒，完全像是村长。他觉得他很威严的，很有味口的，好像桌上所有人的“三提五统”款都在他手上捏着，不是他请人喝酒，而是别人请他喝酒。

“你们只管吃，酒有的是。”好像村长请县里乡里的干部一样，他简短地挥挥手，帽檐戳在前面很远，遮住了一些很轻贱的光线，使面部隐涂着那种上等人、有钱人的深沉莫测。他背着手在山上走，背背篓负重远行的时候，再热也不肯揭下那个呢布的工人帽子，一步一步地踏在哪儿都是坚实的、满负责的。他觉得是弟弟打扮了他。

挖出来的屋基又一次垮塌了，而且这一次有几块巨石落了下来，你休想把它们搬走。

“弟弟呀，再好的树也总是要被烧的。”他对弟弟说。弟弟只好去砍那些很稀少了的珍贵的铁匠木。弟弟无话可答，弟弟只从山西捡了条命回来了，没有带一分钱回来，那几个死了的人，还每人为家里捞了些小钱，作为赔命的钱……

想到那顶挂在墙上的呢帽子，徐福也要坚决把弟弟找回来。那帽子是弟弟一双满是酸菜味的手恭恭敬敬递给他的，还恭恭敬敬地喊了声哥。

在峡谷的底部，河水潺潺驰骋的边滩上，几个窑正紧贴着悬崖慢吞吞地燃着烟子。

浙江人忽然像一只夜游的花面狸出来了；那个烧炭翁就像个烧炭翁，四十多岁，满鼻子的炭灰使他看上去鼻梁又窄又长，在黄昏里一副很荒的兽相。如果你不走近，你死活也不会相信这川鄂交界的、虎狼出没的深峡里，有从浙江来的人在这儿烧炭，莫非他们天不怕地不怕？

“你们把金炭运到浙江去吗？怎么运到浙江去？”徐福问。

“不是金炭，是金子炭。”

“是金子炭。”

“是喽，是金子炭，我们先用车运到长江边上，运到秭归，再用船运到浙江去嘛。先出西陵峡，再走宜昌，再走沙市，再走武汉、安徽、江苏，从丹徒运河到浙江嘛。”

“再到日本。”

“那肯定。”

一块石头早就在暮色中，在坐下歇息时攥在了手里，现在，一下子出其不意就砸在了浙江人的头上。徐福瞅瞅四周确信只有一个烧炭人就这么下手了。

“……你们在这里破坏山林，乱砍滥伐，把咱们最好的铁匠木烧得一根不剩了，让我弟弟到悬崖上去砍，你们杀人啊！你们这些窑口的木柴兑了几个钱给我们？你们一定是把铁匠木骗了，分文不给，把它们丢到窑口里烧了！……明生，不要拉我，我砸死他，明生，你不要作声。咱把他丢进河里就行了……”

明生没拉他也没作声，石头在一个脑壳上接二连三地砸，黑色的血像曙光一样溅上了岩壁，跟猪血一样黑。

“我要把他砸死的，我要让他赔我的弟弟！”

“你已经把他砸死了，住手吧。”明生说。明生把他拉住了。

那个刚才还头脑十分清醒的烧炭翁此刻正伏在一堆卵石上，手抓住一把茅草，死死地扯着草根，后来，不动了，还没放下那把草。

在弟弟回来的头一天夜里，徐福就被两个警察用手铐铐走了。

他的弟弟原来没有死，背着几百斤砍来的铁匠木，走老林中的小路（躲开林管站的巡逻人员），走了几天，把它卖给了另一拨肯出价的烧炭的浙江人。

徐福是要难免一死了。在十堰监狱的死囚仓里，那天早晨，他吃了几个肉包子，喝了一杯酒，就要去受刑了。在门口他看到了前来与他告别并来收尸的弟弟以及好朋友明生。

“你们是来看我的？这真好。”徐福说。

他的弟弟从怀里拿出一顶帽子，远远地递过来：“哥，我给你把帽子带来了。”他的弟弟还从耳夹上拿出一支烟，统统递了上来。徐福没有手，手被绑着了，他要弟弟给他把帽子带上，就是那顶像鸭舌头一样的呢帽子。

“你给我戴上，你给我把烟也点上。”他对弟弟说。

他的弟弟给他做这些的时候他又闻到了那酸菜味儿。有一阵子，在死囚仓里，他死劲地找自己身上的酸菜味，后来还真找到了，一样的，只是没有弟弟身上的浓，那是一股极不好闻的气味。他们从小就吃酸菜，后来这酸菜味就跑到手上、腋下和皮肤上来了。

“弟弟，你把它戴上，把我这头上的帽子戴上看看。”徐福突然这么说。

他弟弟就把他头上的帽子取了戴在自己头上。

瞧，也神气，他弟弟，那脸上的肌肉像些风吹雨打日晒夜露过的石头，紧瓣瓣光溜溜的，神气十足。他欣赏着自己的弟弟，有一刻好像他就是弟弟，出去了，而不是走向刑场。

“弟弟，你答应我，不要离开嫂子和两个侄女行不行呀？”他说，“你说行不行呀？！”

他的弟弟把帽子从头上掀掀，他看见他的哥哥张着嘴在等他的话，样子很真诚。他点了点头。

“你真的不要离开她们啊。”

这一次弟弟是很认真很用劲地点了两三下头。

“不要取下来，帽子你留着戴，弟弟，不要取不要取，我反正是去死的，不要把它污脏了。”

他在那儿扭动着身躯说话，两个警察就用了些力压他的膀子。并把他往汽车上推。

“让我给我弟弟说几句话，我马上就去死了，我会配合你们的，你们不要勒我的喉咙啊。”他的喉咙上套了根细细的绳子。

一场山雨把半山腰上的小路冲断了。就像一条蛇游到这里被人生生地斩断了头。有人在断了的地方砍了两根新鲜的木头架在那儿，用石块草草地垫了垫，可他们依然要脚板紧扣着那木头，双手攀住岩上的突出部分，怕木头断了或者打个翻滚，他们就将掉下深不见底的河谷。他们往下望着，因为明生说：“就是那儿。”

那儿的窑静悄悄，只有流水像白云一样无声地浮在河滩上，雾气迷蒙，也不知窑火是不是在燃，或者熄了。从河谷里升起一股股潮湿的气流，带着深谷的一股植物腐烂的气味。

“那个人就直挺挺地倒在那里了。”明生对徐福的弟弟说。徐福现在由他弟弟背着，是一个用稻草掖紧了的白瓷坛子。

明生后来听见后头徐福的弟弟噎噎地哭诉道：

“哥，你好糊涂，谁不会回来呀。”

弥　留

爹是在大风来临的冬季告诉我们他快要死了。一个人能预言自己的死期，往往是一辈子修炼、佛法高深的老和尚。可爹不过是一介草民，一辈子与泥土和大山为伍，吃的是苞谷，喝的是土酒，一个从土里扒出来的老人，怎么会知道自己的死期呢？

“我就要去了，要上路了，可这些日子什么也没有。”

他这样说，他要的是什么呢？我们这些后辈百思不得其解，只能听他长吁短叹。他忧心忡忡地望着野外。这样的日子，寒鸦把田垄啼得一干二净，风把石头的皮都要扒下来。常绿针叶树在山上显得如此孤单。只有一些给女娃们染指甲的红枝子果倒是鲜艳异常，招人现眼地在那儿抖擞。

“您需要什么才能上路？”我们问。

老人家摇摇头。

两个路过的乡政府干部见后，断定我爹患上了一种“忧郁症”。这病闻所未闻。两个乡干部说是城里人得的，这病慢慢流传到山里来了。乡干部说，得了这病后，会产生妄想和幻觉，看什么都不顺眼，看天天昏，看地地暗，要吃一种叫“百忧解”的药；那药吃了昏昏沉沉，情绪就好了，看天天蓝，看地地白。

爹只要一碗酒。爹说：

“我能喝进去，就活着，喝不进去，就死球了。”

我们端着满满一碗苞谷酒，酒里还掺了蜂蜜。餐餐如此，哄着他喝下去。可这一次，这一天，他说，他不能喝酒了，吞不下去了。他说：

“硬是吞不下去么。”

他的麻栗色胡子浸泡在碗里，没见浅去，这证明他滴酒未进。他说：

“这酒未必是桐油？”

这是多么伤心的事情，爹要死了。天上大片大片的蓝雾降了下来，从山顶的雪线那儿，忽溜溜往洼子里滚动，气势森然，不可名状。屋脊上的炊烟都被这阵势吓乱了，贴着柿子树的胸径悄悄往沟里蹿去。到了傍晚，归牧的羊群发出凄凉的叫唤，仿佛在为一个即将死去的老人恸哭。晚上，风小了一些，梦呓般的山岚浮在河谷上，和无力的水声一起加深着冬夜的寒意。往田里看去，月下的青桐树干边围着的辣椒梗和苞谷秸秆，缩在一堆，像一些鬼鬼祟祟的野牲口和坏人。

“你究竟要什么？”我们问他，爹。

我们想着，他是不是怕增添儿女们的负担？还是想要的东西太难？你什么也带不去，还要这人世的东西做什么呢？这世上他真的很留恋啊，毕竟有他留恋的东西。可他说：“这些日子什么也没有。”他要的东西多着哪！

我们要把他舒坦地送走，让他最后谢别人世时，得到那一点可怜的喜乐和满足。

奄奄一息的爹滴水未进，但到了晚上，就异常地兴奋和清醒。他要我们别把后门关上了，从那条通往山沟的小路，他死去的亲人会来看他，同他说话的。

他躺在垫有狼皮的褥子里，窜进的风把火塘的火星吹得四散飞舞，梁上的马灯在风中摇晃着，狗冻得簌簌发抖。我们听见了他亲切的说话声。

他说：

“毛娃子！”那是五十年前我们死去的哥哥。

他说：

“傻××，你吃黄豆炒猪尾，我也爱吃。你不能在山上绝收的那年偷老五叔的黄豆，人家是个五保户哩。人家两斗笠大的田，政府划给他的，能收多少，一个孤老，还不是想收点黄豆炒了磨牙齿混时辰。我打了你，你咋跑呢，咋就跳了……”

他说：

“毛娃子，我对不住你。有条猪尾，从你跳崖的那年我就留着，等你回来炒黄豆吃的。我点了那么多黄豆，都在田埂上。我等你回来。毛娃子，有人说你讨野牲口吃了，有人说你流到宜昌去了……猪屋在，你可回来，黄豆与苞谷我都套种了，今年的雨水太重，明年就好了……”

后来，他又跟我们一个死去四十年的姐姐说话。他喊着姐姐的名字：

“银花，你看你，这么走路还可以嘛。你为何含着那根火烧苞谷嚼出声来呢？嚼出声来了，让公社主任发现了，把你妈整个半死啊，那我不打你！打跑了你哥，我打你，手下重了，想把你腿打疼，不让跑，可一打，打断了你的腿。你喊疼啊，我说是装的。那腿就烂了，我用锯子锯你那烂腿的时候，你说你想吃火烧苞谷——你妈在公社食堂为你偷了那一根，就让你这妮子给毁了，你妈到公社劳动去了。等她回来，你不在了……银花，妮儿哦，你回来快烧苞谷吃，快烧着吃，香哩……”

什么黄豆呀苞谷呀，他尽提吃的事儿，他说起他一个舅舅，也叫他的名字，说：

“三刀，你的酒甑子到哪儿去了？公社来没收你的，说酿私酒，你提着甑子上了山。你这个酒虫啊，炒石头喝酒——把石子儿用油盐炒了吮，吮一口喝一口。吮净了，洗了再炒。没吃的。几年下来，一盘石子吮得像珍珠，服了你哟三刀。”

在白天，爹睁着深陷的眼睛，一个个都不认识我们了。端着酒，鼻子不吸溜，像端一碗水去，然后，艰难地摇摇头。

我们抬他出去。在太阳出来的时候。山光秃秃的，田也是。爹摇摇头。

他要的是一条青翠欲滴、叶子覆盖的苞谷路么？他让我们抬着他，一路能看到苞谷蓊蓊地生长，然后到苞谷蹿茎，到苞谷吐缨，到苞谷成熟，然后在苞谷收获的歌声中，在喷香的日子里闭上眼睛死去？

爹在想着，他躺在棺木里，带鞘儿的划手的苞谷叶子，一路扫着他的棺木。金黄的棺木，碧绿的风，暖和而又明亮。太阳就像蛋黄似的，直往他的坟坑里泻。我们就说了：

“爹，你再坚持半年，把酒狠狠地喝了，然后，你指挥我们，明年是种‘老牛牙’呢，还是‘大籽黄’？是种‘美国二号’呢还是咱神农山里的‘白马牙’。‘白马牙’也不错呀，秆儿高，根又壮，不怕涝，不怕旱。早茬儿顶凌下种在三月，五月就算你挺不住了，一种上全是苞谷绿油油的响声，您看忒美的……”

爹点点头。又无望地、苍凉地摇摇头。一个老人，在即将死去的时候，世界是苍凉的。谁也不知道他的心思。人真是捉摸不透的啊。

苞谷路，他一准说的是苞谷路，我们断言。冬日真是忧郁的日子。

远嫁的姐姐回来，骂我们浑，随行带来个西医。可那西医要给爹输液时，找不到血管了——爹饿得已经没有血管了。姐姐给爹熬了一种很稀的苞谷糁子，加了点麝香。麝香是开窍通脉的。爹问：

“这是什么香啊？”

姐姐没好气地说：

“还不是苞谷酒香！”

“哪来有这种苞谷？我种了一辈子苞谷，没见过这种……”

“它叫‘妮子贱’！”姐说。姐又说：“你病得这个样子，还什么人都记得，老舅也没忘哩，记得我么？”

爹摇摇头。

“不记得了？”

我们说：

“姐，你又没死。他只记得死去的人。人越老越记远事。”

“啊呀！”姐说。姐说：“你们别打岔，看我不是在给爹说话哩，我不是在喂我这个有良心的爹吗？！”

姐说：

“你当年就为了三十斤苞谷酒，把我嫁到了南山里。提亲的酒拖来了，你闻了闻酒，臭涎挂三尺长，说：哈，好酒，好酒，至少在地下埋了三年。让我到南山种苞谷，那深山里有啥好吃好喝的？只有种‘妮子贱’，你爱吃吃，不爱吃不吃，咱只当没你这个爹！”

姐姐说着，泪水扑簌扑簌掉下来了，落在那糁子碗里。爹这时倒说话很清晰了，吐出糁子道：

“你还活过来了呢，那几个还没活过来！”

姐偷偷笑了，悄悄对我们说：

“我是在激将他。这老头儿，中气十足哩，好像吃了石子似的。”

姐一笑满脸皱。她这个年纪，已有五个娃儿，南山里山大人稀，计划生育抓不着。这五个娃子因为穷，一个个都在山里刨食；姐姐已有孙娃儿了，满头白发和一张刮瘦如柴的脸。我们至今还记得她嫁出去的样子：大大的头，鸡一样的颈。那一年山洪暴发，没吃的，刘蒿家将几只淹死的老鼠都剥皮吃了。可我们家突然有了三十斤地封子酒，这不是大地主啊？爹见了那个驼子女婿，说：好啊好啊，俺满意。那一年，爹因为有三十斤地封子酒，就被大家推举为村长。上任之初，就带领全村男村民，去追剿一只饿得皮包骨头的饿狼，一直追了三百里地，追到陕西的秦岭，途中饿死了几个村民。

打狼的老村长我爹，现在没了英气啦。姐姐带来的麝香也刺激不了爹。他的眼睛睁得大大的，看着屋外。那些天，能见度少有地好，白茅的穗子一个劲向太阳的方向摇摆，头弯得低低的。太阳呢，太阳一闪就不见了，变成了月亮。冬天的月亮是土黄色的。爹看不见月亮，看得见月光，混在夜空里，靛青色的，带着愁雾，把人家的屋檐和树影拉了过来，拉到他眼际处。白茅和打破碗碗花的絮挂变成了焰火般飞散的冷色，仿佛土地在爆炸，就是这样的。我们希望爹的眼光跟我们的一样，跟我们看到的一样，感受的一样，并且认为这种景色也是很美的，值得人在这个季节死去。

可爹咽不下这口气。

他们叫来了我爹的一个老伙伴叫山顺的。山顺老汉从椴树椏过来，喘着气，他来跟我爹说话。他抽烟。爹让他抽烟。他就说：

“老弟，时下的地膜育种，其实在阳历二月头就可以下种了。在山脚下就是这样。有一年冬天，姚大元试着让竹子出笋，出冬笋，就把锯木场的锯末收来壅在竹园里，壅两尺厚，嘿，还真出了笋——你吃不吃笋哪老弟？”

“今年的雨水太重了。”爹说。

“明年呢，明年你掐算看看？”

“明年我早死球了。”

“你咋会死球呢，老弟，我都没死球你咋会死球？你比我小这个岁数。”山顺老汉伸出两个指头——一个大拇指，一个小指。

爹看着山顺的手，并不惊奇，甚至毫无反应。

“今年的雨水太重，把地都刮干净了，地没肥，还叫地！”爹说。

爹说：

“天晴后，那么大的螟虫，农药它都不怕，也怪哩。”

“你买了假农药，坑农啊！”山顺老汉喊说。

“嘿嘿，农药太多了，认不准。”

“今年我就没下地啦，”山顺老汉说，“儿孙让我不下地，说该休息啦。可人闲不住，想满山走走，这不，来看你来啦。”

“走走？哪片山是你的？走啥呀，树都让人砍得光秃秃了，啥都不长。”

“明年老弟你看吧，明年，定是满山满山的树，满山满山的苞谷，”山顺老汉说，“明年定是个好收成。到时我再来约你，老哥俩去山里走走，说不定还能打下一两只锦鸡和麂子呢。”

“呵呵。”爹说。闭上眼睛。

爹说山顺：

“你倒是个浪荡子。”

“嘿嘿嘿。”山顺老汉像个老小孩一样笑了。

“山好哩，”山顺老汉说，“山如今也热闹哩，冬月又怎样啊，小到一个虫子，大到一棵树——柿子树，热闹着哩。有那么多好吃的，腊肉蹄子，那么高烘起来的火塘，又凶恶又肥大的懒狗，还有懒鸡，懒猫，懒牛，热闹着哩……”

爹没理他。

山顺老汉怏怏地走了，说：

“无救了。”

可叔叔说不是的。叔叔说让咱妈来“劝劝”他。他们的妈我们的祖母已死去多年了，如何让她来“劝劝”？爹这些日子在晚上与鬼的对话中，根本没提到他妈。恨，他跟我们说过：“你们的祖母心肠狠，淹死过我两个妹妹。还是叫我淹死的，我那时才七八岁。”爹说：

“我们从湖南逃荒来一路走啊走啊，没有吃的。爹在半道上患热病死了，没个埋的地方，妈就背着爹，我牵着弟弟妹妹三四个。爹在妈背上就臭了，蛆虫直往下掉。求人给地方埋掉吧，都不给那块地儿，一个人总要五尺地，这可不是施舍一碗粥一个饼啊。没办法，掀到长江里了。那些好心人说，你要地，往神农架走吧，那儿有地，刨刨就成自己的地啦。走啊走啊，走了七七四十九天，还没见到那可以开荒的大山，妈妈又生了个妹妹，没吃的，妈就对我说：你把两个妹妹弄死算了。最小的妹妹还缠着脐带，另一个妹妹三岁。我哪忍心。妈说，你不淹死她们，我就淹死你。我只好倒提着刚生下的小妹，放进一口路边牛饮水的破水缸里。那小妹在水里猫一样叫，没几下就没声了。再提三岁的妹妹，也像猫一样叫。淹死了两个妹妹，我整整一年说不出一句话，哑啦。就这么哑着嘴一直走到神农架……”

这就是爹与我们祖母的全部故事。

在夜晚来临之后，叔叔就从后门里进来了，坐到爹床头，说：

“哥，妈来看你来了。”

爹在黑暗中说：

“可远咧。”

叔叔说：

“又不是咱爹。”

爹说：

“爹不知落脚到哪儿了。”

爹说：

“妈，你就唱个田歌我听。”

叔叔只好捏着嗓子唱起来：

薅了这半天，
客们要吃烟，
烟是相思草，

歇会儿找相好……

爹说：

“老二，别装神弄鬼了。我就要去见妈了。她的坟，在咱地里咧，我的坟……”

“不是选好了吗？就在妈的坟旁。这个你放心，你就是为这个落不下心么？”

“狗屁！”爹发脾气了。

过了两天，大雪飘飘。这日子让人越来越忧郁。爹不是患了忧郁症吗？忧心忡忡的，你要死了，你还这么忧愁。可你过去不是这么一个人啊，爹，过去你是没有小心肠的，心肠硬得像石头，这辈子，没见你叹过气。你说，从十岁起就开始开荒。种了荒，荒了种，在石头里硬是刨出了三亩地，可惜合作化那会儿，咱交了公。是咱在这深山里刨出的地儿啊，咱交了税的。在这块地上，咱打死过一头豹子、一只野猪、十几只山狸和猴子。还与邻家发生过械斗。咱是不怕人的。

爹什么也不能吃，声音也慢慢地小了，沙哑了。

生命就是这么慢慢、慢慢地被阎王收走的。

村长来了。村长一脸的麻木。见过了太多的老人死去，他不以为然。

“噢？嗯。”村长说。村长说：

“老哥，好呀你！你好呀！好你个酒仙，酒都不能喝了。你自己酿的那个酒，带进棺材去。向你致敬，革命到底了。”

又说：

“老村长呀老村长，嘻嘻……”村长怪笑起来。他说：“按规定，老村长死了，可补助三百元，我就是拿钱来的。”

村长放下三百块钱，说：

“还没杀猪么？赶紧杀。还没漆寿材么？赶紧漆，冬天漆难得干。”

“都备好了。”我们说。

“哈，那我就不走了，喝一杯。”村长说。

村长喝着酒，说：

“坟向阳哪，风水师傅看了吗？”又说，“你那是块好地。”他声音很大，怕爹听不见。端了两杯酒到爹床前，递过去一杯，说：“接班人向交班人敬最后一杯酒。”

“我死啊？”爹喉咙细细地说。

“那祝您万寿无疆，永远健康！”

“球，”爹又说，“球。牛傻。”他唤村长。

“啥事？”

爹向他伸出一只瘦骨嶙峋的手。村长疑惑地望着他。

可爹的手又慢慢、慢慢地放下来了，又闭上了眼睛。

村长叹了一口气，说：

“唉！乡领导说了，他患的是忧郁病。城里的病传得可快哪。钱也治不了它。”

村长拍拍他放下的三百块钱，醉醺醺地走了。

我们看出，爹是有话要跟村长说。可他又不说，留着，掐着，就像有满腹的心事。

——爹真的是心事重重了哩，怪爹，怪啊！

腊月的最后一天，鞭炮响起了，过年的鞭炮响起了，爹撑不下去了。我们说：要下种了，苞谷。因为春天蠢蠢欲动，杨柳细瞧时，打了绿苞儿，草根下也有了青。我们故意在爹的床前选种，准备塑料薄膜，好像马上要下地耕墒整田，下苞谷种了。

可爹确实不行了。他那鹰爪般干瘦的手指着后门外，是又在呼唤他死去的亲人？不不。他就是指着门外，想说一句话。他指着，又用手招着。

“村长。”他说。

村长忙得头昏眼花，在准备着年初一给乡领导和税务所长等人的拜年物资。他来后对我爹说：

“你究竟想要什么，你说啊！”

爹指着屋后，屋后。那儿一片缓平的坡地，一棵树，一些泥垄，一些残雪，灰色的垄界植物。

“你要什么啊？”村长加大声音。

“……地。”我们终于听清爹的喉咙深处说出来这一个字。

“地？你不是有地吗？二轮承包时，不是调给你好孬地共十二亩九吗？王三木的九分地，也调给你了，这样，就把你母亲的坟也调到你地头上来了，你老村长也不就满意了吗？”

“那……那不是我的，”爹说，“那是……公家的。我想……我……”他指指自己，指指自己，手放不下。

爹原来是这个心事啊。爹要一块自己的地，属于自己的，不是集体的。他想睡在自己的地里，私人的地！

村长摇摇头，使劲地摇摇头：“我无能为力。”

我们也摇头。当我们明白之后，我们也摇头。这是不可能的，地都是国家的，私人不可能有地。可一个老农民，爹，他一辈子耕种了土地，他想得到的，是一块属于自己的地，睡在那上面才踏实。原来是这样他耿耿于怀，不肯离去啊！

玩　笑

这件事发生在荆芥乡。

荆芥乡是由过去的两个小公社合并的。有一个小公社就在刺客岭上。因为不是公社了，那个地方的一些房子就冷落了。可房子还在岭上，你往荆芥乡走，看到路边不远的高山上，立着些破烂的房子，那就是刺客岭过去的红光公社所在地，就像一个土匪的老窝，一个遗址，一个神秘的寨堡。现在，那儿有一所小学，被风刮得呼呼乱响。有一个老师，三个年级共八个学生；还有个粮食收购站；岭上还有个乡林业站种苗园——当地人叫苗圃，也占了几栋过去的老房子。无所谓，谁占都可以，獾不占鼠占了，你不住，几年后雨水也把它拱倒了。总之，这是个不死不活的地方，住着些人，也不多。是一个奇怪的地方。

学校的老师是个好酒贪杯的年轻人，叫古得胜。人们叫他“古得拜”，说他和那个学校都是迟早要和这个世界“拜拜”了的样子。这个好酒贪杯的年轻人每天两只眼睛喝得红红的，不喝酒也打酒嗝——权作回味。就是这么个人，还每天在那儿正儿八经地写板书，教语文、数学、自然科学和邓小平理论。古得胜古老师通常喝酒没有菜，他有一盘石子儿——是在山下溪沟里捡的，白莹莹的，圆溜溜的，像一盘玉石，也像小洋芋果。没菜时他就把这盘石子儿炒了，放点猪油，吮。吮一颗石子儿喝一口酒。这事听起来像天方夜谭，可千真万确。在这儿教学的两年里，一盘石子儿被他吮得小了一圈，真是只要功夫深，铁杵磨成针呐！

再就要说到粮食收购站的站长那胖子，姓那，那英的那，长着一副佛爷面孔，笑里藏刀，善于整人，当地叫“掰”人。山里本就没什么粮食可收，又只能收一季。这那胖子就整天与老鼠为伍。老鼠是能入定的静物，待在仓库的洞里，成天想些噬人啃物的勾当，那胖子也就沾染上了鼠性，就怎么想着去捉弄别人取乐。站里还有个专门背粮食下鼠夹子投毒药的临时工，大约姓查，长得歪瓜裂枣似的，贼眉贼眼。下了一个多月的雨，两个人夹了、毒了两百多只老鼠，全是背上带黑线的那种鼠，传播出血热的。那胖子说，古得拜这酒麻木（酒鬼之意）也不感谢我们，为他们学校也夹了鼠呢，干脆“掰”他一下。小查说嗯哪，就这两个字，像鼠一样笑着。

山上没有酒，山洪暴发，人也不得下去。下去要走大半天才到乡镇上。这天晚上，那胖子沿着荒草没膝、猪屎遍地的街道来到了学校，问古得胜：

“古老师，想不想喝酒？”

古得胜说：“想啊。”

一个多月没喝酒了，提起酒字，古得胜眼就绿了，馋虫就钻出来了。

那胖子神秘地告诉他，苗圃有人搞来了酒，是从老乡家搞来的，十几斤，上好的地封子酒。他还说亲眼见他们打开过，喷香喷香，但他们藏着，不想给我们喝。

古得胜说："花钱找他们买嘛。"

那胖子说他开口说过，他们不卖。想想背点酒上来谈何容易，下去几十里，还怕洪水冲跑了，听说路上闹野猪。你就是出一百块钱一斤，他们也不会卖给你。

古得胜说那怎么办呢？

那胖子朝小查看了一眼，神秘一笑，对古得胜道：

"我能搞到他们的酒，信不？"

古得胜想，这就怪了，你能偷？便说："偷？"

那胖子说："瞎说！我好歹是国家干部，共产党员，哪能做那种事。不过，我自有办法。"那胖子拍着他肉滚滚的胸脯。

古得胜等着下文。那胖子就问："你晓得白云坳的鲁瞎子么？"

古得胜说："就是那个唱《黑暗传》的？"

那胖子说："他那家伙岂止会唱那些唱本，样样精通，会很多法术，年轻时尽干荒唐事。他会很多稀奇法术，念咒作法。他虽是瞎子，比你我搞的女人多一百倍。（古得胜插嘴：我没搞过女人）我晓得你是个童男儿——鲁瞎子搞女人，就是闭尿。你若不让他搞，他就闭你的尿。他们村有个最漂亮的小媳妇，不让他搞，他闭了那女人三天尿，闭得浑身浮肿，没办法，只好让他搞了。搞了，尿就通了。他还会扫影、隔山、闭山。山一闭，再狠的打匠（猎人）都打不到东西——你看到刺客岭上还有啥？你什么都看不到了，只看得到几只老鼠，都让我搞死啦。搞老鼠也不是那么简单的，问小查我还看到过什么？"

古得胜就问小查："那站长还看到过什么？"

小查说："老虎豹子，豺狼狗熊，一群一群的……"

"瞎球说！莫哄我！"古得胜笑起来。

“咱哄你？你是老师哩，有文化的人哩，师范生哩！我跟鲁瞎子学了闭山咒的，全闭了……我还学了隔山咒，野牲口伤不了我，我也包你们学校的师生无事……我念一个隔山咒你听——”于是那胖子就念了起来：

“立起五台山一座，蛇见蛇抬头，虎见虎伤身……一隔红毛老祖，二隔扫路土地，三隔鹞子和鹰，四隔瘟疫五毒……”

“喂！”古得胜说，“莫装神弄鬼了，你说你怎么搞酒？”

古得胜急的是这个：酒。说实话，他跟几个学生一起，天天吃腌菜，寡淡无味，孩子们苦，他还能拿几个工资，不能这么苦。有酒解馋，那他当老师的信心就会增加。不过，古得胜猜想那胖子是胡诌，吹牛。

“雕虫小技，雕虫小技，小法术，搞碗酒算什么！”那胖子说。

“老那，不怕你说得天花乱坠，神乎其神。口说无凭，举手见高低。”

“这叫隔墙取物，你不信？端公作法能把死人从棺材里取出来让他行走。过去咱神农山里，有赶尸的，赶起尸体日行千里，走得脚下灰直扑……”

“那就是把死人说活的油嘴。”古得胜不屑地说。

“咱们打个赌？”那胖子说。

“赌就赌，还只怕我输了！我要把你装神弄鬼的把戏戳穿！”

“赌啥？”

“你若隔墙取了酒来，我一口给你喝干，气都不换。”

“让你一口喝干？想得美哟！我都想一口喝干。这不行！”那胖子连连摆手。

“那赌什么？”

“两包烟。”

条件这么低？古得胜还以为那胖子会狮子大开口的，他当即就爽快地答应了，承诺是两包黄鹤楼蓝嘴软盒子的，十七块一包。法术取酒的事，他过去听说过，只当是故事，如今这个“奇人”就在身边，就是那其貌不扬的那胖子。古得胜也有点疑惑，说不定哩，说不定哩，说不定深山藏高人哩。年轻人信些稀奇古怪的事也属常理。

那胖子就谈起他的取酒方案，他说：

“取酒是一人，念咒是一人，要分开。念咒当然是我了，这取酒人必须是童子娃，没沾过男女之事的，而且，还要一个大的金边细瓷白碗，其他铁的、铜的、锡的、粗瓷、塑料的都没有用。小查你是不是童子娃？”

小查立即摆手说：“不是不是，我都搞过三个女人了。”

“那这事就古老师最合适了。古老师你……”

“嘿嘿，女人真没沾过。”

“好好，”那胖子拍手，“你来配合我，如取到酒，我们三人三一三十一分，你们看咋样？”

古得胜和小查都点头表示同意。

那胖子说：“古老师还有酒量，这更好。酒量越大，取得越多。人定了，可碗哪……难找啊。我想起来了，有天我看见你们学校后头，杨老倌家，有这种碗，但必须由取酒人亲自去借，那才灵验。这事就麻烦古老师了。”

小查这时好像故意阻拦那胖子说：

“那站长，。这事要是捅出去，说咱们装神弄鬼，你会下不了台哟。”

那胖子一听就跳起来，说：

“扯淡！下不了台又怎样？又没做贪污受贿强奸妇女包二奶的坏事！老子受够了，大不了把我调离刺客岭。可天底下，哪儿还有比这儿更受罪的？你走你走，别管！”

那胖子把小查吼走了。转过来对古得胜说：

“咱们取了咱们喝。你快去借碗，但不许说是取酒的。你当老师的，会编词儿，我相信你！”

又把古得胜给推出门了。

古得胜疑疑惑惑走到那遗弃的街上。种苗园其实就与粮站一墙之隔。他向杨老倌家走去，不由自主。一是想见识见识这法术；二是，心里的酒虫作怪，确实想喝那么两口。种苗园的人又难缠又小气，“取”他们一点酒也活该。

杨老倌住在学校后面的一个下坡地上。杨老倌是个什么人呢？杨老倌是个孤老，谁也不知道他属于哪个村，反正他有几块地，刨的过去公社的一些空地，在断砖碎瓦里种有一些乱七八糟的粮食，还养几只羊。一到早上，就见他赶着羊出了门，手拿羊鞭和锄头。原来有公社的时候，他还有家，有个当地的烂眼寡妇老婆，在门口与老婆对面坐了喝两盅，吃盐蛋，还吃馍馍。估计是北方人，口音不知是河南腔还是陕西腔，或是陕豫交界人。后来公社没了，老婆也死了，就剩下他一个人。公社的人都搬走了，他还在这儿。听说，解放前他是背盐的。有一回从四川背盐往这儿走，在森林里碰上了国民党的残部，把他的盐劫了。回去不好向老板交差，就躲在了这深山老林里，住下就没走了。解放后的多年再回去，家里的媳妇改了嫁，父母已死，杨老倌只好返回神农架深山。

见到杨老倌，古得胜就开门见山说是找他借碗的。他编了个由头：说一个郎中给他调了几味中药，治他头痛的，碾成粉了，要用蜂蜜调了吃。郎中说用什么器物都不行，只能用金边细瓷白碗，否则药力就失了。“听说您家有这碗，看能不能借我用一下，吃了药就还给您。”

那杨老倌听后脸上现出诧异和警觉之色，看着古得胜说：

“那站长也问我的金边碗，是不是打我的什么主意啊？”

“什么？那胖子？”

“是啊？”

古得胜那时还是没警惕，以为那胖子也是为取酒的事来探听过。不仅没警惕，还更加深信不移那胖子真正会法术。于是古得胜就说：

“不是不是，杨爹，我不是去干坏事的，是吃药。”

杨老倌在那儿为难了好半天，最后还是肯了。他是这么说的：

“……古老师你带娃子们辛苦，别人我是打死都不借的，你，我就借你一回。”

杨老倌就从腰带上解下钥匙，进得房中去。古得胜跟了进去。他看见杨老倌从床底下取出一个樟木箱子，心想是拿碗么？碗还放在房中的床底下，放在木箱子里且还上锁？去看个究竟，果然，杨老倌将那锈蚀的锁好半天捅开，掀开箱盖，从一个用旧衣裳裹着的包里拿出一个碗来。古得胜看到，还有几个相同的碗，一共是四个。杨老倌取出一个碗，复又把箱子锁上，拿到堂屋里，古得胜一看，确是有金边的细瓷白碗，精巧得他从没见过。杨老倌小心翼翼递给他，说：

“这是我老爹的老爹传下来的，只是过年才用，古老师可要细点心啊！”

古得胜捧着那碗走到太阳底下，细看那碗，碗底竟有“民国三年醴陵瓷器”等字样。我的天，这可是真正的老古董了。

古得胜拿着碗来到粮食收购站，那胖子看看门外，赶忙把门关上了。他搬来一个半人高的歪歪叽叽的凳子，放在离墙一尺远的地方。墙那边就是种苗园的仓库，酒就在那里面。

他要古得胜爬上凳子，左看右看，又说矮了，酒来得少，离地越远越有仙气，咒越灵。又去找来了一张凳子叠在那凳子上。爬上去就有点难了。还是摇摇晃晃爬了上去，那胖子再将碗递给古得胜。古得胜感到他快顶到屋梁了。那胖子要他双手扶碗，顶在头上，就像玩杂技。那胖子手拿着一根竹棍，指挥古得胜站着，站笔直，心不二用。那胖子对他说：

“你只管一心默念：何以解忧，唯有杜康，何以解忧，唯有杜康，是酒拿来，让我喝光。你反复念一百遍之后，我再开始作法念咒，只要心诚，不到三分钟，酒就会往碗里灌。”

古得胜头顶着碗，高站在两个凳子上，开始念“何以解忧”。念到大约四十遍，突然大门被轰地推开，古得胜看到，推门进来的是他的那群学生，七八个人，全到齐了，还有种苗园的几个人。这些人突然而至，如潮水一样，涌入屋子，看到古得胜在高空中玩杂技，爆发出了狂笑声。

古得胜在高处头脑轰的一下，也就清醒了：这是一出恶作剧！狗日的那胖子，捉弄我的。那胖子呢？那胖子捧着个大肚，已经笑得弯下腰了，蹲在地上。可怜的古老师，这下子颜面扫地了，站在高处，动不得动，下不得下，头上还顶着个碗。咳！这酒馋的……丢人现眼，为人师表，传扬出去，就成了天大的笑话！……古得胜在凳子上急得当时汗就滚滚而下，又想要急于下来，恰好凳子又被拥挤的人撞了，自己也支持不住，就听哗啦啦一声，古得胜连同叠起的凳子一起摔了下来。这一下古得胜可摔得不轻，腰摔扭筋了，头上的碗落地，摔成了几块，还划伤了他的手，鲜血直流。

那胖子呢？那胖子跑到街上，正与那个小查相拥，笑得前仰后合庆贺他们的恶毒计划得以完成呢。

正在疼得哼哼叫到处找包扎伤口的东西时，杨老倌闻讯赶来了，看到自己破碎的碗，至少七十大几八十岁的老人竟像天塌了似的，呼天抢地号哭起来。那可是真正的惨了。这个从来就木木呆呆如石头的放羊人，还有这么多的眼泪，还有这种哭的功能，所有人都看着他坐在地上，两手各拿着碗的碎片，想让它复原的样子对比着破口，哭喊道：

“我的碗哪，我祖宗传下的碗啊！我的碗你哪么破了的呀！……”

他放下碎片，伸出四个指头向众人哭诉：这是四个碗，现在只剩下三个了，几十年了，我都不用的，只有过年时给爹妈祖宗“叫饭”时才拿出来的，“叫”了饭就收回箱子的，我这不得活了……

当时大家就是这么听他哭诉的，他说他不得活了，说“我哪么活得过来啊”。

一个碗也不至于“活不过来”吧？古得胜就说杨爹我赔你，我赔还不行吗？多少钱我赔你，不就是一个碗吗。可杨老倌摆头，像牛生了病难受一样的摆头，不停地摆，摆得无声了，哭得累了，坐在那儿。

古得胜和几个学生把他扶回去，扶回他家去。可他要坚持拿上那些碗的碎片，用手拿着，每一小片也不可落下，放在破碗里，踉踉跄跄、站立不稳地回去。然后古得胜叫上那胖子，到杨老倌家商量赔碗的事。

他们商量赔五十块钱看杨老倌干不干，那胖子二十，古得胜三十。杨老倌不干。一百！那胖子四十古得胜六十，杨老倌还是不干，还是牛一样摆头。

那胖子吃着烟小声给古得胜说：这碗若是放到外面卖，至少五百，文物啊。古得胜说：你明知道这么金贵你还搞这种臭事！那胖子说：无聊嘛，已经发生了，怎么办呢？原只想出出你的丑的，哪晓得你把碗摔破呢。

“那我赔两百，你赔三百，”那胖子说，“只当打牌输了大和。”

古得胜一个月的工资还不到三百，学生的学杂费他还垫了几百块没收回。可是，面对着杨老倌这个样子，好像魂不在身了，被人抽了筋去的样子，也就只能这样办了。

他们说出了五百。

这个数字可以在当地买一栋房子。可是为了安抚这个可怜的孤老，闯下的祸得擦净屁股。

杨老倌的声音很微弱了，头也摇得很微弱了——他依然不肯，依然摇头喃喃自语地说：“我活不过来了……我活不过来了……”

就是这样，他说，他活不过来了。

只凑了四百块钱，古得胜还差一百块。他们给杨老倌说了，说这余下的一百块等山洪退了古得胜下山去，领回工资就给他。

活过来活不过来，四百块钱很快就放到了杨老倌手上。他不要，他们就把他的手攥拢，让他攥着那钱。他们看杨老倌情绪慢慢平静下来，又烧了一锅腊肉炖洋芋，种苗园的真的拿出了仅剩的半斤酒，把杨老倌架去，给他敬酒赔礼。杨老倌喝了几口，吃得很少。几个人你一句我一句劝他，说破了的碗是不得复原的，那胖子、古得胜都表示以后到县里或是十堰出差，给他配一个相同的碗，应该说这种金边细瓷碗城里肯定有的。古得胜甚至说，我给您买八个回来送您。

可是那天晚上，就是那天晚上，杨老倌不知怎么从屋里溜出来，不知从哪个角落里偷到了收购站毒老鼠的药，喝了，死了。

第二天的下午，因为他圈里的羊叫得慌，有个学生在课间休息时经过那里，去看咩咩哀叫的羊，结果看到了杨老倌软趴在羊圈里。这学生就赶快去喊古老师古得胜。古得胜飞快地跑来一看，杨老倌已经死了，满羊圈一股鼠药味，他面前，就是那几块碎瓷碗。

农妇·山泉·有点田

一

以下的故事有些我知道，有些我并不知道。不知道的事情都是我哥哥梦中告诉我的——一直以来，我都以为我与我哥哥有某种灵犀，仿佛是一个人似的，谁叫我们是孪生兄弟呢。事情的来龙去脉大致是这样的：

三年前，母亲死了。母亲在田里干活，一块石头砸下来，死了。当时还请了山下很好的老中医来看过，喝了大粪和童子尿，母亲还睁开了一下眼看了我们哥俩，后来就死了。母亲死后，爹疯了一阵子，把田里的庄稼全拔了。我跟哥哥商量着就准备出去打工。我们山谷有不少人在河南挖煤，我们也准备加入那个队伍。给爹说了，爹那时候吃了些药，病情控制住了，点点头算是表示同意和给我们送行。我们从羊家村出发，沿着落羊溪河岸，跟在一群光屁股的纤夫后头，一直走到十堰，再坐火车到了河南挖煤的地方。

走的时候，鲍家姊妹一人给我们绣了一条汗巾，说是擦汗的，上面绣了些喜鹊梅花的图案。当然也像是樱桃。每到春天来临的时候，哥哥就拿出那汗巾说樱桃开了。因为鲍家门口有一棵山樱桃树。樱桃开花早，花事很盛。每当樱桃开花时，一定是春雷滚滚的三月，细雨润物的三月，哥哥就使劲地抽着鼻子说：樱桃的花好香。他一定会丢下手中的农活去看鲍家的大女儿鲍早霞。

哥哥拿着汗巾说了三年，三年没回去。这怎么也说不过去，然而事实如此。甚至三年没有和自己的意中人通书信来往。但是有一次，爹来鬼鬼祟祟地看我们，后面还跟着一个派出所长的老婆。那个女人是我们出了五服的三表姑，我们叫秀三姑。爹见了我们，劈头一句话："还活着啊！"——这是什么话！爹说是随秀三姑来河南办什么事的，要我们给几个钱。爹的疯病好了，这是我们高兴的。还带来了鲍家早霞、晚霞的口信，说是希望与我们哥俩尽快把"会头过了"（就是办喜事）。哥哥很高兴，说总得把房子修修，两张新床总得打吧，就给了爹五百块钱。爹拿着钱就与秀三姑一起走了。

回去的时候，情况并不是这样，爹跑了。爹扔下孤苦伶仃的奶奶一个人跑了。哥哥走进自家房子里的时候，房子歪歪欲倒，就像全家人都去城里打工去了一样——凡是全家去城里打工的人家，房子都是这么一副七歪八倒的破相，门前荒草丛生，草中小兽扒出的浮土成堆。还不止这些，哥进村的时候人们一副异样的眼光看着他，说："大双还是小双？"当证实是大双之后，又说："活着呀？你究竟是人是鬼？"热气腾腾走得大汗直冒的哥哥惊诧得不行，我不是个活人么？他就说："我不是个活人么？"那些人说："唔。真还活着哪。"他们握他的手，手上是热的，还一股子狐臭味，这是大双小双。他们说："唉。"哥哥万分不解。可一想也是，山谷里有几个死了。到煤矿活着回来也不易。就给他们说："我跟小双下矿井，是分开班次的——他下我不下，我下他不下，万一有事，总有一个可以回来。"可他们说："说是你们两个都死球了哩。"

咒人死的人不得好死。哥哥心情极坏地走进屋子里，从黑暗中伸出一双死尸般的手，还有个死尸一样的声音说："大双，是大双么？大双真回来了？……"这就是奶奶。奶奶已经没有了人形，花白的头发一团一团的，没有牙齿支撑的嘴巴和腮部，已经变成了泄气的皮球。奶奶说："给我口水喝。"奶奶说，她有三天没吃没喝了。没人给她吃喝。她摔了一跤，爬不起来了。奶奶说，她经常挨饿，经常病，起不了床，就这么饿着，连家里的狗也饿死了。可人是顽强的，奶奶虽然三天没吃没喝，却吐字清晰，看人准确。如果不是哥哥回家，她会三十天没吃没喝么？就算三十天没吃没喝，奶奶还会活着。这就是咱山里的人，跟石头一样坚强的人。

爹不见了，修理过的房子呢？新打的床呢？没有。哥哥就说："奶奶，我是给爹五百块钱了的啊！"奶奶说："鬼的钱，连一头猪都被你该死的爹背走了，这个奎友贱鬼呀！"

"我跟您去找您的贱鬼儿子奎友回来！"哥哥说。

他就去村里问，看爹奎友是到哪儿去了。走出门去，狗都咬他，都是些新狗，不识人。有一家人家正在放鞭，听说是生了娃儿，请客坐流水席，派出所长也来了，就要我哥大双去喝一杯。大双盛情难却，上了二十块钱的人情，正准备进屋，派出所长出来了，姓艾，大家私下叫他艾滋哥，脸上长着许多疱疹，鼻子发紫，牙齿发黑，常年吞云吐雾，连舌头都是黑的。这个长我们一辈的派出所长见到我哥哥，眼睛睁得大大的，嘴咧得开开的，牙缝里夹着绿英英的蔬菜，说：

“鬼啵？”

我哥哥吃得很难受，艾所长又拿很难听的话取笑他，主人看派出所长的面子，赔着笑。派出所长说的很恶毒，大意是说那么多人死在窑里了，你为何活着回来了；还说，说死的没死，没说死的死了。

我哥哥当时还蒙在鼓里，直到他去了自家的田里，才明白了事情的真相。他走到自家地头，有两亩多上好的阳坡地，一挂流泉从石上逶迤下来，田土被泡得松松的，苞谷苗比别人早出半个月。田里果然出了苗，迎风摇曳，绿得让人直想流泪，想都没想究竟是谁种的，爹或者奶奶。可有人从山石背后钻出来了，竟是邻家的梁毛子。

“大双小双呀？”

那梁毛子竟一屁股跌坐在地上，眼睛直了，好半天吐出一口气来，摇摇晃晃站起来，拿上锄头，说了声：“我中了圈套了！”就飞也似的跑下坡去，眨眼就跑得没影了。

我哥哥甚为吃惊，恰好上来个打柴的人，就问刚才梁毛子为何躲着他，说什么中了圈套？那人想了想说：可能是他见你回来了，这田又要回归你名下。我哥说：“这田给了梁毛子？”那人说：“哪不是，都说你们死在河南了咧，你爹疯了也不见了，田就给了毛子种了，这可是一亩顶十亩的好地啊，哪能闲着。”

我哥望着碧绿的苞谷苗，这地成了他人的地。我哥哥前思后想，不是个滋味，地旁有妈的坟，坟塌了，青草黄草杂乱，我哥哥就跪在妈的坟前好一阵痛哭。哭过之后又用泉水洗了一把脸，决定去野羊尖鲍家。

二

应该是第二天。

应该是第二天吧。这天夜里，雷声轰鸣，好像世界要翻覆过来一样。我哥哥是送走了梁毛子，雷才开始打的。梁毛子是个可怜虫，爹死得早，娘又再嫁了。娘想管他，后爹打他，从小在外乱窜，与我们年龄相仿；后来是被他的舅舅找回来的，村里二轮承包已经分完了地，村长就说等谁死了划地给你，就要他吃百家饭，像个小康工作队队员一样，吃派饭，到了吃饭的时间，只消拿个碗去别人家就行了，点着吃，有腊肉吃腊肉，有活鸡吃活鸡，你若不干，就找村长来，大家恨死他，巴不得他得急症死了，或吃鸡让鸡骨头卡了喉咙。奇怪的是，那几年村里没死一个人。可如今回来，我们哥俩成了死人，田给了梁毛子。梁毛子怕我们哥俩，那时因他偷吃我家一只鸭子，揍过他，揍服了。梁毛子就来给我哥哥说：地我退了，损失我找村长算去，还给我哥拎来了一块麂肉。后来雷就打起来了。

这个晚上的雷声是我哥哥听到的最不安的雷声。在我们落羊山谷，是个雷暴多发区，只要打雷，那一定是惊心动魄，电光闪闪，火球滚滚，树啊，人啊，畜啊，谁沾上谁亡。雷本来是最好的，漫长的冬天过去后，雷会把阴暗潮毒的秽物彻底打跑，让阳光春光回到这遥远的山谷，让河水解冻，土地酥松，墒情暴发，万物昂扬。听着这山谷的雷声，还夹杂着雨的欢歌，躺在暖和的被窝里，重回故乡的感觉应是无比安逸的，就像一首歌所唱，像回到了母亲的怀抱。可我哥哥听到那尖锐严厉残忍的雷声，就像是自己的心肝放在磨刀石上来回揉搓撕刮一样。风在狂烈地吹着，下起了冰雹。雷还不走，在村子上空无耻流连，像个无赖，寻找着下手的目标。

我哥哥认为这雷是冲着他来的——有一忽他这么想，可我哥哥没有找到他被雷打的理由。我哥哥跟我一样，都是个善良的人，三年暗无天日的煤矿生活，在坚持不下去的时候，我们就会念着“农妇、山泉、有点田”互相鼓励，这一切，都是为了这个目标，赚点钱，回家娶个媳妇，养儿、种地、过日子去。

第二天，是雷暴过后的寻常日子，天晴了，田野和山谷清亮过人，云彩像洗晒过的棉花，远处的山峰历历在目。而且植物的气味会更重，开花的花蕾只要晾干了水珠，就会绽放出来，碧绿的叶子会更清纯，像少女的羞涩。猪在烂泥里叫得欢，牛铃的声音亮晶晶的，村庄像天堂一样干净美丽。哥哥向野羊尖走去时，在路边看到一棵被雷劈断的巴山冷杉，烧得黑乎乎的。他的心情本已经被早晨弄好了的，看到那树，又惴惴不安起来，并且心跳突然紊乱，这时，就看到了鲍早霞，我未来的嫂嫂。

我未来的嫂嫂为什么这样子呢？我未来的嫂嫂烫了发，还染了，染得黄麻拉叽，嘴巴上亮晃晃的，好像拔过胡子一样，一看就是个妇人。最要命的她是从山上下来的，敞着怀，两个松松垮垮的乳房在毛衣里乱蹿。我哥哥怎么想呢？我哥哥想过一千次，看到的早霞应该是像初升的早霞一样出现在樱桃树下，眼波如泉水，微露尖细的米牙，可能会对着山下唱两句晃晃悠悠的山歌，一定要带着让人心痒的神秘和调皮，当然了，还会有一丝他所理会的放荡。一个女人不放荡，就简直不是女人。

哥哥说：“早霞！”

那早霞正埋头爬坡，听到一声熟悉的唤她名字的声音，就站住了，抬起头，看到逆光里的我哥哥，大双。

“你……你！……”

早霞盯着哥哥，上前来，抽了他仨耳光，说：“是真的？”

早霞的手打麻了，一下子抱住我哥，悲也似的大哭起来，还找他的嘴，要亲吻他，安慰他。

我哥哥被她的动作搞得连连后退，差一步就要退到悬崖边摔下去了。我哥哥推开她，远远地打量她，带着愤怒和遗憾打量她，说：

“你从哪儿来的啊？”

“我问你从哪儿来的？”

“家里。”

“我也是家里。”

“下面？”

“下面，你还活着呀大双，我已经死了，我嫁了个老公叫艾滋！……”

这是一个晴天霹雳，一个晴天霹雳就是早霞的话。

他们互相搀扶着上了野羊尖，野羊尖的樱桃蔫了，野羊尖的鲍家老屋，弥漫着一股腐臭，他的未来的弟媳——晚霞双腿溃烂，眼睛已经瞎了。

“……我每天早晨都要上山来，取下在树上接的露水，为晚霞洗眼睛和双腿的。”

早霞从那要死不活的樱桃树上，拿下一个大盘子，那里面存积着晚上收集的露水，来给晚霞洗眼睛。可是晚霞在号叫着，捂着她的腹部。她萎缩的双腿流着奇怪的黄水。

我哥哥越来越感觉不到真实生活的刺激，他像在噩梦中迷路穿行一样，听着一个年轻女子的怪号。另一个花枝招展如女妖的女子手拿着从山上承接的露水，为这号叫的女子擦洗着眼眸和身子——而这女子已经病入膏肓。

“哥哥，大双哥哥……”这个女子喊他，声音带着痛感。

“你会好起来的。”

这时她们的父亲，一个瘸腿的老男人蹲在门槛上悲声大哭起来，手捧着干瘪的脸腮。他这一哭，把我哥哥弄得更加惶惶不安，心里尤其难受。

“啊呀！……哇呀！……”

狗也汪叫起来。

“没有用了，怎么都治了，没有用了，家产都败完了……”早霞伤心地说。

后来，因为那个老男人的哭声止不住，早霞也被勾引了，哭声从喉咙里冲了出来，同时捶打我哥哥的肩膀：

“你呀，你呀！砍脑壳的，都怪你们俩兄弟呀！……”

事情是：在我们去河南打工的第二年春天，樱桃花开之后，早霞就想去找我们。于是姐妹俩就去了河南。可找不到具体的地方，只好坐火车回到宜昌，在宜昌碰到一个神农架的熟人，那熟人就神说鬼吹要姐妹俩去福建上班，说是一个月吃了喝了一千块钱，还不加班。早霞不为所动，晚霞动了心，就与几个兴山、秭归的女孩子一起跟那人去了福建。在一个小鞋厂里上班。没想到半年以后就开始头晕、呕吐、肌肉发颤、萎缩、视力下降。没撑到年底就回来了，回来眼就看不见了，不能正常走路了。后来找对方赔了三万多块钱。这钱治病也花完了……

早霞讲完这些，无望的、无神的眼睛看着门外，解冻的泉水在屋后流向前面的悬崖，发出欢跳的碰撞声。春风像一个孩童，在森林里左一下右一下地奔跑着，躲藏着。那声音像一个遥远的梦境。

我哥哥说："是所长带你去要的钱？"

早霞说："是。"

我哥哥说："是你们两个去福建？"

早霞说："是。"

我哥哥说："那时还是你干爹。"

早霞说："是。"

我哥哥说："那时就出血了。"

早霞说："大双，你说什么呀！"

我哥哥说："他要你出血，我也要他出点血！"我哥哥咬牙切齿地怒吼说。

"我有血吗？"晚霞问。后来她又坚持地问了几声。

门外的春风依然和煦，还带着阳光的明亮。狗这时向山冈狂吠，他们看到山冈上出现了一些从冬眠中醒过来的野兽的影子，也许是熊，也许是别的。反正，春天来了，这是事实。

"……当时，都说你们兄弟死了，瓦斯爆炸。四呆就来找我提亲……"

"哪个四呆？"

"老艾的侄子，咱们的同学，毕四呆，毕家山药材场的。每天死缠，还唱歌，彩礼都挑来了。老爹就要我求老艾，找人整了三桌酒席，拜他成了干爹。老艾就应允了，就把四呆抓去了……”

“打了吗？”

“那还不打。”

“现在他在哪？”

“好像在巴东长江码头挑磷矿粉……”

三

我哥哥感到他成了无家可归的人。就在这天，在这野羊尖上，望着茫茫的、乱石滚滚的落羊山谷，四周的山峰直插云天，野羊咩咩地哀叫着，狂乱的春风在河谷里奔窜，四处驱赶着那些好好的腐叶和陈年的果球。成群的苍蝇和蝴蝶在寻找着花朵，忧伤的山歌从一个牧羊老汉的嘴里浑浊地发出来。

他在一个路边酒店喝了两杯苞谷酒。那可是咱山谷地道的苞谷酒。他想先去找父亲，我们的爹奎友。想问问那土地的事，毕竟爹是户主嘛。

爹就藏在山里面的毕家山药材场，与那个老艾的老婆秀三姑过。

我哥哥从一个死火山的底部往上爬，看到了许多搅乱心思的鹰，它们的爪子上都抓着猎物，不是蛇就是兔子，或是小羊。这时候，他看见一只鹰和一条蛇在空中搏斗。那蛇虽然在老鹰的爪子下，可身管粗大，死缠着那鹰，鹰突然摇摇晃晃起来，忽高忽低，最后一头栽了下来，栽倒在死火山口里。“它被毒蛇咬了！”我哥哥这么想时，就想人是要反抗，要毒一点，要咬那些浑蛋一口。他想，如果我什么都没有了，连老婆都被别人占了……

我哥哥带着混乱的大脑和疲惫的身心走到毕家山药材场。这是一个十分偏僻的山坳，在巫山雁门口的旁边，平常只有采药人和猎人才会踏足此地，可它也生长着奇花异草——它们全是上等中药，如党参、灵芝、三七、雪胆、红景天等。山上依然有残雪，因为这里海拔很高，空气凉丝丝的。他后悔不该让早霞回去，如果让她陪他来见爹，兴许心情会好一点，他没有想到为什么艾所长过去的老婆会跟爹在一起。直到走到村口，碰见许多恶狗，他才突然想到这个问题。可一个带路的老头却不走了，说："你自己往里走吧，千万别说是我指的路。"我哥哥问："为什么？"那老头说："如果我把陌生人带来找他们，特别是那秀三姑她是要把我撕烂的，她沾染了一些坏习气，还以为自己是所长老婆呢。"

我哥哥走进村子，在一个山坡上的一间木屋里找到了我爹。我爹见到我哥，面部肌肉开始抽搐起来，好像疯病要犯了。这时秀三姑进来了，用身子挡住我爹，恶狠狠地对着我哥哥说：

"你想干什么？"

我哥哥说："我的地没了，我们的地没了。"

那秀三姑说："我的家还没了呢，"说完就扯下自己的衣服露出两个煎蛋般的垂奶来，"这都是老艾这狗日的打的！"

我哥哥看到秀三姑胸前、背后，全是紫色的伤疤，乳头都好像咬掉了半边。我那爹这时也站出来说：

"你想让老艾来抓我们？"

据说我爹操起小薅锄，就来薅我哥的头。他已经是愤怒和烦躁到极点了，终于疯病犯了。我哥躲闪不及，肩膀终于被他重重地薅了一下，差一点倒在地上，那后果就严重了，我爹会把我哥碾成齑粉，reach成烂泥。我哥哥跑出门去，门口的钉子把我爹的衣裳挂住了，他在那儿挣扎。秀三姑这时不拉我爹，反倒教训起我哥哥来：

“你要娶的那个小骚 × 啊！她自己把自己送上门，天底下没见过这么贱的贱 × ！你不去找他们倒来找我们呐？你不能把那贱 × 鲍早霞一顿死打？”

我哥哥说：

“我凭什么打她？你还不是跟我爹跑了。”

我爹挣脱不了钉子，暴跳如雷说：

“大双，有种的把老艾杀了！”

我哥哥说：

“应该把你杀了，你诓走我和小双的五百块钱，你为什么不告诉我们真相？你还把奶奶丢了，把家里的承包地丢了——我们明明活着，你为什么不告诉村里？你现在在这里逍遥自在，真不要脸！”

看热闹的人多了起来，全是那些种药材的临时工，有从陕西来的，有从重庆来的，有从四川来的。我哥哥看那些人巴不得他们父子打起来，没一点劝架的意思，就捂着受伤流血的肩膀赶快溜了。

那天晚上我哥哥躺在山上的一个岩洞里，呜呜地哭了一场。天气很冷，他决定还是到野羊尖鲍家去，去候早霞。他怀揣着五千块钱，是准备回来与早霞办喜事的，这钱带在身上，像一钵开水，让他很不自在，生怕碰到了打劫的，就是不怕死豁出去了，自己身上没有家伙，对付不了别人，钱抢走了不说，说不定还会赔一条命去。

他不想死，我哥哥。还没有到非死不可的地步。这一步是很难达到的。在煤矿里三年，每一天都是在地狱里煎熬，现在青天白日，更没有理由去死。我哥哥捡了根粗大的棍子，摸夜路上了野羊尖。还好，还没碰上坏人和野兽，跟鲍家父亲挤了一夜。第二天，早霞又来了。

再回过头来说这一夜。这一夜也是煎熬。

晚霞的号叫声那是相当瘆人的，如果只是与她在一起，你一定会吓个半死。在这荒山野岭，一个年轻女子的惨痛声音忽高忽低，忽大忽小，忽亮忽哑，你怎么也睡不着的。如果要说有鬼的话，这女子就是鬼，活鬼。可另一头的她爹却睡得相当瓷实，呼噜像深沉的林吼，非常的有节律。我哥哥爬起来，帮晚霞揉肚腹，给她糖水喝。他看着这个瞎子，这个未来的弟媳，心乱如麻。他找到她爹的烟叶点燃了一锅，吸得呛咳不已，又拨燃火塘里的火，坐在火边望着柴棍在火里燃烧，发出好听的声音。他想，就是为了弟弟，也要把她送到医院去医治，不然弟弟回来会怪罪我的。这五千块钱也没啥用了，如果投给晚霞，治得稍好一点，让早霞感动一下，回心转意，日子还是不错的，我不在乎她跟谁结过婚。在神龛上面的相框里，有早霞和晚霞的照片。那个扎着辫子的、围着围巾的、被照相馆的强光照得小了一圈的早霞，就是他心中的仙女，认定了的老婆。他还无法接受这个现实，早霞成了他人妇的现实。他还抱着一线傻乎乎的希望，以为一切都会回到过去。

“应该给她治。”我哥哥对早霞说。我哥哥突然从怀里拿出那个用煤矿的信封装的五千块钱，放到桌子上，同时扣着衣扣说：

“这些钱总能治治的。”

他拿这些钱出来的时候，早霞看见了他的每个手指甲周围还有无法洗去的煤迹，指壳肥厚怪异。他的鼻子两边也乌黑。早霞不同意，早霞说那是花冤枉钱，谢谢你的好意。这钱我们鲍家不会要你的。她还说我没欠你们的，没收过你们羊家的半分彩礼。这很对，可我哥哥铁了心。越是这样推辞越让我哥哥坚定了决心。钱就这么定了，下一步就是行动。他背上晚霞，就这么背上了晚霞，往山谷里走去。

四

也许是绝望吧。我想。我哥哥那时一定是绝望，三年等来的绝望。不过他这样想，三年前早霞晚霞都像照片中一样水灵，像两棵鲜嫩的白菜，一碰就碎。可现在呢，一个嫁了个长辈，一个残败了——神农山区的妮子们可一个个都是水灵灵的，水好，皮肤就好，然而走出去，什么也没换回，却换来了一身残败；外头就是残败你身子的啊！我哥哥背着晚霞，背着一个腐臭的身子，一步步地，哥哥背着她往县城走去。

景色是依人的心情而出现的，或者说什么样的心境就有什么样的景色。落羊山谷的雾上来之后，就是雨下过了。这儿的植物绿汪汪的，茶坂上，满是那种给人营养的奇特芬芳，仿佛死在这里也可以。牛踏着方步向山冈上走去，咖啡红的身子平稳如船。赶牛人和他的牛，被初升的太阳拖着长长一线，一直拉下山谷去。云彩像一群在草原上散步的白色大象。我哥哥的心情，随着一股烧砖窑的白烟，优美地上升。这一切，因为他的旁边，还走着早霞。

群山像蓝色的波浪凝固在远方。

我哥哥心甘情愿地背着。因为伏在我哥哥的背上，加上这广阔的山谷有春风滋养，芬芳扑鼻，空气里有着撑胸扩肺的活力素，晚霞安静多了，人也有了一种山野的轻松。

“大双哥哥，我们真是到县城去吗？”晚霞问。

“我们正是，”哥哥答，“正是往县城走的。”

“我们正是往和尚岩和黑松峡走吗？”

“我们正是往和尚岩和黑松峡那儿走的。”我哥哥说。

“这样就会近些。”哥哥说。

“姐姐，是这样吗？”

“正是这样。”早霞答道。

太阳像一盆沸腾的铁水升上了天空，一只鹰像一片黑煞煞的树叶被气流卷上天空，土地在翻腾着身子，万物在心底里放声歌唱。

太阳一定是很红的，光也很红，不然晚霞不会说出如下的话来——

“……大双哥哥，如果我死了，就让小双送一件红毛衣给我上路啊！……大双哥哥，小双一定不知道我病成这个样子了，好丑。千万别告诉他啊！我死了也别告诉他，就搭信给他说，我想穿一件红毛衣去看他……”

我哥哥大双流着泪，回答着她的话。早霞在一旁也不停地抹着眼泪，并用手帕堵住嘴，怕哭出声来。

“可是我要回去。”早霞说。她拿开那堵嘴的手帕。

“你不能离开晚霞。”我哥说。

“她总是要死的。”早霞说。

那时他们坐在石头上，晚霞在一边躺着。

怎么劝，早霞也要回去，因为没给老艾说。

“他一定会抓住我们一顿好打，说我们私奔了的。”早霞说。

“莫非他就总是害人吗？”

“反正他也不会成全别人，除了他自己。”

“警察的心都这么吗？”

“有几个像他这样。”

“那你为什么还要跟他呢？”

“不跟他跟你，你也会打我，会一辈子不原谅我。”

“你怎么知道？”

“天底下的男人不就是为那一下子戳出女人的鲜血来吗？”

“我不，还是跟我吧早霞，我会原谅你的，我回来就是要跟你结婚的，我盼了三年，当牛做马赚了三年钱，就是为了和你成个家，过一辈子的。现在我什么都没有了，你就这么狠心丢下我，让我成个光棍吗？”

“你会原谅我跟一个四十多岁的男人睡了？假如你什么也不知道，假如我没有答应跟老艾结婚，把那一夜他强迫我的事马虎眼打过去了……”

“我会！我保证会！”

“胡扯。让我回去吧，大双，我现在是别人的人了，有我的家，不能跟你一起去县城。”

“是跟晚霞一起。”

“她就是具死尸，饶了我吧，大双，我对不起你！……”早霞朝我哥哥跪了下来。

“我不会放你走的，”我哥哥说，“为了晚霞。”

他们继续往山谷里走。

脚步是机械向前迈动的。他们走得很快。应该是他，我哥哥。如果这么走，要三至四天才能走到县城。我哥哥不知道下一步怎么办，他认为只有走，只有不停地走，才能把早霞拉到身边，只有背着晚霞，早霞才会跟他走。

如果说这叫绑架的话，这也可以说叫绑架。把她绑在一个垂死病人的身上，让他们三人同归于尽——这样就渐渐清晰了：绑架，或者同归于尽。

我哥哥过去是一个十分软弱的人，在家里都让着我八分，在哪儿都是忍气吞声的。可是三年的煤矿生活改变了他，当今天他站在早霞的面前，他掩饰了他一切的过去，一切的可怜，而是表现出他坚硬、跋扈、不容抗辩的陌生一面。这是煤给他的，地下三百米深的矿洞煎熬给他的，可以称这为苍凉。

太阳渐渐地往西山滑去，山谷的阴影正在扩大。他们正在向一个山洞爬去，早霞突然哭喊起来：

"我作算回不去了！"

我哥哥没有搭理她。他无法搭理，不好搭理。这时早霞又哭喊道：

"我算完了！完蛋了！"

"他又能把你怎样？莫非你就没一点自由吗？莫非给你妹妹治病也不行？"

他们进到一个山洞，电闪雷鸣，天要变了。接着天像锅底一样黑起来，雨就从林子深处向这边卷过来，风雨如磐。

好在洞里还有一些采药人来不及烧完的柴，我哥哥把柴拢成一堆，点燃了火。

没有吃的，早霞去洞口接了些雨水自己喝了，再给晚霞喝。

“这样，还不到县城，晚霞就给冻死了，”早霞说，“她会死得更快。”

“那你回去吧。”我哥哥对她说。

“还回哪儿去？这晏的天，这大的雨回哪儿去？你让我摔死，喂野牲口啵？”

有时候人是认命的。让一个女人认命，其实很简单，只要你横蛮一点，只要你不顾一切。女人毕竟只是女人。这样他就有些心疼早霞和晚霞。这么冷的天，我把她们弄出来做啥哩？我这不是害了她们么？我为什么要这样？

没有小柴，只有烧不燃的大柴湿柴，洞子里弥漫着令人窒息的、催人泪下的柴烟。我哥哥想给她们去弄点吃的，或找一些干柴，看来这都不可能了。洞外是昏天黑地的雨，雷暴变得愈来愈激烈，金钩闪电在到处撕裂着天空，天空碎了。晚霞因为惊吓，又冷又饿，发出了嘶叫声：“哎呀！哎呀！哎——呀！……”——这洞里有鬼！

两个好人不知道把病人怎么办，况且他们早已精疲力竭，头昏眼花。在惊雷声中，传来了隐隐的野兽的吼叫，嗥叫。

两个好人——我哥和早霞恐悚地你看我，我看你。早霞还保持了她的矜持，总像个陌生人一样地与我哥哥保持着一种令人压抑的距离。可洞外林子里的野兽声十分顽固地在周围游来荡去，可能是在大声抗议这暴雨把它们的洞巢给毁了。

必须有火星，我哥哥就跪下来拼命地吹火，嘴都吹酸了，早霞也知道眼前的危险，也接着去吹。终于，火又恍恍惚惚地燃了起来。火能退兽。可没两下，又熄了，又变成了一缕青烟和更深的黑暗。

在黑暗中晚霞爆发出了空前的哭号声，声音穿出洞口，刺进森林里。早霞不顾一切地扑过去，去扪她的嘴——不能哭叫啊，哭叫引来了野牲口我们就完蛋了啊！

我哥哥知道她是去扪晚霞的嘴，接着就听见晚霞那憋气难受的呜呜声，又听见晚霞在地上四肢踢蹬，我哥哥揿燃打火机去看，早霞死死地捂着晚霞的嘴，眼里是竭尽全力的惶恐。那晚霞已被她姐姐捂压得快没气了，脸已经成了紫色，像贴了一层茄子皮。我哥哥去拉早霞，说："使不得！住手！放开她！"可早霞就是不放，像按着一个坏人似的。就这样两个人你扯我拉。一个惊天炸雷在洞外打响了，一团火腾地冲进洞来，早霞这才放开晚霞，扑到我哥哥怀里，过了一会，才听见晚霞的嘴里吐出来一口气。

雷声偃息了。我哥哥因为太疲倦，就靠在洞壁上睡着了。

醒来的时候，发现没有了早霞。可是她的一件衣裳盖在晚霞身上。我哥哥走出洞去，分明看到有一串湿漉漉的脚印，正往山下的密林而去。

五

我哥哥欲哭无泪。他站在石头上，望着雷雨后格外清新的山谷，视野极其开阔，可以看得到镇子上的桥，搁在落羊溪上。蜿蜒的河水像一条银鳞闪闪的长蛇，游入目力所不及的地方，变成一片云雾。

晚霞在洞里呻唤着。他不可能把一个活人甩在荒野，让野兽啃食，或是让她饥渴而死。况且这个人现在急切需要诊治，而且是他坚持要背出来，要去县城医院的。

现在晚霞成了他所有的负担。

“如果这么狠心，扔下了自己的亲妹妹……幸好没让这样的女人成为我老婆，否则的话，我生了病她不一样也把我扔掉了？老天爷长了眼睛！……”他庆幸着自言自语地说。

他重又背起了晚霞。他说：

“阴差阳错呀，阴差阳错，让她跟别的男的去，让老艾……恶人自有恶人磨……”

他一路走一路嘀咕。

去往县城的路是如此的漫长和险峻。路上碰到了一对去县城照婚纱照的山谷男女，每个人都穿着套装，容光焕发。

“这是我妹妹，我陪她去看病的。”我哥哥这样介绍说。

那两个幸福的人将食物分出来给他们吃，并且那个男的脱掉了套装换我哥哥背。男的是个瘦高个，脖子很长，头发曲卷，女的却水灵丰满，身材适中，极有看相。有时，她的动作极像早霞，这使我哥哥的目光总会忍不住在她身上多停留片刻。他们是石砚村的。男的给我哥哥说，到县城里照了相背回来可不简单，婚纱照大概有这么大，还是玻璃的。他比画着。我哥哥问到价钱，男的说，要两百块钱左右，贵是贵点，但一生就只一次。我哥哥说，你老婆这么漂亮，应该照几张好相。女的说，他还说我配不上他哟。男的就说凑合着过吧，漂亮也当不得饭吃。

“往黑松峡走，可有豹子。”女的说。

“我们四个一起，不会怕的。”我哥哥说。

路十分的险陡。两个男人费了好大的劲，才把晚霞抬过一个

“鲫鱼背”。那个未来的新娘自己走。

晚霞昏昏沉沉地在两个男人背上换来换去，头脑已不是很清醒，只是一路哼哼着。两男两女的身影，在这沉密的森林中转来转去，上上下下。

这一天晚上，豹子的叫声异常清晰。

我哥哥守着晚霞，把衣裳全给她盖上了。那一对新人依偎着睡在一起。在火光中，那女孩的脸越看越像早霞。多么甜蜜安宁的一对。人这一辈子没有事最好，就像他们，什么事都没发生，就叫幸福。他听着那对幸福男女的酣声，望着垂死挣扎的晚霞，心想着早霞会不会良心发现，追来与他一同行走呢？莫非她就真狠心不要这个妹妹了？

松林中的月亮正在像一只汽球往上浮升，山冈上传来了麂子的忧伤的呼唤。麂子的叫声总像一些唤母亲回家的声音，十分稚化，喉咙窄嫩嫩的。娃娃鸡也在哭叫，也像柔弱的娃子。好像这个世界有许多孤儿在黑夜里迷失了一样。没有什么凶狠的东西在这个春夜行走，除了一两声粗壮野蛮的豹吼。很可能是因为它们在争夺母豹吧。

他想着早霞，我哥哥。他浑身疼痛地想着早霞，如果她也依偎在我怀里，交颈而眠，寒冷是不算什么的。可现在很冷。奶奶还没有吃的，卧床不起。我这样是不是忒自私？我这么做，莫非真是想救人一命，胜造七级浮屠？我不过就是想做给早霞和她们的爹看，怀着卑鄙可怜的希望想让她心回意转……

半夜时分，晚霞冻醒了，也清醒了许多。她问我哥哥：

“我们还是去县城？我还有救吗？”

“你会有救的。”我哥哥说。

“你一定会好的。”那两个被吵醒的男女也说。

“可我的姐姐去了哪儿呢？”晚霞这么问，睁着坍塌的眼睛问。

“我就是你姐妹。”那个女人说，用手摸了摸晚霞只剩下骨头的脸。我哥哥看见那个善良的妮子——未来的新娘哭了起来。

月亮像一面金黄色的旗帜挂在了天空，在碧海似的天上飘着。未来的新娘安抚着晚霞，拍着她的背让她睡去，两个男人睡不着，就抽着烟说着话儿。我哥哥问他家里种了几亩地，那男的说，有六亩地，我们那儿山高些，三月底才下的苞谷种，用薄膜。鄂玉 2 号能耐旱，忒好。另外的三亩种了党参——那地正在东南向，天生是种党参的，现在又不交农业税了，种啥都自己得。“可党参也要肥要水啊。”我哥哥说。那男的就说他们村领导是做事的人，专门引了山上的泉水，每块田都可满灌，水是不愁的。“现在‘房党’（房县党参）也用大棚栽培了，我家两个大棚。”那男的说。女的插过来话道：“明年就要搞到四个。”男的说：“明年就要添口了，不发展不行了。”女的说：“咱还没嫁过去呢，你就晓得添口？大言不惭！”男的嘿嘿笑说：“迟早不是咱的人，婚纱照都要照了，你还敢嫁别的男人。”后来两个男人又讨论党参怎么烘干能得原色（白黄）佳品，不知不觉，天就亮了。

他们继续行走。

依然是两个男人轮流背着。就像老话说的，天有不测风云，人有旦夕祸福。在过另一个“鲫鱼背”时，已经把晚霞都背过去了，可那个未来的新娘子却一步没踩稳，掉下了悬崖。

人是死了。好在翻过了“鲫鱼背”就是一个小村庄，有几户人家。喊来村民大家到崖底把那个女的背了上来，男的哭得几次闭了气。我哥哥和那个男的各出了二十五元钱，雇了匹骡子，配了两个箩筐，一边装死了的那个准新娘，一边装没死的晚霞。

穿过三十里黑松峡，再走四十里雷刺爪子湾，才到了县城。到了县城，先把晚霞放在县医院门口，那男的就说：大哥，我直接去火葬场了，这照婚纱摄影的钱想必是能火化一个人的。这可怜的未来的新郎在县城的街头找了两块大灰砖放进另一边筐里，问清了火葬场的方向，就赶着骡子走了。牵骡子的人在前头，他跟在骡子的屁股后头。望着那个善良的男人，我哥哥一句话也没说。那男的后来又回过头说了一声：

"大哥，她娘家人以后若问起来，你可做个证啊！"

我哥哥终于说：

"我老婆也等于是死了，她跟艾滋病结婚了——就是她姐姐！"

他驮着晚霞。我哥哥站在县城的大街上，他感到他背着的不是别人，而是思绪纷乱一团乱麻的自己。

六

晚霞是到医院的第五天死的。

一路的颠簸，惊吓和风寒，晚霞又患上了肺炎，这样的人哪经受得起如此蹂躏。在输液的时候，不声不响地就死了。我哥哥看着滴液不动了，就去摸晚霞的手，手冰凉，再看人，已经没气了。我哥哥想可能是他害死了她。可安安静静死在医院里，也比疼死在那野羊尖的屋子里好，至少，这种死会受到关注。那么多医生、护士和护工会说：这个人死了，这一床死了。还有化妆的人，还有火葬工，都会关注这个人。不声不响的死去是最没有味道的。

那个化妆的老头把她画得很好，很健康，涂了胭脂。那个老头说，按现在城里人以瘦为美的标准，这妮子是个大美人。

我哥哥去县公安局，终于找到了野羊尖派出所的电话。到第三天，他在太平间的门口，等来了艾所长和早霞。

艾所长夸奖他：

“你可是个活雷锋。”

我哥哥指着冷冻柜子里的人说：

“她可是我弟弟的女朋友，我的弟媳妇！”

一句话义正词严，不多不少，恰到好处，弄得艾所长一脸无奈，只好去县公安局叫车，还让县局办公室送来了一个大大的夸张的花圈，极尽奢华。花圈的白色挽带上还写上了晚霞的全名，后面还加上了“同志”二字，另一边则写着“县公安局全体干警敬挽”。后来艾所长又自己掏钱买来了一个同样的花圈，这次写的是“落羊乡派出所敬挽”。后来他打电话，又叫来了一个送花圈的歪嘴歪牙的人，上写“落羊乡个体工商协会敬挽”。我哥哥代表他的弟弟也就是我，到商场给晚霞买了一件红毛衣，了却了晚霞生前的一桩愿望。晚霞穿着红毛衣进了火化炉。过了两个小时，我哥和早霞等到了冒着热气的晚霞的骨灰。早霞用一个铝皮勺往骨灰盒里盛着骨灰说：“人真是没一点意思，到头来就这把骨渣子。”我哥哥说：“你很有意思啊，所长的夫人。”早霞说：“最后还不就是一把骨渣子吗，大双，看远些，找个好的去。”我哥哥说：“我就要你这把骨渣子。”早霞微微一笑，装好了骨灰，盖上盖子，站起来说：

“好了，终于不叫唤了，我妹妹也不会再麻烦你了。我代她感谢你。”

“我们哥俩一个也没得到你们姊妹俩。”

早霞掐了我哥哥一下，又把他的手捏了一下。

他们把晚霞的骨灰盒放到我哥哥住的医院招待所，老艾到县局接受宴请或者请局长去了，早霞就说埋到那山上去算了。她指了指窗外的山坡。我哥哥说为什么？早霞说老艾不同意带这个东西一路回去，这怎么都晦气。我哥哥就说，我把她背来的，我把她弄回去算了，弄到野羊尖，让你爹看看再埋下。

“这怎么行啊大双！”早霞叫起来，“大双你是个好人！过去我咋没发现！……”就一把掀开自己的上衣，痛哭流涕道，“你看，全是老艾烫的疤，那天晚上没回去，他打死我要我承认是与你睡觉了的。”

我哥哥看着早霞捋起的胸前，果然不少的新疤，像刚刚烫的，用烟头烫的。他又想到秀三姑身上。早霞白爽爽的胸乳，错落有致，该红的地方樱桃果般红，该白的地方香瓜般白……

他们做男女之事的时候，晚霞的骨灰盒就在枕头旁，似乎还散发着悠悠的热气。之后商量了把晚霞抱回去的事，老艾就来了。

我哥哥因为有了强烈的也短暂的身心愉悦，就涎皮起来，就把他的愤恨表露出来，就喊他：

“艾叔。”

“叫我所长。”

“晚霞我抱回去了，就不吓煞你了。”

“我已经做到仁至义尽。晚霞的钱是谁要回来的你知道吗？这么多大花圈不是我老艾的面子……”

每当我哥哥想说话早霞就去拦，叫着大双，她怕大双一时被兴奋冲昏了头脑，说出刚才的事来，或者流露出来，老艾是个老乡警，很精明。

“你凭什么要打早霞？啊？”

“大双！大双，你放什么屁！……”早霞拉大双。

“我打过她吗？她给你说的？”

“我没说，没说，大双你别瞎说啊！”早霞急得快哭起来。

“就算打了，她是我老婆，你还会管闲事咧。”

“她是你干女儿，你是她干爹，长一辈。”

“呵呵，老牛啃嫩草嘛。你到我这个年纪了也有这个想法——这是人性的弱点嘛。”

“你无耻！”

“我不跟你说。”

“你无耻！”

“我不跟一个毛头娃子说，我是有身份的人。”

“无耻的干爹啊！你可是我的叔啊，我们的叔啊！”

“大双，你莫烦了我。”

“你想怎样，叔叔？你已经把我弄烦了，把我逼到没有退路了，把我家逼到没有退路了。我爹是可怜秀三姑，收留她住了一夜，你就说捉奸把我爹他们捆起来，你就有由头把秀三姑一脚蹬出门去，好娶早霞，我爹也没脸回村了，并且说我们哥俩死了，你霸占了我女朋友，让村里收了我们家的田地。你要还回我们家的那两亩多地来！”

“你怪人不知理哩，摸错了码头。村里收你家地的事你找村长去，找我呀？你莫弄烦我……早霞又不是我抢的亲，你真莫惹我……”

“我们没有死，你说我们死了……”

“又不是我传出来的，你真是……”

“你就死了，”这时早霞蹿出来说，“大双你不就死了么？跟你弟弟小双一起死了！不死三年咋没个音信？咱山谷在外头煤窑里死那多人，你们咋就没死呢？死了！你就是死了！没下你的户口就是好事，按规定两年失踪就要下户口，别说收田，我们老艾没下你户口就不错了！……”

早霞怎么啦？她疯狂地给老艾帮腔，刚才招待所发生的事没有吗？她指着大双，脸涨得通红，好像眼睛太用力说话都流出泪来了。

“……你就是死了，你以为你没死啊！……”

七

我哥哥抱着晚霞的骨灰盒，被早霞的一顿猛喝给逼退走了。他只得离开他们。他不理解早霞为什么这样要咒他死。我哥哥恨不得找个地方大哭一场。他流着泪在大街上走着，在县城陌生的街头走着。他看着手上的骨灰盒，心里对晚霞说：“她疯了，你姐姐她咒我死呢……”

“可我什么也没有了，”他给晚霞说，“弟妹，就你这么陪我了。”

我哥哥想，再这么原路走我也会死掉的，我不能死。他想起招待所，想起早霞。这给他不想死的所有理由。他决定坐班车先去巴东，再从巴东走回落羊山谷，这样虽说要坐两天车，花去不少的车费，但会绕过黑松峡和雷刺爪子湾噩梦一样的行程，县里电视也在播，说黑松峡豹子伤人的事。

买了一张车票，在车上竟然碰到了那个好心的石砚村的男娃子，也捧着一个骨灰盒，可身边却有一张大大的婚纱照，还是彩色的。我哥哥心里一惊，以为不是在人间，糊涂了一瞬，那男的才说出原委：是用他们随身带的一张旧照片在电脑上合成的。

“就两张脸是我们的，身子和衣裳都是别人的。”那人说。

我哥哥看着那张电脑合成的婚纱照，泪水又一次滚滚而出。这是一对多么善良的男女啊，可是险恶的山路生生拆散了他们还没开始的幸福。我也被生生拆散了，也是还没开始。

到了巴东，我哥哥突然想起四呆，他就去码头上找四呆。他恨四呆哩。他捧着骨灰盒找到了四呆。四呆满身的磷矿粉，跟在煤窑里的我哥哥没什么两样，只不过一个是黑的，一个是白的。四呆拍着身上白色的磷矿粉，指着我哥哥手上的那盒子问：

“你这是干什么？哪个的？”

我哥说是晚霞的。

“晚霞的送我这里来干什么？”

我哥说：“我是大双。”

四呆说：“你甭说鬼话，你已经死了，我不跟死人说话。”

我哥说：“胡说，我不好好活着么。晚上我请你吃白酥肉。”

巴东的码头上，一入夜，便有许多卖卤菜喝酒的人，卤菜又以凉拌的白酥肉最入口，有辣椒、蒜子、生姜、酱油和醋。辣子酱、酱油尽管放，随自己口味。等坐在了人家的桌子上，等拌得有红有白的白酥肉端上桌子来了，四呆还在说：“我不跟死人说话，也不跟死人吃白酥肉。”

“我敬你三杯，我先喝了。”我哥哥说。他喝掉了三杯苞谷酒，又倒了一杯放到晚霞的骨灰盒面前：

“我再敬晚霞一杯。”

“晚霞不是早霞，我晓得你是为早霞来找我的。”

我哥呼地一下站起来，一盘白酥肉就朝四呆砸去，然后一把掀翻了桌子，连晚霞的骨灰盒也砸开了，骨灰散落了一地。

“你把我害得好惨。”我哥哥说。

四呆的脸上贴着些酱油和蒜子，额角正在往外渗着血。我哥哥砸过之后气消了，就去地上拾掇晚霞的骨灰。四呆也蹲下去，帮我哥哥拾掇骨灰。

后来他们坐在长江边上，抽着烟，说着话。

我哥哥说：“你他妈的东不找西不找，高不找矮不找，为啥偏偏找上我的女友呢？”

四呆说：“美女人人爱嘛。”

“可那是名花有主了。”我哥哥说。

“大不了是个遗孀，”四呆说，“就是传你和小双都死了嘛，去煤矿的有几个能回来？你们又不给音信，连你爹也不知道你们死活。”

我哥哥说：“就是死了，也要家里去收死亡费二十万哪。”

四呆说：“现在的矿主哪个不黑心？好多失踪的不稀奇。”

我哥哥说：“咱村里又没电话。”

四呆说：“你 ×× 要是真爱早霞连封信也不写？”

我哥哥说：“可去年春上我爹去我还搭了封信回来的，早霞也搭了口信去。只因我爹不是个东西，诓了我。”

四呆说：“你还是不爱早霞，爱她不一天一封信吗？”

我哥哥说：“早霞再怎么瞧不上我，也应该更瞧不上你，你四呆不屙泡尿照照，长得歪歪扭扭，翘七塌八的，也癞蛤蟆想吃天鹅肉！”

四呆说：“我怎么了，哪桩不比你强？是如今我那艾滋老叔说我向早霞耍流氓，抓了我。我当初是副场长了，毕家山药材场脱贫致富第二带头人，新农村建设的积极分子，和谐社会的先进典型，只是现在有家不得归，三个大棚的党参也便宜兑给别人了，呜嘿嘿……”四呆说到这里哭了起来。

我哥哥就劝他。四呆说：“女人是祸水，女人是祸水，我信了这古话了。可是再怎么她也瞧不上老艾滋叔啦，还不是看人家是所长……”

我哥哥本来想把前两天在招待所的秘密说出来的，幸福有时极想说出来给他人分享。可我哥哥还是没说。我哥哥却说了另一个问题：

“是不是男人都想搞跟自己女儿一般大的女人？”

“那是畜生。”

“是不是都想搞干女儿呢？”

“只有你到时认一个干女儿了你才知道。”

四呆又问：“你打算怎么办呢？你准备捧着你弟妹的骨灰盒往哪儿走？落羊山谷莫非还有哪个姑娘等着你？”

“早霞是我的！早霞肯定是我的，谁都别想！”我哥哥说。他信心十足地说。他从来都没有像今天这么有信心。当信心上来的时候，所有的晦暗都一扫而去。

八

我哥哥到了野羊尖，找鲍家父亲要了一把铁锹，把晚霞埋在了那棵樱桃树下。然后，他回到了羊家村，剩余的事情就是睡觉。奶奶还活着，得亏了左邻右舍的照顾。特别是梁毛子。他给我哥哥说，他还为羊家的老奶奶做过一顿毛野鸡蛋吃。奶奶证实了这件事。梁毛子说，他看见刺丛里野鸡咕咕地叫着，去扑鸡，没有扑着，却捡回了一窝毛野鸡蛋，有十几枚，全是绿壳蛋。“春天了，它在孵儿哩。”

春天了，夜晚的山里到处传来野牲口们求偶的呼唤，有带蹄子的，有带爪子的；有圆毛的，有扁毛的；大的，小的……

春天了，晴爽的丽日，薅草的队伍上了坡，山里的人兴互助薅草，可以轮流在人家里吃饭喝酒，人多闹得欢，薅得快。我哥哥往田坡上走去时，听到了那片田里早唱开了薅草歌：

清早起来雾沉沉／敲锣打鼓出了门／歌郎歌妹把路引／来到山上扎大营／

一请东山弟兄们／来到东坡扎大营／要把杂草锄干净／看到苞谷长成林……

听着那丁零当啷的锣鼓声，我哥哥远远地站着。薅草的人一字排开，向前挥锄，锄头的刃口在阳光下闪烁着，像照相机的闪光灯。

我哥哥走到自家的田头，梁毛子赶快给他递来了香烟，说：

“我给村长说不要你的地，村长说我说了不算。说你们兄弟三年没回来，还有你爹。三年前你妈死了，你爹疯了，你跟小双走了，地就撂荒了。那年还兴农业税，你们有几百块钱没交哩，找人不着，村里还养着你奶奶……村长说咱这儿人多地少，好地更少，不能荒着……村长说县里备了案，改地难办哩……”

这些他都听过，这些他找过村长，都听过，就是不能还田。还说了，让我哥哥等着，只有等村里有人死了再给田你——跟当初村长给梁毛子说的一样。咱这山上的老人粗茶淡饭，清心寡欲，又不知山外的事，每天与阳光、森林和云雾打交道，知情在理、中规中矩地活着，阎王爷没有任何理由收走他们，所以咱山里的人个个长寿，等他们死等于是盼地球爆炸，他们一个个都活成精啦。

确实是乱石滚滚，石多土少的山谷。村长也不是故意为难咱。在犬牙交错的石坡上，只有一尺宽的土窝，土窝里也点种了一两株苞谷或者洋芋（都是有主的地儿）。山上缺的是土，就算我大双狠下一条心自己开荒，也没有荒可开，总不能在石头上种庄稼吧？可我哥又一想，就算把那几亩地要回来，我一个人种么？我种了庄稼又是为何呢？——我哥哥看着在田间劳动的成双成对的男女，不禁摇头。有了地也没啥意义了，因为早霞没有了。

我哥哥睡到第三天，早晨起来，给奶奶的桌子上压了两百块钱，就悄悄出了村子，他去了镇上。

小镇坐落在落羊溪边，只有三四十户人家，而且差不多都是农家。一条过去贩盐的川鄂古道铺在镇子中心，可也痕迹模糊，残缺不全，只是两边的有些古旧门楼的房子，可以看见当年曾有的热闹。而如今，也差不多被风雨和虫子蛀空了，廊檐上堆着乱七八糟的杂物、木柴、干薯藤、棺材和风车。牛粪正在街心的草从里散发着臭味，流水正高高低低地向下游流去。溪河边，有些古老的大树，正在和春天争夺着形象，枝繁叶茂，造型老辣，大开大合。

就在这样的一株皂角树下，就是老艾艾叔派出所长的家。我哥哥记得有一年赶集，与妈一起在秀三姑家喝过一杯茶。秀三姑当年是这家的主人，如今是早霞。我哥哥从尚未涨水的河溪蹚过去，沿着老树根爬上坡，就有一个老青砖粉墙的后院。狗朝他疯狂地咬着。他等待着，没听到人呵斥狗。他用石头砸狗，狗怕了，呜呜地舔着伤腿进入一条篱笆小路。

他接着就在屋子里看到了早霞。他无法与早霞联络，怕屋子里有老艾，就学夜鸟叫。没有发现其他人，或许老艾已经睡了？早霞躺在沙发椅上，一动不动，蜷成一团，并且时不时听见她嘴里发出哼哼声。

“霞！……早霞！……”他压低声音叫。

早霞终于有了反应，撑起肘子，抬起头来，朝后窗看。

“哪个？”

我哥哥是做好了跑的准备的，后山的路他熟。他白天在一家农民家门口偷了一把柴刀，别在腰里，就有了底气。那把刀约有一尺长，又厚又沉手。

后门正待打开。门闩拉开了半截，早霞知道是谁，声音很小但很严厉窘迫地说：

“你还不走！”

可我哥哥那时什么也顾不得，硬是生生顶开了门，然后，在昏暗里，一把抱住了早霞。

“我身上疼！”早霞死劲捶打我哥，并把他往外推，我哥哥虽放松了双手的劲儿，但还是揽着她，问她“是怎么了”。

可早霞不说，我哥把手伸进她毛衣里按着的某地方，她就“哎哟”叫起来——那是伤。

“又打了你？”

“你这该死的轻点。还不是为你，还不是为你。你走吧，大双，我求求你。你不要瞎想了，不可能了！”早霞向我哥求情说。

“为什么？为什么不可能？他打了你！为什么？我是来告诉你我已将晚霞带回家了，入土为安了……”我哥哥语无伦次。

“谢谢你，大双，你走吧，不能再添乱了。事情不可再回头了……”早霞狠狠地把他往外推。

“不！”我哥说，“不，不能，不行。”

“你真得走，大双，不然我们两个就死定了！”早霞铁定了心要把我哥撵走，这确实是很危险的，我哥哥那时一定是丧失了理智。

就在两人拉拉扯扯、推推搡搡时，忽然早霞一声尖锐的惊叫：“啊！”我哥哥一看，早霞竖起她的手指——正汩汩地冒出鲜血。

“你……”

早霞咬着嘴唇，没有说话。我哥哥猛然明白了，是藏在腰上的柴刀，划破了早霞的手指。

“快，我给你包扎！”我哥哥从腰下摘出柴刀，放到地上，把早霞的手指捏住按着。这时早霞看到我哥从兜里拿出一个手巾来给她包扎，是一个喜鹊梅花图案的汗巾！就一把夺过去，看看汗巾，又看看我哥，眼里好不热切深情！“还在呀！”早霞将那汗巾重塞进我哥的兜里，从茶几的抽屉里寻出了纱布。我哥哥给她包着，他们坐到沙发里。包好了手指，早霞又掀开衣服，让我哥哥给她背上擦药水。早霞已经不避他了，我哥就是这样一下子激动起来，抱住她，把头埋在她怀里，像饥饿的难民见到馍馍，又揉又吃又叫喊：

“霞，我要你，我不能忍着不要你，你是我的，我的！……”

事情狂风暴雨般地发生了，又狂风暴雨般地过去了。他们发现沙发已经摇摇欲坠——这是在两个人平息之后，冷静之后，退潮之后。

“我本来浑身就疼，你把我弄疼了，狗日的大双……”

“我要把你弄死！”

“你跟老艾的心一样狠呀！”她这时咬了我哥的耳朵一口，神秘地指指房内，“你这是虎口夺食……”

刚才我哥不顾一切地做了，什么都没有想。早霞这么一指，倒让我哥抽了口冷气，捡起地上的柴刀，就蹑手蹑脚地进了房里去——他以为是老艾喝醉了在沉睡。可房里没有人，没有谁，床是空的。床前的五斗屉上，放着早霞和老艾的照片，就像一对父女。

“你在吓我哩。”我哥舒了一口气捏着早霞的鼻子说。

早霞靠在大双怀里，说：“大双，你是真心爱我？”

我哥说：“那就是假的。”

早霞说：“你究竟是爱我的人，还是爱我的身子？”

我哥说：“人、身子一起爱，你所有的一切我都爱，都是我生命的一部分！”

“你可害了我，”早霞就落泪了，一会，说，“大双，我什么都给你了，快走吧，真让那个该死的撞上了，你我的小命就没了。”

“那就一起死呗。”

“不！”

“那就一起离开这里，到城里去，远走高飞，我可以拼命干活养活你……”

“太辛苦了，你那几个钱，是用命换的，我消受不了。”

我哥说：“你是不是以为我板凳上睡觉这辈子翻不了身？”

“不，不，老艾已经感觉到了，他说了……”

“他说什么？”

“他打我，往死里打，他说我迟早要跟你一起……”

“怎么？”

“私奔的……”

“你说了什么？”

“我说了我喜欢你不喜欢他。”

“你怎么当着他的面这么说呢？……你真的这么说了？”

“说了。我是气他的，就是让他打，把我往死里打，打死了就好了，我也就解放了……”

正说到这里，门外突然响起了拍门声，并伴有老艾含混不清的被酒精泡着的声音：

“开门，给老子开门！……你死了没听见？……”

早霞的脸唰地白了：“快跑！”她起身拉开后门，用无穷的力把我哥猛一推，我哥就出了后门。狗叫得凶。

九

我哥哥顺利地溜进深重的黑暗里后，那两个字就渐渐亮了起来:“私奔、私奔、私奔……”这两个字像号角在催促着他，蛊惑着他。我哥哥幸福而落拓地坐在山上的山洞里，回味着不断累积的快感，还有早霞的话，早霞对他贴肉贴骨的恩爱缱绻。他坐在寒冷的山洞里，想着此刻本来应与早霞在那温暖的被窝里，而这种时刻被老艾占去了。在山洞里一个人过夜也是有的，这是在很早前，他与爹和我进山去采药，走失了。但后来被爹找到了，然后就是生起大堆的柴火，然后爹再给我们烤带出的干粮，然后就是有爹守着洞口，我们兄弟俩可以美美地睡上一觉……而我哥哥此时抱着双臂想，现在，我为了本应是我的女人，却成为孤独的野人，随时会被野兽吃掉和冻死的野人，好日子被无情地撕碎了。在那深深的煤窑里，每个挖煤工在暗无天日里念叨的不就是“农妇、山泉、有点田”这未来的希望吗？不就是想赚几个血汗钱回去过这种朴素平静的日子吗？只要不死，只要哪一天不透水，不瓦斯爆炸，这希望在每个人心中，都是顽强存在的啊。

我哥哥躲在冰窟似的山洞里，听着枭鸟的叫声，听着娃娃鸡的叫声，听着那森凉严厉的流泉声，听到隐隐的雷声，不知道明天是否还能偷鸡摸狗般地与早霞相会。

在滚滚的雷声中，我哥哥决定还是到野羊尖鲍家去。于是，他冒着被雷击和野兽袭击的危险，摸夜路去了野羊尖，终于敲开了鲍家的门。

我哥哥暂时找到了一处安身的地方。他与早霞的爹一起吃饭喝酒，给他劈柴、拾掇菜园，帮他采药、熬药，伺候他，也就有了名义与早霞见面。早霞上山来的时候，看到她爹有了个伴，还有了个照应的人，甚是喜欢，也与我哥缠绵亲热，但就是坚持不在山上过夜，这让老艾抓不到任何把柄。老艾是不会管早霞的爹的，这让早霞也找到了上野羊尖的由头——总不能丢下腿脚不便的爹一个人在山上吧。

有一天，早霞上来，还没进屋，就在樱桃树下，拼命地呕吐起来。我哥哥有些警觉，问她怎么了，早霞什么都不说，只说是不舒服，早晨上来，吸了冷风云云。

过了两天，早霞再上山来，又是吐。她爹和我哥哥都急了。早霞依然什么都不说，说是胃有点不舒服，云云。我哥哥发现有问题，就把早霞找到屋后追问这事。早霞被逼到墙角里了，只好说:“怀了你的孽种!”我哥哥一听，像被雷劈了，脑壳蒙了半天，回不过神来。我哥哥喜得跳了起来，说:“你怀了我的娃?你真怀的是我的娃子?”早霞说:“那是哪个的呢?老艾我一年没给他怀。大双你可害了我，你可是一枪就中的神枪手啊!”早霞说，是在医院招待所里的那次怀的。这事只有晚霞知道，可惜晚霞死了。我哥哥手足无措，看早霞怎么看怎么深情，要给她做好吃的，要听她肚子，早霞就骂他傻 ×，苕货。我哥哥喜得团团转，也急得团团转，问咋办?问老艾知不知道?老艾若知道了咋办?早霞说，只好把他打掉。我哥哥一听不干，说我好不容易种了个娃子，有了传宗接代的，说什么也不能打掉的。早霞说，不能打掉放你肚子里去怀。躲得过初一，也躲不过十五。我哥哥死活不肯，说那就跟他走了算了。早霞说，说得轻巧，吃根灯草。人是能说走就走的东西?我爹呢?让他一个人在这里，有他的活路?就算走了，走哪儿去?逃外国去?逃到天涯海角老艾也能把咱们抓回来，老艾是干什么的啊！我哥说，那就跟他离婚。早霞笑话我哥还像个小娃子那么幼稚可笑。有什么理由离婚？他不离你没办法。外人也不理解呀，派出所长的老婆，那不是在天堂里过生活，吃香喝辣，要什么有什么。

商量得没个结果，早霞就回镇子了。

这之前，早霞算准了与大双在县城的那次会出事，还是做了许多准备，给老艾打障眼，大张旗鼓地去庙里拜送子观音，还找一个老中医，弄来了一大包男吃女也吃的治不孕不育的药，并且一改往日的逆来顺受，在夜里主动与老艾温存。老艾晕晕乎乎，也没朝其他方面想，可是，终于在这一天，老艾从外面回来，看到了早霞在后门外的河边，吐得死去活来。

“咋的啦？”他问。

早霞知道这一天总会要来的，就故意轻描淡写地说：“没咋的，可能是有了。”

“真的？”老艾喜。可老艾生性多疑，在屋里走了两圈丢掉第二根烟头就心里打起鼓来。

“真是我的？”老艾摸着早霞的肚子，像摸着一个犯罪分子的头。

“不是你的是哪个的？干爹我的血都是让你戳穿的。”早霞说。她有时叫他干爹，是希望他能给她一点温情，不要像打狗一样地打她，让他想到自己是长辈。

会有一些作用。每当早霞叫他干爹，他就会有所收敛，就会色眯眯地看着她。

“唔。”他说。他内心这么说：“迟不怀早不怀，那大双一回来她就怀了，还一个晚上没回。”他是指那一夜背晚霞在山洞的事。他又想：“迟不吃早不吃，这时候非得要我吃药……”

老中医的药真的这么神效？观音真的有求必应，想要啥啥就来了？

鬼扯！鬼 ×× 扯！——老艾是彻底的无神论者。

老艾越想越不对劲，可也沉得住气，装着关心早霞的样子，还给她杀了一只鸡，说是补补身子。两人在那儿吃着鸡，各想各的心事。半斤酒喝完了，老艾就睡下了。

睡到半夜，老艾突然把早霞从被窝里拎出来，不让她穿衣服，像提审犯人似的让她站到堂屋里，问她说：

“告诉我，是怎么怀上的？”

早霞说：“干爹，你还没有醒酒。”

老艾说：“我今天不想要这个娃子了，我想把他踹下来。”

早霞冻得簌簌发抖，吓得飕飕发战，打着牙磕说：“干爹，你未必是孤老心？”

老艾说：“老子就是孤老心，要娃子做什么！”说着飞起一脚就踹早霞的肚子。早霞捂着肚子“干爹啊干爹呀娘呀爹呀”地号叫着，在地上连滚带爬，最后躲在水缸边。那老艾就踹她的背。踹累了，又爬上床睡去了。

可怜的早霞为护肚中的娃子，背脊骨都差点被老艾踩断了，疼得大呼小叫一夜。第二天早晨老艾起来说：

“早霞爱妻，昨晚我做了个梦帮你流产，是不是真的？”

那老艾还抬起脚来做了个动作。早霞连连说：“没有没有，干爹喝醉了，睡得蛮死，没帮我流产，我好好的呢。”

老艾说：“还真是个梦咧，爱妻我热鸡汤给你喝。”

十

早霞浑身疼痛难忍，在家睡了三天三夜起不了床。

我哥哥在山上可着急了。见不到早霞，他就像掉了魂似的。

这天晚上，还没有等到早霞上来，等不及了，就溜下山往镇子里去。

镇子上一片死气沉沉的浮烟。狗叫得很急。我哥哥感到这一天很不对劲，心绪烦乱，在路上连摔了几个跟头，就像是有人在黑暗中故意绊倒他一样。起来一看，不是石头就是树根。

走到老艾和早霞后院的河边，已听到流水的响声，开始涨水了。

这一天晚上，又是如此——老艾又买了羊腿，给早霞做红烧羊腿吃，说是保胎气的。半斤酒下了肚又呼呼睡去了。到了半夜，老艾又假装梦游把早霞提溜出来，要早霞提前给他把娃子生出来看看。这老艾整人很有创意，早霞防不胜防。

“你不大产就叫你小产。”老艾说。

“是大双的，又怎么样啊？！你不要娃子，早霞我不能不要个娃子！”早霞被打得三魂缈缈，七魄飘飘，要活不可，要死不能，就这么赌气说了。心想反正是死，说出来让他早点打死了还好些，就解脱了。

老艾一听，头皮一炸，酒就蹿到了脑门，说：

“真的？承认了？”

“承认了，是大双的，气死你！”

老艾就疯狂了，抓住早霞的头发，就往板凳上磕。早霞的头像磕鞋帮子那样，可口里还是那句话：“大双的，大双的，气死你！气死你！……”这是个倔女人，口里说那句话，双手不护头护肚子。老艾踹不到肚子，就踹她的脸，把她的脸当西瓜踩，想踩扁了算事。早霞抱着肚子满屋乱滚，大声尖叫着仿佛是向整个小镇宣告“是大双的，大双的”。至少在言语上是戴了绿帽子的老艾那还不恼羞成怒，气极败坏将早霞往死里打。

就在这时候，突然后窗一阵哗啦咣啷的碎响，一块石头砸开了窗子，从外头跳进一个人来，身子湿漉漉的，带着一身山野的莽气，挥起拳头朝发疯的老艾打去，这正是我哥哥。我哥哥低吼着说：“不许你打早霞！”老艾脸上挨了一拳，胸口挨了一拳，抗打性不错，手是将早霞放开了，却顽强站着，与我哥哥对打起来。可老艾毕竟醉了酒，脚跟子软，又加上年纪，且跟早霞消耗了不少能量，一拳被我哥哥打到地上，四脚朝天，却还上气不接下气地说：“好啊，好啊，大双，你自投罗网了，你这不是找死！”

早霞那时在地上天旋地转，睁开血淋淋的眼睛看到是大双，就笑了，张开了双手。我哥去抱她——不，是想去扶她，把她扶起来。在暗角落里的老艾这时不知怎么抓到了一块劈柴，趁哥哥扶早霞背过身去时，跳将起来就将劈柴打去，我哥哥这一下脊梁上一声响，人就往前一蹿，扑倒在地，压在了早霞身上。老艾占了上风，反正已经疯了，又劈了过去。我哥哥年轻，灵活，侧过身子用手臂一挡，手臂也给砍得折断了似的疼痛。他这下终于有了缓冲，迅速爬起来，上前去一把抓住老艾的手腕，把那劈柴夺了过来，正要以牙还牙朝老艾头上砍去，早霞这时却飞一般上来，抱住了我哥。

“不能，大双！”

我哥那一劈柴下去，一定会出人命的，因为两个男人都打红了眼，在这春意盎然的夜晚。

老艾在笑着，浮肿的脸上全是惨淡的笑意，鹰一样的笑意。忽然，他爬起来就往房里跑。早霞反应很快，大喊一声：

“他去拿枪了！”

我哥一听这话，心中一紧，就飞起一脚，将老艾蹬翻在地，老艾的身子在地上梭了几尺，头就磕在房门上了，这一下，他可是磕昏了，就像喝了三斤苞谷酒似的，头始终抬不起来。我哥架着早霞，说了声“走”，就强行将她拉出了后门。早霞虽口里咕囔着“不行，不行”，但还是与我哥一起消失在了暗夜里。

老艾一个小时清醒后，叫来了乡里另两个警察，说他的老婆被羊家村的羊大双给绑架了。然后又向县局报警。事情就是这么。

第二天上午，十几名警察加上请了十几个农民，开始搜山。

一个农民，绑架一个派出所长的老婆，肯定是一个重大的案件。因为老艾说了，说我哥哥羊大双坚称村里收了我家的田，是老艾散布了不实的消息说我们哥俩死在了煤矿，因此半夜绑架了他有孕在身的老婆。还说他姨妹晚霞也就是大双我哥的弟媳的死，也是老艾造成的，就这么，犯罪分子气焰十分嚣张在半夜砸窗进门，打伤了派出所长，挟持走了早霞。当然喽，老艾也不否认羊大双我哥是为情而铤而走险，因为他老婆早霞曾经与羊大双我哥有过一段感情纠葛，但早霞早已不爱羊大双，但羊大双仍死死纠缠，企图用暴力来使早霞就范，早霞和老艾夫妇奋起反抗，还是让犯罪分子得手，将人绑架而去。

十一

我哥哥和早霞知道问题的严重性，但我哥哥不知道他已经成了被通缉的要犯，而早霞也不知道她意外地成了被绑架者。

绑架者和被绑架者互相搀扶着，爬上了一个山冈，这是狐茅岭。他们是从铜水垭进入狐茅岭一带的，在铜水垭，向山下看，眼尖的我哥就看到了警察，正在路上行走着，还有一条大狼狗。狐茅岭上，起起伏伏的全是去年的茅草，新生的茅叶也在茅根下钻出了绿色。去年的茅穗经过一个冬天的打击，依然摇曳着白花花的穗子，从远处看，依然气势磅礴，看不见一丝委顿和褴褛。奇形怪状的石头埋伏在茅丛中，像一尊尊踞伏的野兽。

我哥哥和早霞都伤得很厉害。他们倒在了一片茅草中，从石头的上方往周围看去，全是白涯涯的影子和荒凉的簌簌声。早霞已经走不动了，我哥坚持要她走，拦车，远走高飞。

“我们这可是上哪儿去呀，大双？……”早霞伤痕累累，神情恍惚，失魂落魄，她不能走，也不想走。

“我们必须离开，必须远走，必须避一避。”我哥说。

“我爹呢？他没跟上我们？……”早霞说。

“顾不上你爹了，等我们到外面，安顿好了，我会来接他的。”

“……一切可都完了，一切都完了……”早霞喃喃地说。

“没有，不准你胡说，等咱们出去，生下咱们的娃子，一家三口……对，还有你爹，一家四口，会很幸福的，你可不要那么想啊！”我哥说，想把她唤醒。也许是没睡觉，也许是被老艾折磨暴打，也许是没吃没喝，早霞的头脑有些糊了。

“……不，不，不要娃子，不要他，是个孽种，要不得的！不要！不要！”早霞无力地闭着眼捶打着自己的肚子。

我哥赶忙制止她，他给她用树叶兜来了水，喂给她喝。没有吃的，什么都没有。这是第二天的下午。

他们走着，猛然，我哥看见了山坳子下升起一缕淡淡的炊烟，或是烧荒沤肥的柴烟。我哥哥突然想起那就是石砚村，在村子上头有一扇巨岩。岩顶有个石窝，那就叫石砚。想起石砚村，就感到有救了，因为他想起了那个同行的男的，那个不走运的朋友。

我哥哥在山上安顿好早霞，扒开草丛向石砚村走去。很顺利就问到了那个人的家，果然有党参大棚，果然在大棚里找到了他。

那人看见是我哥，很惊诧，说：“公安局到处抓你，没抓到你呀！”

我哥说：“我跟艾所长打架了，抢出了他老婆，不，是我老婆。”

那人说：“我知道是你老婆，就是那个晚霞的姐姐嘛。可你不该这么冲动，后果严重呀！”

我哥说：“你的老婆被人夺走，你也这么说话吗？”

那人说：“我老婆被阎王夺走了。你现在想怎么办？可不能住在我家里牵累我们。”

我哥说：“我是想找你买二十个火烧粑粑。”

那人说：“买什么，我给你烧便是了。”

那人就要我哥躲在暖融融的大棚里，自己回家去了。过了一会，提着一大袋东西来了，我哥就闻到了香味，还有香喷喷的酸白菜味。那人说：

“我还是劝你投案自首，以后少受些苦，”又说，“老艾口碑不好，你这是替咱山谷的人出了一口气。”

我哥恋他的暖融融的大棚，不想走，说：

“能不能把我老婆弄来今晚在大棚里歇一夜？”

那人发火了，说：“还不快些走！往雁门口走！已经成了人家的老婆，就不是你老婆了，吃亏是福。”那人指着路说。

我哥走是走了，却回头大声地告诉他：

“人家的老婆，怀的可是我的娃子！”

我哥哥钻进密林回到山上，早霞见到酸白菜，像狼见到了羊，硬是一次就将塑料袋子的酸白菜给吃下去了。她可是真怀了孕。

我哥哥看着早霞狼吞虎咽，直想流泪。但为了早日远离这山谷，我哥要早霞再走一会，可早霞因为吃了太多的酸菜，又呕吐起来，样子十分难受。早霞给我哥说，实在走不了了，让我哥一个人走。我哥当然不，只好抱着早霞，把她放在膝盖上，在一个山洞深处生了一点火，与她一起进入了梦乡。

一些奇怪的梦和蝙蝠回洞的吱吱声把我哥吵醒了，早霞还在昏睡，在梦中瑟瑟发抖。白昼从湿冷的浓雾里钻出来，树上滴着冰凉的露水。我哥摇醒了早霞，要她吃粑粑，对她说：“这雾很好，我们趁雾多走几步，这儿危险。”可早霞依然浑身无力，连站起来的力气都没了。我哥望着雾中的树林，他决定背上早霞，背着她走。

我哥背上早霞，早霞可不是晚霞，加上有身孕，又不能太压迫她的肚子，只有双手把她的屁股抄得高一些。可我哥因为与老艾搏斗，伤情也很重，特别是手臂疼痛，不能用力。

早晨的露水里有许多吸血的蚂蟥，怎么扎紧裤腿，蚂蟥也能钻进去，仿佛是孙悟空一样。早霞的双腿吊在我哥的手前面，可也依然被草尖上的蚂蟥时时逮住。我哥有时一捋她的裤腿，就可以看见几个吸得圆滚滚的蚂蟥，于是就腾出一只手来与蚂蟥拔河，把它们从腿上扯下来，并且踩死。

就像背了个死人，我哥又负着重又要与蚂蟥较量，喘着此生最沉重的气，心里说：早霞啊，难道你就死了吗？就不能说一声让我歇歇吗？难道你就不能这么说一句，说大双啊可苦了你，让我自己走；说大双啊，你一定要坚持，走到巫山河，弄一条船，咱就一切OK了。

雾还是浓浓的，好像天有些阴谋。估计太阳不会出来。翻过一个山坡，到了山顶，就听见雾里传来了人声和狗吠声。我哥凝神屏气听着，听那声音“往这边”“应该是往那边”地喊着，吆着狗，就知道不是当地上山采药人或是套兽人。

“有追我们的人！”我哥说，就拍打早霞，早霞这时突然清醒了。我哥把她放下地来，像卸下了一座山，就挽着她，往更陡峭的山上爬去。

人和狗越来越近，狗该不会嗅着气味上来吧？这时早霞从身边捡起一块石头，就朝山下丢去。石头不小，一阵哗哗的响声，石头在灌丛里滚动，碰撞。早霞又捡起一块石头向更远处丢去，就听见喊：“那边！那边！”狗也上了当，循着灌丛里石头不绝的撞击声，呼地向山下扑去。人和狗终于与他们背道而驰了。

我哥见早霞巧妙地引开了警察，拉着她往上一指，就向上面爬去。

“大双，我们是往天上去吗？”

这话不吉利，我哥就喝住她道：“不许胡说！”

“我们不能老在山里打转哪！”

雾开了，云很重。

两个人都不行了，又是不停地爬山。山越爬越高，路越走越深。而且只能走一截，背一截。

群山齿齿，沟壑叠叠。

为了躲避警察的围捕，他们走的是没路的路。方向应该是对的。我哥哥抱定一个目标，一个向巫山地界的方向，向西，向西，向太阳下山的那边走去。

可是，他感觉不对，这一天的下午，他走着走着，感觉面前的一座山头是他们走过的，脚下倒伏的草不是别人走出的，而是他们自己。一股浓郁的、令人头昏脑涨的植物的气味紧紧弥漫在空气中。

“这不是迷魂塘吗？！”我哥哥惊叫说。

“迷魂塘？”

是的，迷魂塘就在这一带。我哥哥心里一直祈祷着千万别入了迷魂塘，要避开迷魂塘，却在浓雾中迷失了方向，误入了迷魂塘。

他看到了一具白骨。这就是迷魂塘，白骨旁还有许多绳子和一个腐朽的背篓，这是个采药人，进了迷魂塘，走不出去了，死在这里。

迷魂塘有四十八座一模一样的山头，长着几乎一模一样的树。大量的使人头昏的植物在这四十八座山里生长着，据说有着最珍贵最神奇的药材如千年党参、百年黄芪、一亩地大的金钗、成百上千斤的五灵脂。因为人迹罕至，常让人迷路，一般采药人不敢进入，有些胆大者进入采药，十有八九出不去……

我哥看到早霞一见着那堆人骨，一阵哆嗦，还哕了起来。我哥忙把她拉走了。我哥也哆嗦，心里一个不祥的预感像石头一样压过来。不过我哥是镇定的，因为不止他一个人，还有一个，一个他心爱的女人，还有女人为他不顾一切怀的娃子。他心里说：我们一个都不能死！他说：

“总有人能走出去过，要相信自己！”

他给早霞说，他天生就有很强的方位感，有一年跟爹一起进山采药迷路了，还是他带路出山的。可是他心里清楚，爹一生也没敢进迷魂塘。有一年，我们父子三人追一只岩羊子，羊已受伤，跑进迷魂塘，爹硬是喝住了我们和狗，打了回转。

我哥诅咒着该死的雾，那也是枉然。他和早霞不停地走着，不敢歇息。除了蚂蟥，还有不知名的恐怖的鸟叫兽叫。

一轮明月升了起来，像一个慈祥的母亲忧心忡忡地看着他们。过了一会，一阵乌云把月亮遮没了，早霞扑通一声倒在地上。我哥在黑暗中去摸她，发现她却哼一声也没哼。“就这么死了？！”我哥内心惊悚，俯下身去摸她，摸到了她，不是被野兽袭击了吧？警惕谛听着周围的动静，没有，什么也没有。早霞呼吸均匀。她一定是累了困了，她走着走着，倒地睡着了。

我哥哥见她睡着了，自己也犯起了困，睡意像山一样压来。他真想好好睡上一觉。可是不行，山里头冷，地上毒虫爬行，这么睡，就会睡成一具白骨！不，是两具白骨！而且还可能在睡梦中被抓住。我哥哥狠狠掐自己，抽自己嘴巴，掐舌头，并且用石头把牙床磨酸，酸得像吃了一缸醋。他费了好大的劲把睡死的早霞背起来，让她继续趴在自己背上睡。他拄着树枝，也抽打草丛开道，硬硬地朝自己认定的方向，闭上眼睛朝前摸去。

这一夜他竟然没有掉下悬崖摔死，也没有遇到凶恶的大兽。一般来说，兽是怕人的。人横了，什么也不怕。

混混沌沌地走着，天边露出了昼光。

“早霞，你醒过来没有？天亮了！早霞，天亮了，我们快走出这鬼地方了！……”

天亮了，早霞还在昏昏睡着，眼前的景物不曾相识，这表明他走的是对的。天空像一张死人的脸，散布在群山的头顶。他找到一处凹壁，放下早霞，摇晃她，让她醒来，又从壁上接水洗脸，让人清醒，再接来水抹到早霞脸上。我哥见早霞要死不活的样子，其实自己也接近了死亡边缘。他感到自己挪不动腿了，站起来都很难，并且拉起了肚子。

当他大喊早霞“醒醒”的时候，早霞在醒过来的那会儿，突然呼吸急促起来，嘴里发出了在噩梦中被虐的呼救声：“啊……啊……我要回去！……回去！……”

鸟从崖畔惊飞，哗哗拍打着黑色的翅膀。草丛里有小兽惊动，我哥就拍她脸，说：

“你别叫，小心让他们听到了！……”

这是气压极低的一天，空气能拧出水来，到处是灰蒙蒙的雾气。蓝色的花从阴暗的地方钻出来，开了一大片，一大片。这些花朵总喜欢在天阴的时候开放，并带来更难闻的毒气。崖上的映山红在雾里挣扎着，翻动着红沉沉的身子。杜鹃鸟的叫声，正凄清地划过天空，一声接一声。山风大了，山高了。可更高的山还在上头。这里依然是那没有尽头的落羊山谷，四十八座迷魂塘山头不过是山谷千万年的一堆小坟冢，荒凉是它的大部，村庄挤在山谷的裂缝里，好似不轻易见人的几只蟑螂。

我哥被骤起的山风一阵惊醒，当他凝视前方想看看究竟是哪里时，突然记不起这已经是在山中几日了。他的意识在突然想问题时模糊起来，好似大脑被人下了麻药。他想这是第几日呢？他想到最后，牢牢抓住了一个思维：我是在迷魂塘，我要和早霞还有早霞肚里的娃儿一起走出去，逃出警察的围捕！……

远雷在天边慢悠悠地滚动起来，正在向山谷进发。像固执的石块，迈动着阴险的脚步往这边走来。闪电像燃烧的天火，在云层里翻滚。

可我是想听到狗叫的啊！我想听到人吆狗的声音！人！我需要人！只要是人，只要是狗的叫声，现在我都会向他走去。我哥哥趔趔趄趄背着他心爱的女人，这时候绝望地想。

天地全是闪闪的红光，山雨欲来，树木发出不安的响动，山谷的吼声低沉、暴怒。就算是警察狼狗的吠叫，我也不会跑了，我也会向它走去。我只想见到人，不管他拿着大棒还是手铐……是开山炸石的声响吧？我哥这么想，总之那是人烟。我哥忽然对雷声闪电害怕起来，身子一阵一阵紧缩，热气被人抽干了。他在蓝色红色的花海中蹚着，就像在风浪中蹈行，他的眼前飘浮起两具白骨，白森森的骨头在闪电中像新鲜木头榫接的玩偶，迈动着鬼魂的步子——它们仿佛是这迷魂塘的主人。我哥哥看见那个高的就是自己。他骇然停下脚步，死劲眨着眼睛。幻觉消失了。他要寻找，在滚滚的雷霆声中，寻找人弄出的声音。

接着，他真的听到了狗叫。是狗叫，不是幻听！

一个炸雷从崖上滑下，带来了一大堆腐叶和碎石，并且让山崖冒出了烟雾。他的脚头一震。

“早霞呀！你可醒醒！”

他放下早霞，看到早霞早就醒了，眼睛睁得大大的，露出那眼中美丽的湖蓝色，圆圆的脸上没有表情，两颗美丽的小暴牙惊讶地露出来，充满了幼稚的困惑。

“狗叫了，早霞。”

雷声隆隆，尖锐紧迫。

我哥发现他站在一个高坡上，这已经是迷魂塘的边缘了！无意之间，他发现他已经穿出了迷魂塘，而且他看到了在低低的云层下面，在大雨将至的远方，与巫山交界的雁门口，正像一道大门，敞开了一道窄窄的亮光，在黑色的云层和黑色的山体间分外显眼！——他的手一指：

“雁门口！”

几乎是在同时，一个摧天裂地的惊雷从我哥的头顶劈下，一道金色的闪电像索命钩钩住了他。早霞在我哥哥的手指下望着那天边的山门正待叫好时，就见一道刺目的亮光向她袭来，一个绝响，把她狠狠地推倒——她全身都麻了，双目锐痛。她头落地，然后拼命爬起来。大地在微微抖动，她看见了我哥哥，还站在那里，像一棵烧得黢黑的巴山冷杉，一动不动，身子还冒着淡淡的青烟。

一阵凄厉的狗叫，带来了天空的蓝色——天这时蓝得像床上的缎面。早霞看到了老艾灿烂的狞笑。早霞突然解开了自己的头发——老艾看到，他的女人披头散发，向山谷里冲去，嘴里发出尽情的狂笑声，边跑边手舞足蹈，高声呼唤：

“大双！大双啊，大双！……”

那声音像急遽飘浮的云层，向远处的群山聚集，越传越远，越传越远……

木材采购员的女儿

吴三桂跟着她的爹乘轮船溯江而上，过了宜昌，进入西陵峡，然后，换了一只木船，进入碧绿碧绿然而波急浪陡的长江支流香溪河。他们要到神农架去。在那个巴山和秦岭交界的莽莽大山中，正进行着一场前无古人、后无来者的伐木运动。上千年的大树随着香溪漂出来了，轰轰隆隆的浮木像一群群巨兽把香溪河堵得水泄不通；被岩石撞碎的木渣儿满河乱飞。吴三桂父女的船时常得躲着从河底里射出来的木筒。河越往上，纤夫们的脚越吃力，他们可着喉咙，唱着恶狠狠的、短促的纤歌，四肢爬地，贴岩而行。走了一段，一个个干脆脱得精赤条条了。吴三桂的爹对不足十七岁的女儿大声呵斥，让她躲进船舱里去，别把眼睛丢在外面。而外面的景色让人目瞪口呆，新鲜异常。在她的眼中，纤夫们因短裤印迹印出来的黑白分明的屁股，毫无邪意，它与险山、陡水、荒河一起，倒是让人肃然起敬。

进了神农架，植物密不透风，头顶阳光稀少，浓雾诡秘，大树身上的青苔一寸多厚，好像一个个不吃不喝站了千年万年。这少有人触动的地方，少有人目光触动的地方，敢情都生了苔啦。阳光一来，万山空阔，葱郁如海，金丝猴们披着纯金色的长毛披风，在林中如箭镞呼啸而去，成群的鬣羚因为炸山伐木的惊恐，在哀鸣声中飞跌而死，悬崖万丈，鲜血历历。麝獐在逃跑途中释留了奇异无比的香味，让山林异香扑鼻，刺激得人直打喷嚏。木材采购员吴忠拉着他的女儿吴三桂，穿行在一群又一群伐木者中间，一个又一个伐场中间，油锯间飞起的锯末覆了他们一身树脂的清香，绞盘机把一根又一根大木从山坡底下拉起来，集材机把它们又汇拢了拖走；一些人将砍成数段的圆木钉上防裂器，涂上沥青膏，喷上防腐剂，用铁丝捆头，一声声的“顺山倒”从森林里扑棱棱飞来，吓得人抱头鼠窜，避之不及……

吴三桂十分不解，刚才枝繁叶茂离天三尺的大树，刹那间就倒地成了光秃秃的圆木。她问她的爹：他们为什么要砍这些树呀？她的爹说：“有用呗，打家具呗，铺枕木呗，做房呗。不砍了它，长在山里又有什么用？一文不值。”他的爹叉着腰在山头骄傲地说：“看，这就是建设者的风采。”

在江汉平原的一个小镇林业站当采购员的吴忠，近水楼台先得月，他的家里早就储备了几根来自神农架的青枫圆木。吴三桂尤其喜欢那个“枫”字，这个初中毕业在镇供销社饮食店临时端盘子的姑娘，私下将自己的名字改成了吴枫。她的爹吴忠说，你没有看到大青枫在山上是一副什么样子。“大青枫，大青枫！”被大青枫的风景所蛊惑的女孩吴三桂吴枫，此刻就站在那些大青枫之下，赶在伐木工人下手之前，她捋到了许多青碧小巧的三角形枫叶，她想当夹进书页后它们就会像秋天变得通红，她要回去送给她的好友们，或者自己一个人欣赏，作为一种留念。这时候她的爹吴忠要她去更高的山垭，他要去采购更多的青枫大木。

他们上了乱云垭。在那个地方，要经过简直没有天空的树林，悬崖坠在头上，一条看似有许多兽迹的碎石路刚刚开通，在滚滚乱云中扶摇直上。吴三桂在一些她不认识的树木间穿行，那些树像一些冷鬼恶魂，黑压压地站在简易公路两边。天似乎在下雨，其实是湿漉漉的云雾，碰到身上便成为雨帘，树枝间飞飘着一绺绺的云雾草，像树的百年老胡子。她的爹指着山顶说："哈，我看到一棵直通通的青枫了，通到天上了，像天梯一样。"这时候雷声轰鸣，突降暴雨，哪来的大青枫呀。他们躲在一个石岩边，裤腿已经精湿。好半天雨住了，许多黄嘴的乌鸦开始鸣叫，一队红腹锦鸡拖着秀丽的长尾从林中的空地上滑过。正在结果的荚迷，粗粗细细的亮叶桦和一根并不太高的紫色连香树都突然间从沉雾里挣出来，向她表现着明媚的感情。青枫林就站在它们的后头，在伐木工们的喊声里瑟瑟发抖。这时，从一棵造型漂亮的青枫下走来一个男人，三十多岁的年纪，显得苍老、野蛮，他挎着一把有防震架的磁电机油锯，敞着跟岩石和树皮一样颜色的棉衣，一阵尖锐的空响从油锯口传来，千千万万的雨珠子突然间都似乎因害怕而贼亮贼亮，睁着无数双眼睛看吴三桂父女怎么与那个人会合，说话。空气，虚无缥缈的湿漉漉的空气，脚下的泥水和苔滑。吴忠没说什么就交给了那个人一张纸，是一张工单。那个人在晦暗的光线里看了看，就揣进衣兜里，那个人看了看她——吴三桂。吴三桂的目标并不很大，也不光鲜，因为她个头不高。那个人把他们引进了云雾中的工棚，一个和几个连起来的垛壁子油毛毡屋里。那个人让他们坐在火和烟雾同样猛烈的火塘边，不知从火堆里刨出了什么，要他们吃。吴三桂看着她的爹龇着外露的牙齿恶狠狠地把那些带壳的果实夹在板牙中间使劲咬着，然后吃着。再然后，他们就吃起了麂子肉。他们和工人们一起吃麂子肉。他们用刀把肉削成一片片，蘸上些盐粉，用两把树枝摊在火上烧烤，他们吃的是烤麂肉。然后，那个人就要吴三桂留下来帮他们烧几天火。那个人说，炊事员因为拉肚子到山下去了，他们需要有一个烧火做饭的，保证吴忠这五十方青枫一个星期交货。那个人姓蒋，大家都叫他蒋队长，那个人说他叫蒋明孝，是一个说话算话的人。蒋队长把一把油锯在椅子旁顿了顿，用长满老茧疙瘩的手试着锯齿。蒋队长说就只七天么，你下山去给我们袁总带信，我负责完成党交给的任务。

在这样的时刻采购员吴忠已经没了辙了，仿佛是一条唯一的道路，吴忠就把她如花似玉的女儿留在了这高寒的山上，留在了一堆男人堆里，就像把一只羊丢进了虎狼窝。可他为何当时爽快地答应了呢？他说："蒋队长，你真能保证一星期拿五十方出来？"他说："我就将我女儿交给你了。"他还说："你们让她住哪儿呀？"手拿着一本印有"上海"字样的缎面日记本的吴三桂，懵懵懂懂地就留下来了。这是哪儿啊？这些人是什么人啊？这是何年何月啊？猿啼虎啸，狐奔熊走，群山如浪，云雾如海。她烧饭给他们吃，烧水给他们洗，她用山泉洗锅，择天葱做菜；她看他们伐木，晚上睡在一张不知谁睡过的、充满了烟屎味和脚臭味的湿漉漉的大棉被里……

七天以后的一个晴朗日子，百鸟和鸣，阳光如箭。一阵汽车引擎的声音爬上了乱云垭，吴忠带着四辆南京嘎斯来拖木料和领女儿了。木料倒是齐了，都打了标记，高高地、整齐地码在简易公路边，可是吴忠的心依然忐忑并有预感。他在喊女儿的名字冲进工棚时，看见一个女性的身影一闪就不见了，再也找不着了。

"你出来呀，三桂，吴枫！"

他大声地喊着，跳着脚，到处搜索，没有女儿的人影。那个叫蒋明孝的人对他说："你女儿是不得跟你回去的。"

采购员吴忠知道他要爆发了，上山来之前的几个日日夜夜他就有预感，他是来爆发的，他是来杀人的。他要杀人，他要让血洒乱云垭，他要拼个鱼死网破，万一女儿有个闪失，被人侵害了。

事实出现了，恶劣的事实出现了。吴忠喊："你出来呀三桂，你跟我回去！你告诉我出了啥事！"

"反正她一时不会跟你回去。你再来，她再跟你走。"

"她死了？"

"她没死。"

"她没死你就给我交女儿来！"吴忠一头撞向手拿红色油锯的蒋队长。若不是被几个人拉住，他的头就会被锯开瓢了。他向工棚后山的老林眼泪婆娑地喊："三桂，你这是为什么呀，你为何不敢出来！"然后呢，这个平时心高气傲自视为高人一等的木材采购员竟一膝给蒋队长跪下了："你放我女儿一条生路吧，你这是干什么，你想与她成家，你也要合理合法地办手续，明媒正娶……"

吴三桂永远记得那个枫林如吼的夜晚，她被两杯苞谷酒放倒了，她摇摇晃晃地被蒋明孝架进她的板壁房，黑灯瞎火，混乱中他就用胡须扎人的嘴堵住了她的嘴。"不，你给我点灯来，你放开我！"她如何能容忍下那一张嘴，那一个人，与神农架的黑山恶水一起骇人的男人的一切，力量、气喘和侵略。她又没有防备的经验，她虽然感到了虎视眈眈，她虽然恐惧，在离开了父亲之后的第二天一早，整夜未眠的她想一个人跑下山去，可路野，林深，云乱。那些人对她还不错，可全是一些山野气息浓重的陌生人，跟一群山兽为伍没有两样。大青枫在他们奇怪的武器下一根一根无缘无故倒下了，然后他们就要伐她了吗？

吴三桂没想到事情来得这么快，这么突然。那个人用膝盖死死地抵住了她的腹部，扯开了她的皮带，像剥树皮一样剥下她的裤子。天，为什么会是这样，为什么会是这么一种下场。在厚厚的棉被下还有一个重重的人，像油锯一样要锯她的身子，伐了她，要把她剁为三截，落下的青枫叶子像无数的三角形噩梦。她将被压成一张纸，捣成一堆烂泥。用木板拼凑的床铺发出了比她更难受的声音，持续不断，愈来愈猛。后来的情形连她也不清楚她为什么要发出呻吟，来释放那心中的恐惧以承认这个无可奈何的现实。那垛壁工棚外的树吼也许是一个原因，陪伴着她，像她的亲人无望地呼喊着她。恶魔似乎早就存在在这个屋内，跟他们火塘边所谈的山精木魅野人一样，一起，制造着新的情节，让她成为故事中的一部分。妖媚的漆树姑娘、山洞的母野人、狐狸精、花花蛇、女鬼……人在那样的环境中突然感到她成了那妖氛弥漫的大山的一部分。她后来眼瞪着黑漆漆的油毛毡屋顶，看树枝在风中错打在顶棚上，树一如既往地吼叫着，掩饰了她的尴尬，出丑，痛苦，孤独无援，求生不得，求死不能。

“我该死，你抽我吧！”他说。那个姓蒋的酒气熏天的男人说，他摸到一把吴三桂的眼泪。那是女人的眼泪。这个恶魔有些心慌了，他就扇自己的嘴巴。他就给吴三桂下跪，要她别往悬崖下跳……

吴三桂羞于见她的爹，她听爹哭喊着离开了乱云垭，她没有哭，她横过脸来严厉地对蒋明孝说："你要我跟你呀！你除非把我杀了。"

跟也得跟，不跟也得跟。姓蒋的说了，你要是跑了，跟你爹下了山，我半道上截住，我把你们父女一起杀了，用油锯锯为三截，喂老熊。

这天晚上，吴三桂被蒋明孝拉着，一干人马，在山下的香溪河边汇集，领了造反组织"新林总"吴司令的命令，人手一个炸药包，去炸另一个被称为保皇派"新伐联"的一号头头黄司令，为了争神农架林区革命委员会主任的第一把交椅，心狠手辣的吴司令开始了血腥的暗杀。可怜的对方黄司令，沿着香溪河从兴山县回来，坐一辆颠簸的吉普，正待从一座木桥过河时，突然桥上亮出了一排火把，紧接着几个炸药包就扔了过来，把黄司令和他的车炸得飞上天空，尸骨无存。

在紧张的黑夜里，这一次新奇的历险，绝不亚于她的失身。她的耳朵都快震破了，一个晚上都嗡嗡直响，在一团火球中吉普车分解的那一瞬间，吴三桂在寻找黑暗中的一只手，那是恶魔的手，现在却需要它。她太害怕了。这样的爆炸只在电影中看见过，在《地道战》《地雷战》，在《董存瑞》和南斯拉夫电影《桥》中见过。这个神农架的深山里确实怪呀，怪人、怪事、怪日夜。有谁喊："撤呀！"接着黄豆大的雨点就砸下来了，还有冰雹，好像有人砸石子一样。这完全是一场战争，就像打仗，像行军和逃亡。吴三桂纤细的小手在一只大手的紧拽下高一脚低一脚往山里跑，往山上跑。她不知道往哪儿跑，她只知道必须不停地挪动脚步，不能停下来。没有灯，也没有目的。那场雨所聚起的声音似乎想冲毁后面发生的一切，抹平它们，爆炸和伏击，车毁与人亡。这是为了什么？这些人，这些当地的和从各处而来的伐木者，这些男人和女人们，他们为了什么，要跑这么远来扔炸药包置人于死地？

整个后半夜在惊悸和动荡中的睡眠刚过，乱云垭就乱了起来，听说当地驻军已开拔来搜索和追抓凶手了。省里还出动了直升飞机，吴司令在当天晚上的软禁中用自己的裤带自缢身亡。跑！快跑！吴三桂从朦朦胧胧的梦里被拎起来，像拎一只小鸡小羊，又跟着蒋明孝往山谷里跑了。

“你干什么呀！”“你干什么呀！”“你干什么呀！”

吴三桂连喊了三声，三声喊完时，他们已经钻进了一个飞泉直漱、苍苔茫茫、朽木连横的石槽。

“你跟我回家！”她听见他恶狠狠地说。

石槽顶的刺叶栎和木通互相纠缠得遮天蔽日，华钩藤和毛药藤像从斜处蹿出来的魔手，撕扯着吴三桂的衣服和手臂。蒋明孝说：“快跑啊，快跑啊！”他的脸被刺划出了几道深深的槽，耳朵淌着血。这是地狱，这是往地狱的门，更远的地方是哪儿啊。更远，她怎么能想到更远。

山越来越深，天越来越野，远离了人烟和地球，那从山岩缝里挤出来的一点儿苞谷和田土，是野人点种的还是虎狼点种的？吴三桂在两天的逃亡中记得她进了村子，又重入森林，走入谷底，又再进深山。山像时死时活的记忆，像一个又一个陌生的噩梦。山原来就是这样，随便一踏就是一条路，随便一踏就是一条险途。

吴三桂走进蒋明孝的村子时，是第二天已近傍晚时分。她腕上的上海女表停了，只记得太阳哗啦啦地往一座山头撞击，寒气骤然降临，人不由自主地哆嗦起来，烟岚跟着她的裤腿走进一个突出的山嘴，七八家用黏土堆起来的人家，臭气熏天的畜栏似乎是她全部的记忆。狗在疯狂地、富有激情地咬着他们，被咬的是一个女人，一个从山外闯进来的女人，她的那一件腈纶的秋装和翻领熠熠闪光，她的脸是金瓜似的有轮有廓的脸，不像那些村里人的脸，全是从山缝里扒出的地瓜似的脸，极不规范，形态各异。她腕上的手表也极为抢眼，没有绉褶的化学裤子，荡漾，笔直，一双有胶底的平绒布鞋，虽然已经沾了泥水，可她的胶底踏着石子小路时依然噔噔直响。她的嘴角是矜持的，蔑视的，不与人为伍的，眼神也不同，虽然眼中没有岁月的沧桑，沧桑值几个钱呢？在迎接她的那一双双沧桑的眼里，不是全都填满了自卑、羡慕甚至莫名其妙的、与生俱来的歉意吗？可怜的“八人刨”，这就是蒋明孝的村子，它叫八人刨。是八个人刨出的村子，是三家人，是很有些年头了的古代三家，一家姓韩，一家姓陈，一家姓蒋。来自陕西、河南和四川。一共八个人刨出了这片外人绝不知道的炊烟。因为开垦，除了几只鸟，所有的野兽都没有了，水、风、稀稀朗朗的树，都服务于这群灰头土脸的人。土地在斜坡上，被水冲得干干净净，连一个细菌也没有了。要想长庄稼，只有不停地养牛和猪让它们沤肥。因此，猪圈和牛栏里，常年有一尺多深的粪水，它们泡烂了牛蹄猪脚，让猪和牛的肉里浸透了粪便的气味。整整一年，吴三桂看见他们桌上端出的猪肉就作呕。

啊，蒋明孝带回他的媳妇啦，这真是好事，看看人家伐木带回来的媳妇吧，小得像他的女儿。看看人家身上的工作服和机油，看看人家的头发，走路的样子。虽然失魂落魄，可现在的蒋明孝因为手里带着一个女人（他们竟然手牵手！），村里的人完全没想到他是个逃犯。他的父母全是猜不出年纪的人，他的母亲与猪食的气味近似，他的父亲与石头的气味近似。麻木，即使高兴也麻木，高兴令他们更加麻木，像一些被风吹雾罩的植物，摸头不是脑。倒是他的叔叔，一个住在他们家后山坡不远的鳏夫，提着一只毛锦鸡来了。他说这是我用钉耙打的。接着他又端来一碗他做的野猪肉，在堂屋还没有开饭的桌上，烟熏火燎的屋子里，只有吴三桂那一排微微启齿便露出洁白的牙齿闪烁着。蒋明孝的叔叔手端着一个像从灶里扒出来的土碗，满满地盛着的一碗野猪肉端送到了吴三桂的面前，也不说话，只是由衷地傻笑着。

“你吃，这是野猪肉，这是腊野猪肉。”蒋明孝示意吴三桂接过来。吴三桂看到的是一碗用灶灰裹着的菜，是一碗不辨颜色的、烂同污泥的动物的尸体。蒋明孝说，我叔叔不会说话，你看他嘿嘿地笑了吧，他只是会笑。蒋明孝叔叔的一只大黄狗也向吴三桂摇着芦花穗子般的尾巴，张着大嘴，舔着长长的舌头，好像说：“你吃吧吴三桂，可好吃了，我刚才也吃了一大碗。”这就是狗食，吴三桂终于明白了，她不接，誓死不接。接着听见了一阵鞭炮声，蒋家放鞭炮欢迎他们的媳妇了，接着全村的人都跑来了，人们再一次看着这个山外来客，这个标致的女孩。蒋明孝的叔叔这时退到了门外孩童般地笑着，而蒋明孝的弟妹这时候忙得都像陀螺似的。他的弟弟在饭熟后要拿鞭杆去放羊，屋里的人说：“吃了再走嘛。来，吃，吃，怎么不吃呀，这是野猪肉，这是芫藿炒猪心，这是黄豆炒猪尾……”苞谷酒的酒香从来没有像今天这样，能替蒋明孝说话，满屋子的空气都似乎像老实、宽厚、劝说的嘴巴，要吴三桂留下来，认了这一切。

鬼城似的峡谷，一望无尽的山涛，黑森森的白天和晚上，多么可怕啊。吴三桂紧紧被蒋明孝防着，守着。他的家人问他：“这妮子怎么一天到晚哭哭啼啼？”蒋明孝说：“她爱哭让她哭去。”当别人问他是不是回家休息的，他不耐烦地说：你们别管。有一天，吴三桂到屋后那个天然石臼搭成的茅厕解溲，一条巨大的蟒蛇从灌木丛簌簌地爬出来，朝她吐着一尺多长的血红芯子，她提着裤子出来下石阶时，摔到了石岩下，连吓带摔昏死过去。

“爹，你来救我吧！”吴三桂在心里一遍遍呼唤。她要爹带蛮多蛮多人来，带上够对付蒋明孝和他们一家的人，带上民警，带上解放军，带上伐木队的领导来，先把蒋明孝捉拿回去，然后她就堂堂地出山了，她就回去，不怕人的闲话，回到小镇的平坦路上去，回到有照相馆，有电影院，有瓜子摊的生活中去。总比在这儿让鬼吓、蛇咬、蒋明孝摧残好呀。在那个夹有青色的青枫叶子的笔记本里，她写下了许多渴望，写下了许多骂蒋明孝的话。可是有一天，她发现她怀孕了。她不停地呕吐，吃什么吐什么，下身干干净净，仿佛不是女人了，没有了三十天必来的那些红水。当蒋明孝一家人都知道后，一家人就愣在那里，跟一堆糟木头没有两样。

“看着这些苕货，这些木头一样的人！他们就是一根根木头，哪像人呐！”她在心里发疯地喊。

蒋明孝要他的老娘蒸蛋给她吃，贴洋芋饼给她吃。他们把洋芋煮熟了，搅成稀泥与大便一样的东西，然后贴在锅里用油煎。吴三桂不吃，吴三桂誓死不吃，“我不吃大粪！”她高喊。她已经无法吃了，她瘦得皮包骨头了，两只烈女子的大眼睛更加大，像两个牛铃瞪着眼前的一群人，里面顽强地燃着怒火。

“你跑啊，我放了你，我服了你。”蒋明孝说。

他是怕出人命？他还怕出人命吗？他不是积极地拿着炸弹去炸黄司令吗？他果真放我一马？吴三桂就开始往外跑，她早就知道了有一条通往山外的路，她细心记住了许多人走的路，从他们的言谈中知道了哪儿可以通往很远很远的山外。可是，没有走上几步，她眼一黑，腿就委下来了，人就百事不知了。

过了两天，吴三桂的爹吴忠神仙下凡一样地突然出现在蒋明孝家的门口。正从地里背了洋芋回来的蒋明孝听说山外有人来找他了，吓得丢了背篓就从后门蹿出去往山上的老林里跑，以为是有人抓他来了。然而来的是木材采购员吴忠，还有吴三桂的小舅舅。亲人来了是有预感的，那一天，久没有上发条的上海女表突然在枕头下嘀滴嗒嗒地走了起来，屋后村子里老是鸦啼不停的声音，突然在早晨传来了一只喜鹊的聒噪，她从潮湿的床榻上支起沉重无力的身子，一眼就看到了她的爹和小舅。父女俩抱头痛哭。这当儿，门楣垮塌、台阶失修的屋外面一下子围上了二十多个人，还有十几条大大小小的饿狗。八人刨平常枪打不到一个人，这下竟然把全村的男女都集中起来了。他们是来阻止吴忠带走人的。

“她要生娃儿了。”蒋明孝说。

“看把我女儿折磨成什么样了！姓蒋的，你好狠心呀！”吴忠指着自己的女儿又点着姓蒋的鼻子说。没有说上几句话吴忠的手就薅上了蒋明孝的领口。吴忠用头猛撞蒋明孝，说：“老子今天就死在你这里算了！”吴三桂的小舅上去拉开了大打出手的吴忠。那时候蒋明孝并没有还手，他的衣领拉破了，头发好像也被拉掉了一把，鼻子上抠掉了一块皮，正在往外渗血。蒋明孝说："她生了娃儿回去。"

"三桂，你就死在这里算了，我要是你，我早就一根绳子吊死了！"

吴三桂去追她的爹和舅舅的时候，被很多帮闲的拉住了，有男有女。蒋明孝那时候赶忙往背篓里放腊肉，那些生了绿毛的腊肉，在神农架是家家都有的，无论多穷，肉是有得吃的。他对吴忠说："你上次说你们那儿缺肉，我跟你背几刀腊肉出去。"蒋明孝背了满满一背篓的绿毛腊肉，跟在吴忠他们身后。吴忠骂他个不要脸的流氓，坏蛋，说谁吃你的腊肉。可蒋明孝亦步亦趋。走一截吴忠回过头来赶他一截，像赶一条狗。可他一直跟到长江边，一直赶到长江边。第二天蒋明孝回到了村里，用一只肩膀挎着一个空背篓。他的腊肉是被他的愤怒的岳丈丢在了山里还是丢进了长江，以后一直都是个谜。

再坚硬的石头总有一天都会被时间风化或被雷电击碎的。吴三桂又一天在山坡的氿水窝洗脸时，对丛林中蹿出来喝水的斑羚大吼了三声，并拾起一块石头来向那野物狠砸，又吼又叫，硬是把那几百斤的野物喝退了。她突然感到自己有了对付山野的办法和力量，然后赶仗的人拿着枪和开山刀顺着斑羚逃跑的方向围过去，竟然一口气打死了两只斑羚，一公一母。蒋家因为吴三桂发现斑羚的功劳，分了一大块好肉还加上一些羚肝羚肺什么的，吴三桂那天自己在锅里放了一大把野蒜，当地人称为天蒜，在神农顶最高峰采得的。她说，我为什么不吃呢？我为什么要把自己饿死？她说："给我盛一碗！"这个江汉平原的小女子开始指挥蒋明孝了："给我盛烂的，煮烂一些！"她大声说。然后蒋明孝的那个不怎么说话却很会傻笑的叔叔，也提来了一只毛色灰得无比高贵的竹鼠，足有五斤重。这位叔叔手上缠着厚厚的破布，显然是被竹鼠抓伤了，他抹着一鼻子的灰，手指甲里全是血，那是刨竹根下的洞刨的。"看喏，看喏，牙齿，牙齿。"这位笑得像孩童一样的叔叔一个劲说着竹鼠的牙齿。大家就说这"竹溜子"太好吃了，比老熊和豹子肉都好吃，豹子肉有一股狐臊味，老熊肉就像木渣。说汤好喝，那就喝汤吧，喝。竹鼠在被宰杀时却跑了，那个叔叔赤着一双脚满村里捉它，真是无比的滑稽，许多人都来捉那"竹溜子"。

重新逮那个竹鼠给八人刨整个村子带来了欢乐，有人为此打破了脑壳，有人挂破了衣服，有人手上沾满了竹鼠的血，最后还是蒋明孝叔叔从一蓬刺棵里爬出来，竹鼠的两颗大铲齿咬住了他的手，蒋明孝的母亲在一旁惊慌地喊蒋明孝，蒋明孝把那个垂死挣扎的竹鼠一棒打了下来，一刀砍断了它的喉咙，吓得吴三桂浑身筛糠似的发抖。蒋明孝的母亲诚惶诚恐地端着竹鼠肉和汤伺候着卧在床上的吴三桂，生怕她把碗摔了。她的胆子还没有大到这种地步。她只是吃，或者不吃，以此来表达她的心情。她大快朵颐的时候，肚子已经膨胀了，娃子已经出怀了，娃子需要营养来成长，为了肚里的娃子，她也要吃那些过去见都没见过的，在神农架也变得很稀罕的野物。她要吃遍神农架。吃竹溜子，吃野猪火锅、斑羚、麂子、九节狸，吃野菌、灵芝、五味子、鸦巴果、木通、猫儿屎，吃娃娃鱼，吃石蛙，吃蕨菜芽子、芫藿、天葱天蒜、洋鱼条子（一种鱼），喝桦树汁，吃野柿子，啃拐枣，嚼山楂，用山牡丹的根、皮煮鸡，用紫苏煮懒豆腐。天上飞的，地上跑的，山中长的，全吃。

“这太好了，这太好了。”蒋明孝的母亲时常给家人报告吴三桂的情况说。

什么结婚，什么门当户对，什么志同道合。吴三桂盯着房里那口立柜上不知哪个乡村木匠胡乱画的一幅喜鹊登枝图，就糊里糊涂地生了个女娃子。五个月的冰封雪埋终于盼来了不肯解冻的春天，寒冷还在心上、床上，路是没有了，太阳好像温热了一些，落叶的阔叶树好像开始打苞了，出芽了。生娃儿就在那张狗窝般的昏暗的床上，火塘里的火可算是猛烈巨大，烧得火星盈帐，火气和痛苦差一点把吴三桂闭了气。她喊她的娘，娘呀娘呀。哪儿能抓到她娘的手，她抓住的是床沿，仿佛能帮助她的只有那床沿，娘的手就是那硬硬的木头，她喊呀喊呀，娃儿出来了，肚里空了，人软了，像一堵墙被人掏空了里面的泥巴，要坍塌下来了。她不知道是怎么支撑着走进梦境的，她浑身淌着冷冰冰的汗看见一个淡蓝色的森林里全是金色的阳光，她抱着一个小娃儿，一放下地，那娃儿就在森林里跑了起来。娃儿能跑啦，娃儿是她的，她喊她什么。后来她醒了，她看看身边，有一个娃儿，被一些稀奇古怪的山里人传来递去。那是她的娃儿？她有娃儿了？娃儿叫什么名字呀？她努力地去回忆梦中她唤的那个名字，好听的名字。啊，是什么枫吧，蒋小枫，她就叫蒋小枫。不管跟哪个姓，我不管她姓什么，我要叫她小枫。就是小枫，青枫的枫。她的男人蒋明孝用湿漉漉热乎乎的毛巾给她抹着身上，往下身垫草纸，说：“还是喜欢青枫呀？”吴三桂就哇哇地哭了，从别人的怀里夺过她的女儿，紧紧抱着，先喊娘，再喊小枫，呜呜地哭得好伤心。然后望着烟熏火燎的椽子、屋梁、有缝隙的青瓦，眼睛死鱼一样。她的奶水出来了；这么快就出来了。她喂她的孩子，擦干了眼泪，看着自己的孩子吃奶。

有一天她看着山外明丽的蓝天，从那儿飘过来一朵又浓又小的云，就像一封信，像一个友人走过来一样。山上的树依然在沉寂着，庄稼和土地也在沉寂着，没有什么两样，而那天的蓝天和她感觉空了的肚腹给了她回到父母身边的激励。她那时总觉有一种无言的喜悦，不知发自何处，好像是从身体上发出的，当她意识到那个累赘似的孩子从肚里掉出来使她彻底轻松后，她就有要离开这大山、峡谷的打算了。有一天她给他说了，在一番假惺惺的缱绻以后，她说："你让我走吧，娃儿我留给你。"那个人，那个男人，蒋明孝，明白无误地告诉她：不许可。

"那我要跑我早就跑了，你追不着。"

"你跑看看。"

吴三桂再一次哭了起来，她决定绝食，不给女儿奶吃（早就差不多无奶啦，三个月就断奶啦）。她说："让我跟娃儿一起饿死。"可她的婆母——蒋明孝的母亲却用嘴巴把饭啊菜啊嚼烂，再嘴对嘴地喂给孩子。这多么恶心啊，这是什么世界什么生活啊。你们的碗哪一只没有被狗舔过？你们的灶上灶马子（蟑螂）和老鼠跑成阵，猫在锅里抓饭吃，你们是原始人吗？是畜生？猪狗一样？让我饿死吧，让我饿死吧，不放我走，我就饿死，我把孩子给你们了你们还不放我走，把我关在这里等死啊，我不习惯这里，我不满意这里，你们为什么把一个小女孩关成了小妇人，还不放？还要把她的尸骨关下来，埋在这鬼不生蛋的地方，这深山老林里？你们也是有儿有女的，蒋明孝，你也有妹妹的，若你的妹妹被人强奸了，关了，你会不会去拼命？你们为什么干这种伤天害理的事呀！吴三桂狠狠地用头撞泛碱的墙，撞床头。她是发誓要死给他们看的。那至少有两夜，她不停地哭喊，不吃不喝，把这八人刨村里的狗也搅得一夜夜不安生，整夜整夜地狂吠，好像村里要死一百个人一样的，鬼魂都来到了这个阴暗死寂的村里。好吧，好吧，小先人，放你走，你走，你这烈性女子，江汉平原的女子就是烈。走吧走吧。他们给了她二十块钱，给她一个大蓝花包袱里装满了一些茶叶、蘑菇和腌熊胯等一些乱七八糟的东西，给她做了一套花花绿绿的布料的新衣裳，给她买了一双解放鞋，就这么想急匆匆地把她送走了，像送瘟神一样。吴三桂拿着二十块钱说："蒋明孝，你好黑心，你把我一辈子害了，就这二十块钱的赔偿？"蒋明孝说："我是在伐木队上班我就有钱给你。"吴三桂说那你为何不回伐木队？蒋明孝说抓了那么多人判刑，我回去不是送脑壳让人剁？吴三桂说："蒋明孝呀蒋明孝，我走了，你好好管你的妮子吧。你有心送我，把我送到公社，把小枫也抱去，让我跟她照张相。"

三个人一行走到公社，已是傍晚，敲开照相馆的门，央求他们给照了一张母女俩的照片，又要求他们给赶洗出来。那个照相师傅起先一口回绝，吴三桂和蒋明孝说了许多好话，后来又把包袱里的一包蘑菇拿出来给他，才勉强答应了。他们一家三口那时候在只有十来个房子的公社土街上。蒋明孝要去登个旅社，吴三桂不肯，说："从今以后，我是死也不会跟你一个床睡了。"她那时虚弱得十分厉害，天气也突然变冷了，飘起了不大不小的雪花。吴三桂看到蒋明孝快哭起来，在饮食店买个干硬的馍馍谁也没吃一口，他却掰下一块要嚼了喂给女儿，吴三桂用仅剩的一点气力大吼道：“不要这样喂她吃了，让她饿死了还好些！”终于拦到了一辆车，一辆到秭归去的运木材的南京嘎斯车，司机也停下来了，说只能带一个人，吴三桂便往车上爬，蒋明孝说：“你不要相片了吗？”吴三桂说：“我不要了！”

她生怕蒋明孝会爬上来拉她的，会像在乱云垭一样，像一头野兽向她扑来，没有任何余地用绝对的暴力征服她，把她压碎，让她痛苦地叫喊并成为了一个女人，一个什么滋味都尝过的女人，一个真正的女人。可是没有。这一次没有，蒋明孝站在原地，他把那个包袱甩给她，恶狠狠地拍拍手，站在那儿。司机要吴三桂进驾驶室去，可她不去，她就在外头，在车厢上。她已经害怕并领教了这深山老林的陌生男人。大雪在此刻就降临了，仿佛是一种报应，昏暗的天色和迷蒙的雪在汽车的引擎声中搅成一团，跟随尾气的气旋向后闪去，天真冷啊，她穿在内里的还是一件过去做姑娘时的毛衣，她自己织的。车拐了个弯儿的时候整车的木材发出倾向一边的挤压声，恰好这声音引来了女儿小枫的尖声哭叫——假如没有这个急转弯的平坡和一车木头的倾轧，她不会听见那么悲恸、可怜的女儿的哭声，那声音在风雪中里愈来愈响，愈吹愈亮，整个山壁山谷都是，散乱在每个角落，那哭声亮晶晶的。

“师傅，停车！师傅！”

她拽着包袱往回跑去的情形她多年以后再也记不住了，那冰冻的路，那看不清的路边的悬崖，她为何没有掉落下去？为何没有摔跤？——她究竟摔跤了没有？她是如何追赶上向峡谷里摸黑走路的蒋明孝父女？她自己呢？没有一线天光的那个夜晚，她如何向八人刨的方向追循而去？她一路流了多少泪？

这一年的春节来临时，吴三桂的身体缓过一口气来了。但她依然不能远行。回家的事就暂时搁置了。而蒋明孝说：她那边的平原家里肯定是缺肉的，山外边都是凭肉票，过去她的父亲吴忠说是不要，那是上了霉的腊肉，这是冻好了的鲜猪肉，我给你家背半边去。我就去了，给你报个信吧。蒋明孝在腊月二十四过小年的那一天动身，将半边猪肉放在背篓里。神农架的年关早就壅了数场雪，雪有两尺多厚，早晨起来，最上面的雪都冻成了硬壳。这个人执意要去，吴三桂没有阻拦的理由，那就去吧。蒋明孝顶着一张塑料布就上了白雪皑皑的山梁。雪一直下到腊月三十,三十的那天蒋明孝的弟弟和妹妹以及父亲轮流去几里外的隘口接蒋明孝，都没有接着。到了傍黑，大家都吃了团年饭，蒋明孝才一个人晃晃悠悠地从风雪里归来了。那个背篓断了背绳，只有一边绳子是好的，见到蒋明孝的时候，看到他身上全是猪油，油晃晃的衣裳都冻成了硬壳，原来背篓坏后，他把猪肉就扛在了身上。这样大约在腊月二十七坐船坐车和步行才到了吴三桂的那个小镇。吴三桂的爹吴忠总算收下了那上百斤的猪肉，还请蒋明孝喝了一顿酒，喝酒途中，喝着喝着，吴忠一个酒杯砸过来，砸破了蒋明孝的眉骨，若不是他躲得快，一只眼睛就瞎了。吴三桂知道这件事的经过是在没人的时候，蒋明孝说：“你爹砸了我，还说，你要是拿我的女儿出气报复，我就哪天去把你的女儿掐死。三桂，我拿你出气了吗？我不拿你出气，他把猪肉收了，我就浑身轻松地回来了，流这点血算什么。”吴三桂一想，他还真没有拿她出过气，没有打过她，没有让她做农活，让她保持了一个城镇女孩的体面与闲懒，她的感觉就是在亲戚家做客。对的，就像做客。这一次，当吴三桂看到眼前这个一路风尘有些憔悴的男人给她讲她家里的事情时，她忽然熟悉了他，一下子就熟悉了这个人，她忽然感动了。她抱着自己的女儿，那个因罪孽生出来的女儿，她感觉到她是在渐渐认可这样的生活环境和现实。一切都是顺其自然的。

女儿小枫一活过来，就有了看相，完全不像本地孩子，一双乌溜溜的眼睛贼得跟水晶石一样的，吴三桂按照城镇人的发式给她梳头，给她梳许多辫子，扎用红毛线、绿毛线缠了的橡筋，不让她跟那些村里的孩子一个打扮，让她干净，脸上没有泥痕和鼻屎印，头发用肥皂洗，不让生虮子。这也是她自己保持的一贯的习惯，勤洗头与身子。她还在公社买雪花膏，自己擦，也给女儿擦，擦得香喷喷的，红嫩嫩的，不允许这深山老林的野风野雪往脸上刻痕迹。让风成为她心中柔软的风，像江汉平原上的杨柳晓风。

可是，她得分家，这表明她住下来了，她要与那一大家人分开，她让有伐木经验的蒋明孝到山上去偷伐山林，弄来了穿架子、椽子、檩子，还把香柏、青檀这些木料做桌椅板凳。蒋明孝有半年全是在与山林作对，挥着板斧，带着他的弟弟和那个憨叔叔，将放倒的木头运下山，运进村来，并搭起了三间干打垒的结结实实的房子。房子建起了，满屋的树脂清香中，吴三桂又生下了一个儿子，取名蒋曼军。曼军这小子就胖了，眼珠子灵活得像鼬獾的眼睛，一身的白肉哪像山里人的肉呀，白得谁见了都想啃一口，说："我我我吃了你，乖乖！"曼军这小子是来给蒋家添福添喜的，蒋明孝哪还要吴三桂做事呀。他一个人把山上的活全包了，还养了两箱蜂子（当时生产队只允许养两箱），闲时就上山去打点野物，采点药材，然后偷偷背到公社去换点钱。可是这一切还是没有在伐木队来得快，队上的口粮总是很快地吃完了，蒋明孝还要无休无止地到大队上水利，到河边码石头，砌梯田。然而报酬少得可怜，挣来的全是工分，回到生产队分红，一个工值不过两毛多钱。最难解决的是，两个孩子没有户口，吴三桂的户口不在这里。她试着写信回去，要她的爹问问能不能为两个孩子上户口。给家里写信是非常少的，家里只有她的一个妹妹偶尔给她写封信来，而这封信也是寄给在上中学的妹妹，由妹妹转告给她爹的。过了不久，妹妹回信了，说爹去问过，根本不行，说吴三桂的户口在几次清理中都要下的，若不是她爹托人说情，早就给下了。妹妹信中说，她也给爹说了许多好话，可爹提起这个大女儿就恼火，说，不认这个女儿了，说那生的什么孩子，不就是生了一堆神农架的红毛野人吗？吴三桂看了信，把信搁在了抽屉里。村里是答应给蒋明孝的两个孩子上户口，那户口有屁用，农村户口，吴三桂顶着不让办，她说政策是孩子跟母亲上户口，我的户口是城镇户口，孩子在这个八人刨，那不刨一辈子地吗？我真还不知道神农架有这么苦，这哪儿是人住的地方，是野兽住的地方，狼住的地方，狐狸老熊住的地方，人就跟野人一样，就是红毛野人，我不能毁了孩子，我总要把他们的户口上到我那边去的，我去磕头，去喊冤，也要把他们上到那边去。

生产队长是蒋明孝的本家，还是按人头给了两个孩子的口粮，算是承认了，有了临时户口。在吴三桂接到妹妹的信之后，她闷闷不乐地在床上躺了两天，有一天早上起来，对蒋明孝说："你去找伐木队，你要回伐木队去。"

她硬是把蒋明孝逼上了去伐木指挥部的路。她一再追问他当年丢了炸弹没有，蒋明孝明确说他没有丢，那颗炸弹他还把它带了回来，果真他在一个新房的墙洞里抠出那坨土制炸弹，已经有了几年了。于是吴三桂和蒋明孝就揣着那颗炸弹去了很远很远的伐木场指挥部。哪知这个曾异常凶猛的人却在那儿成了软蛋，站在那个山坡上望着望着就不敢走了，就说他们会抓我的。吴三桂说，既然你没丢炸弹他们为何抓你？你把你的狠气拿出来，把害我的那阵勇气拿出来。蒋明孝说什么也不敢往那个指挥部走，他让吴三桂先去打听打听，吴三桂只好夺过那颗炸弹，只身前往了。

指挥部还有认得蒋明孝的人，听到吴三桂介绍，就说，这不是那个曾被蒋明孝强暴的女子吗？她现在却为蒋明孝说话？她对指挥长说："我是蒋明孝的老婆，他没有向黄司令扔炸弹，他应该回来上班。"说着啪的一声将那颗炸弹放到指挥长的办公桌上。指挥长说："还不扔到操场上去！"一个小通信员赶忙抓起炸弹，就从阳台上扔出去了，只听"轰"的一声，炸弹爆炸了。指挥长说："新官不理旧事，何况你丈夫本来就是亦工亦农，并没有转正。"事情就是这样，吴三桂纵有一副旷世的伶牙俐齿，也说不动那个满脸灰黄像患了肺结核的指挥长。

"他即使没炸黄司令，他当年强奸妇女，我们还未找他算账哩。"指挥长说。

"那不是强奸，是我愿意的，我不愿意，我今天来找您？"

"你父亲来告过，我见过材料，我这儿备着案了，你父亲强烈要求把蒋明孝绳之以法。"

"不是的，那是我父亲恨他，不是事实。蒋明孝是个好伐木工，他的技术是过硬的，他比好多人都强。"

在那个山洼里的两层木结构灰楼的指挥部，吴三桂无计可施。从那个冷清的楼上往外望去，好像伐木已近了尾声，许多伐木工背着树苗和铁锹，不是去伐木，而是去栽树。那个刚才被炸弹炸过的操场上，其实已经杂草丛生，过去停过许多拖木材的南京嘎斯车，解放车，还堆着山一样的粗大的圆木，这一切现在都没有了，一颗炸弹扔过去除了炸碎一片死寂，连人毛也没碰上一根。而那一年，采购员吴忠就是在这栋楼里派了伐木工单，带着自己的女儿吴三桂去乱云垭的。

他们不知不觉地就上了乱云垭的路，灰心丧气的蒋明孝要去看一看战友，或者能不能在分队想想办法，做做活。乱云垭哪里还有伐场？乱云垭剃了光头，小小的青枫树苗正从伐过的大木桩子底下冒出头来，一些混蛋的灌木如杜鹃、蔷薇和荚迷正横布着它们的身板，岔七岔八地成了山头的霸主，荚迷和蔷薇的果通红不已，灰雉和锦鸡在凄凉地叫着，云雾深重。他们走进了那个垛壁房，四处都是窟洞，四处都是鬼影，七叶一枝花顶着几颗黑色的果实从墙角里奋拉出来，人多高的蒿茅正在那里面繁殖着，密集得像一片队伍。厕所被一种蛇葡萄爬满了，找不到门了。悬崖宛在，劳动后零乱的宁静亦宛在，就是没有人了，没有油锯和喊“顺山倒”的人了。乱云垭是鬼魂的乱云垭，是野人打尖的乱云垭，过去的一切都不复存在。吴三桂的眼睛在寻找什么，她的眼睛直瞪瞪地瞪着那张现在长了半寸厚青苔的床。她瞪了好半天，她突然看见了那个在上面挣扎的她，呻吟的她，一次粗暴的进入，一个人一辈子就完蛋了。

“蒋明孝，你害得我好苦呀！蒋明孝，你害了我一辈子……”

乱云垭陡然之间响起了悲恸的号叫，这阒无人迹的地方，一下子被一个女鬼冤魂般的声音给充斥了，搅翻了。吴三桂一把鼻涕一把泪坐在地上哭诉的时候，蒋明孝远远地望着那个伤心的女人，像块石头僵在了那里。

吴三桂走回故乡的小镇完全不是出于自愿和召唤，完全是为了她的两个孩子。她看着在地上抓鸡屎吃的孩子，掉进猪栏粪窖的孩子，可爱的孩子。特别是她的儿子曼军，这小子要有多可爱就有多可爱。这小子从小就要抓着她的耳朵才能睡着。她只好让他抓着耳朵，他捻着捻着就睡着了，再一醒来呢，又哭着要耳朵，你送一只手指，送一把头发他都不要。这小子不到一岁就能在黑暗中凭手感知道是不是耳朵，是耳朵，万事大吉，睡得比猪还甜。后来吴三桂尝试让蒋明孝的耳朵给他抓，捻，慢慢奏了效。她是有意慢慢锻炼的，然后，她就走了。

她揣着当地政府的各种各样的盖公章的证明，生怕遗漏了什么。她这一次回去，已是两个孩子的妈了，头发也没有光泽了，脸皮也不细嫩了，腹部也凸出来了，她穿的是如此的丑陋，完全像一个山里人，走路的样子也不同了，敞着外衣，急急匆匆，脚上的球鞋因为山石的教训弯弯翘翘的，背上像背了块石头，没有了那种轻松的挺拔，眼睛对一切陌生景物现出了警觉与卑谦，像一头放野了的兽突然进入马路和人群。还哪来的亲切感？山外的世界早变得一塌糊涂了，时局变了，人们的穿着变了，街上出现了许多个人开的商店和餐馆，小孩们用塑料管吸着放了色素的饮料，餐馆里有人在吃凉拌脚鱼；不要粮票也可以买面吃了，多好听的音乐，《军港之夜》《太阳岛上》。年轻人的裤脚好大呀，叭啦叭啦地用裤脚扫着大街，有录音机提在手上了，跟红灯牌收音机一般大小，可是能提在手上，里面放着一种奇怪的、直往心里去的柔软的音乐，你根本不知道是什么乐器演奏出来的（后来她才知道那是电子琴）。山里是什么样的太阳，简直是长了苍苔一样的太阳，发霉的太阳，缠上了许多令人咳嗽打喷嚏的花粉的太阳，沾着野猪毛、板栗毛、大蓟毛的太阳。到处撒着甘蔗皮贴着电影海报的小镇，河上漂浮着鸭子和塑料泡沫的小镇，到处是人的热气，连地上都冒着热气，不是山里的石头，死了千年一样的，参天大树就像老鬼，峡谷像个死尸，村里的房子像牲畜野物躲雨藏身的洞窟，一年三百六十天烟熏火燎，因为太没有热气只好不停地烧木头以取暖，那些红泛泛的眼睛简直不是眼睛，是一个个伤口。吴三桂大口大口地吐着气也吸着气，她终于找回了一点感觉，在那些气味中回到了过去，她是这儿的人，不过外出玩了几天而已。她回来啦！她一身轻松地回来啦。她的爹、妈、妹妹几乎都欢迎她并且原谅了她，不计前嫌，不旧事重提，见到人了就把往事一笔勾销了。人还是过去的人，没有少什么，虽然有了些生分，可总算回来了，笑意吟吟的，虽然这笑里有了些憨笨，成了成年人的笑，乡里乡气的笑，可毕竟，人完好无缺地回来啦。

那你是怎么回来的？他们没有拦住你吗？没有打你？你是偷偷跑回来的？你在那边究竟受了什么苦呀？你跟那边生的孩子呢？这些问题最终是不得不问的，她妈，一个老实巴交的家庭妇女，还有她的打扮得十分鲜亮的妹妹。然后叹息，皱眉，无计可施。吴三桂那身后长长的阴影像峡谷一样紧紧压过来了。她的爹跟她没说一句客气话就私下领了她妈的吩咐，拿着一大堆盖章的远山里的材料去跑路子了。这样，忧伤、焦虑和沉闷就笼罩在了刚刚团圆的一家人的头上，弥漫在人们的脸上和心里。她原来不再是她了，她有了一双儿女，还是乡下的，她是乡下的婆子，她的镇上同学，谁谁嫁了一个好丈夫，在哪儿上班，谁谁还没有结婚，谁谁考上大学了，谁谁那可是穿金戴银不得了啊。你怎么呢？你一双山里的儿女，还没有结婚证，没有正式结婚。三桂，你还是待在家里吧，好生待在家里，哪儿也别去，让你爹给你跑跑再说。你反正不能去那边了，孩子户口能上不能上，你都别去神农架了。孩子也是那边的亲生的孩子孙子，又不是别人的，他们会亏了那两个小冤孽？吴三桂问："那要是两个孩子都上了户口呢？把他们接来？"

这一问家里的人有了一种不怀好意的愿望，那就是希望两个丢在山里的孩子最好别上这儿的户口，上了不是吴家的负担和累赘么？两张嘴巴不要吃要喝还要住？女大当嫁，嫁出去了怎么又回来还带两个孩子来娘家吃老米？这是万万不可能的。

爹从外面每天带回的消息一忽儿有点希望，一忽儿又完全没有希望。有希望的那天，吴三桂明确表示：如果给孩子上了户口，她接过来，不要爹妈养，她自己想办法。她的爹突兀地嚷着对她说："你还想把那个姓蒋的杂种带过来哟！"

"我不能不要孩子。"

最后的结果一点都不意外。"没有戏看了。"那天她的爹吴忠回来冷冷地说，"我当爹的做到仁至义尽了。"

她的妈和妹妹要她死活别再走了，再找个人嫁出去。

她又慢慢地适应了过去的生活，可是在晚上她总是在黑暗中瞪着眼睛想，过去在深山老林的生活是一场噩梦？她摸着自己松弛的腹部和乳房，摸着曾经经受过的肉体，摸着被石头摔破的膝盖，被寒冬冻伤的手背，被一双小小的手捻过的耳朵——她感觉到那耳垂开始痒了，发痒了，在黑暗中，强烈地痒，折磨着她。可爱的痒，丝丝入心。在那张潮湿的老林里的床上，在用獐子毛充填的漾满麝香气味的枕头上，谁在含混不清地呼唤她？一双胖乎乎的小手，有时候，更多是吵夜的烦躁，恨不得把这个屋子掀翻，恨不得趁着夜幕尽快逃离这深山，越快越好，插上翅膀最好，还要掐死他们，掐死这两个一大一小一女一男的两个小冤孽，跟着她来到这荒山野地里受罪，掐死那个男人，那个夺走她贞操，把她改变得像一根草一样的男人。唉嘿，我过的是什么日子呀，我的娘哟！可是孩子是没罪的，那是她的血，她肚里的血掉出来的。摇摇晃晃的曼军我儿不会被狗咬了命根子吧？山里的狗见什么都咬，八人刨就有一个男娃子小时候被咬掉了命根子，长大后像个女的了，尖声尖气。小枫呢？蒋明孝那狗日的会不会让她上山去割猪草？把他们姐弟俩放在家里，扑进火塘里了咋办？那火塘一年四季燃着，燃着，八人刨有个孩子，没脸皮了，没耳朵没鼻子了，就是不小心，从椅子上扑进火塘里，烧得面目全非了。八人刨啊八人刨，刨我的心哪！

家里的情况并不能遂她的心意了，过去的欢乐和祥和都离她远去。她在家里住了四个月，决定重回神农架去，她想看看她的孩子，那是她的血亲；她将什么东西遗失在那儿，在深山老林，她偶尔一次的迷失，竟然丢下了比自己的生命还珍贵的东西，而自己，她觉得她是可以忽略不计的。

八人刨对多一个人、少一个人并没有什么反应，这是一个麻木的山谷。吴三桂走到自己的家里抬头张望着那熏得黑黢黢的堂屋，重新拨燃火的时候，发现门跟过去一样，没有关上，一只草狗打着呵欠向她摇了两下尾巴，连神龛上的毛主席眼神也一如既往。她的男人蒋明孝回来了，她朝他笑笑，就像赶了一个集一样。她从火塘上吊着的炊壶里倒茶，喝着，然后吩咐他去爷爷婆婆家接小孩过来。她看见了孩子，然后给他们擦鼻涕，要他们脱下踩湿的鞋子，叹着气埋怨姓蒋的男人，用篙子从墙上取腊肉来切，从菜园里砍白菜，择一把辣椒，把菜园门带好，防止猪或者鸡跑进去。切菜，到小水窝边淘洗，没忘了把毛巾、孩子的鞋也一起洗刷了。炒菜的时候把灶台上的枯饭粒、菜屑、老鼠屎扫掉了，把灶膛烧满的灰扒出来了，把火塘里的灰也扒出来，倒进粪坑。然后呢，给儿子买来的皮球、胶鞋，女儿的漂亮发卡、红色的拼绒贴荷包的春装，姓蒋的一条常德牌带点甜味的香烟，还一顶有耳护的绒帽子。然后他们一家坐下来，要重新开始考虑生活了，她怎么办？孩子怎么办？姓蒋的怎么办？她认为希望还是有的，小孩的户口，主要是没有钱，需要送东西，那些平原小镇上的干部有了胃口，你一点东西他还看不上眼。姓蒋的告诉她，要搞责任制分田了，过去生产队造的梯田，门口的十几亩当家地、挂坡地，估计全得归他们，而责任山也得划分，他们一家可以分到至少一百亩，还有些经济林。很便宜，一亩一块钱，甚至更少。姓蒋的男人给吴三桂说："会有好日子过的，小孩的户口就在这里也不怕，山是咱们的啦，有耳山（制木耳的花栎林）有材山，经营好了，是有出头之日的。"

形势的发展真是很快，老爷垭子那边的上好材山，一百多亩，划到了蒋明孝的名下，因为村长与他有点拉挂亲，再则蒋明孝有过伐木队工作的经历，曾经是"国家"的人，在村里让人瞧得起，就分了一百多亩的阳坡山洼林木，里面有不少一人合抱的桦树、漆树、紫杉、水杉、油杉、青檀，还有大量的经济灌木和药材。

老爷垭的山对面，发现了磷矿，有许多人正在赶修简易公路，时常听得到用小炸药炸石头的声音。吴三桂领着她的儿子曼军在老爷垭自己的山林里采蘑菇、寻猪草时，总能看见山头上黄烟阵阵，人声鼎沸。公路渐渐有了形状了。吴三桂看着自家山林的各种树木，这个木材采购员的女儿，把眼前属于自己的木材同那条简易公路和山外联系起来。在别人都还没有反应过来时，她对蒋明孝说:“肉焖在锅里也是烂了，还不赶快把它换成钱。”蒋明孝说:“这些木材哪个要？”吴三桂说:“那你过去在伐木队认识的一些朋友呢？”

商议了一个晚上，蒋明孝天亮就启程了。他去寻找过去搞木材销售的朋友。事情很顺利，他办好了采伐证，还从伐木队借来了一把油锯，请了几个下手，热火朝天的伐木就从这鬼不生蛋的老爷垭开始了。砍倒的树又砍成一根一根的门方，当堆砌在山崖边的时候，村里的人以为蒋家疯了。过了两个月，磷矿的开采就开始了，许多人在掏洞，挖出灰白色的石块，或者黑色的石块，拖拉机就开始上来了，从八人刨都能听见那隐隐约约的拖拉机声。蒋明孝雇请了村里的人将那些门方背过老爷垭，翻了一道山梁，过了一道河谷，就将门方放进了拖磷矿的拖拉机中。

蒋明孝和吴三桂夫妇开始了大量收购门方，只要门方，现金交易，两块八一根。票子哗哗地甩出去了，却不见，更多的票子又回到了蒋、吴手中。钱赚得并不多，可家庭境况小有改善，生活突然有了希望，人也忙得不可开交了。蒋明孝要押运这些木材一直到秭归或者兴山县城去，吴三桂在家收购、结账。

进入了干冷冬季的那一年，雪下得并不大，但路上全冻出了油光凌。蒋明孝押车出山时，在翻越皇界垭的路上，拖拉机滑下了公路，翻进百米深的山谷。

命是捡了回来，却摔断了大腿，压断了三根肋骨。吴三桂得知消息赶到镇上医院的时候，已是第三天了。那个医院冰凉的住院部是一排破旧的土房，死气沉沉比山洞都让人难受。吴三桂与她的叔子进了病房，她看见被白纱布缠得血淋淋的男人，看见他偎在一床脏兮兮的被子里，露出的两只手肿得像淹死了的死尸的手，上面血痂累累。那一刻，她想些什么呢？她只觉得想流眼泪，眼里的水塞子坏了，就是想哭，见到蒋明孝就哭着抓着他那双可怕的手说："你这是报应呀蒋明孝，你干了伤天害理的事，你活该报应哪！"

她为什么说这个话，她为何这么诅咒自己的男人？在场的医生和护士都一头雾水。她痛骂着自己的男人，骂着这个惨遭车祸的人，她又用手去擦那个人的脸，额头，要小叔子倒热水用毛巾为姓蒋的抹头发上的泥巴，耳朵，脸，身子，手。那个人躺在床上口里不知喃喃地念叨什么，又不能说话，也是眼角往外滚泪珠子，张着嘴。

"你哭什么呀，蒋明孝，你是个什么东西，你还有眼泪！"吴三桂给他喂蛋花汤喝，给他抹泪，把泪揩在他绑着的白纱布上。晚上，吴三桂用自己的身子把蒋明孝焐热了，蒋明孝终于清醒了，能说话了，说："三桂，我们的一车木头……"吴三桂听见他说话了，吴三桂惊喜地盯着这个男人说："蒋明孝，你还活着？！蒋明孝，你认得我呀！"这个人是个什么人，这个人是块山里的石头，有鼻子有眼的石头，凶狠的石头，蛮不讲理的石头。这个人当年好凶恶哟，说，不许你走！你就不敢走了，乖乖地跟着他，连与爹见见面也不可，说：你要是走了，我半道上把你们父女都杀了。这个人手拿着砍树的斧头，砍树砍顺了手，什么都砍得下去。人和树又有什么两样呢，在一个伐木工眼里，在这个满山长苔，连空气都长苔的神农架，什么东西没带点野气？这个人跟她生了一男一女两个娃，长得还算标致，是她的安慰与牵挂。可是他死了，那就塌了天哪！吴三桂把蒋明孝紧紧地抱着，喊他的名字，他抖，她也抖。她说："蒋明孝，你可不能死呀，你死了我们娘母子三人靠谁去呀！"

姓蒋的男人的生命力还不错，两个多月后被人用滑竿抬回八人刨时，家里又是一场空了，连烧火塘的杂木棒子树蔸子都没有了。老爷垭那坳子里的山林砍得七零八落，所有的木材都化作了蒋明孝的药费。拖拉机司机死了，那个救他的恩人（在悬崖下把他背上来的人），想去感谢，也只买了两瓶高粱酒。家里的那几亩地好歹让父母兄妹叔叔帮忙，种上了麦子，因为缺肥，生出的苗也稀稀拉拉。刚能下地干活了，蒋明孝发现他那摔断骨头的大腿那儿，溃了个小口子，老是不停地流水，似脓非脓，似血非血，骨头还隐隐作痛。蒋明孝寻了些去腐生肌的草药拿来敷，可溃口总是不干，不愈合。到镇医院一看，医生说他患了骨髓炎，给他开了些药回来吃。吃完药，骨头不疼了，也不红肿了，可就是不收水，不愈合。蒋明孝缠着破布头去出坡干活，也没觉不适，只是家里的破衣烂衫全被他用完了，缠了伤口。

这病还得治啊，吴三桂在以后的几年里，陪着这个人，这个从悬崖底下捡来的、半死不活的男人，四处求医。他们找过四川奉节、房县及兴山的一些草药医生，神膏药医生，也去过宜昌的大医院。卖狗皮膏药和一包包草药的医生都说能治好，可就是没治好，城里的医生说这病治不好，只能采取保守疗法，打针吃药，万一严重后，只有截肢。而事实是，蒋明孝能吃能喝，跟好人一样，饿了的时候啃生玉米一气啃掉五六个，吃起生红薯来，嘴里发出的咀嚼响声，跟猪一样响亮，做起事来，能流大汗，出大力，一年可能犯一次红肿，发烧，除此之外，就是那个老伤口处形成了一个窦道，流水，红不红，绿不绿，清不清，浊不浊的。后来听一个病友介绍，大荆山里有个医生，专治这种病。吴三桂和蒋明孝就乘了几天的车、船，找到了那个医生。关于疾病的诊疗没有什么好说的，那就是打听，行走，吃很差的饭菜（有时咽一个干馒头或者啃一块粑粑），喝生水，找投宿的地方，洗干净千人用过的盆子，把垫单翻过来胡乱地对付睡觉，然后见医生，听他胡说，看他开药，算钱够不够，然后将信将疑再踏上回程的路。借钱的历程比这更艰难，借钱跟去大荆山看病，那才是……才是另一次生命的冒险和体验。借钱之前，蒋明孝看到叔叔的一头牛老了，就说把它牵到镇上卖给屠夫吧。他的叔叔总是像看一件山外尤物看着吴三桂，多少年来都如此，一如既往，永远新鲜难解地望着她，朝她善意地微笑，像永远看到一个第一次进山的外地人。

要牵叔叔的牛的那天早上，吴三桂起来就看见蒋明孝的这个不善言辞的、智力低下的单身叔叔早就起来了，正在给那头老牛喂昨天的剩饭。他让老牛吃剩饭？吃饭？他用手把饭捏成一团一团，喂到老牛的嘴里，老牛浑身没有光泽的乱糟糟的毛和肮脏的眼睛就像这个叔叔，两个可怜的东西，他们是不可分开的。她甚至看见了牛在麻木地流泪，心中凄惶，而那个叔叔却在凄伤地笑着。一脸惺忪叼着一支烟的蒋明孝挥着手要他的叔叔递给他牛绳，吴三桂把那牛绳从他的手上抢过来了。蒋的叔叔张着没牙齿的大嘴笑望着吴三桂，以为是小两口在他面前亲昵地开玩笑呢。吴三桂却说不能要叔叔的牛。吴三桂就这么走到了兴山县一个木材商的门前，他曾是蒋明孝在伐木队的同事，后又跟他们做过木材生意。

这个男人是另一条狼，先叫了她声嫂子，然后就要拥抱她。吴三桂已经有了经验，吴三桂已不是过去的吴三桂，当她踏上兴山那条路的时候，她想起了第一次在枫叶哗哗的夏天踏上神农架乱云垭的情景，第一次被一个荒野的男人粗暴摆弄的情景，四周的苍苔和云雾以及云雾草在眼前摇晃，把记忆提炼着，教训着她。嘿，她在那个木材商的加工大院转了三圈，坚定了她的信念，充满自信地迎着任何危险向前走去，有十七岁时乱云垭的那杯酒垫底，什么样的酒不能对付？她在那个充满着霉气与树脂香的混合气味的工棚里，推开木材商说："明孝的好朋友，给我水都没端一杯呢。"那个左颧骨上长着一颗闪亮的大疣子的男人，满身烟味的男人，龇着门牙呵呵大笑说："什么水都有喝的，你要喝什么水。"吴三桂说："我男人快死了，你还不救他。"那个木材商说："那他就早点死吧，早点死了我们商量我们的事情。""还是谈正事吧，吕哥，你是蒋明孝的好朋友，你会帮他一把的。"吴三桂说。那天晚上姓吕的木材商无缘无故地把她带到了镇上的旅社里，因为天实在太晚了，姓吕的家伙等待一个客户送支票来，又去银行取钱。有多少呢？三百。我的天，三百块，简直是一个天文数字，只是挨到天黑时他才肯拿出来，他觉得有点希望了才拿出来。一个漫长的夜晚，他有能力把这个女人摆平。许许多多擒获女人的技巧都装在他的脑海里，一个不行另一个，一步一步，步步为营。女人总有发昏的时候，那样就成啦。不过，他很清楚，这是要有经济基础作保证的。他先给了一百，然后说还有两百第二天一早等管账的来了给她，她就可以走了。这个姓吕的在乱云垭时曾给她做过吃的，给她采过五味子和木通。在她陷入蒋明孝的魔爪后，曾以同情的眼光看过她。莫非好感就是在回忆中暗示给她的吗？或是一种报复？在那个香溪河下滩的咆哮声中，她叫唤了吗？她懒得想了，巨大的水声是她的发泄？在八人刨，在那个干打垒的房子里，只用一口立柜隔开的她与孩子们的房间，她不知道什么是一种肉体的释放，一切都得小心谨慎。这个姓吕的过去的熟人却赶紧捂着她的呻吟的嘴说："三桂，这不是在家里，小心服务员听见了。"她躺在寂静的简陋的旅社，远处的悬崖山影似有麂子的叫声。带着山露的通红的五味子，在她的意识中一闪，再一闪。一串串的五味子想起她是一个女人，一个还很年轻的女人，一个山姑吗？一个背着背篓的山妮子？早晨的时候他说："我只盼蒋明孝快死。"那个人说。那个人还说了什么，那时候，她说："你好脏。"那个人就在冰凉到极点的冷水管前冲澡了，一个冰凉如石头的身子，这就是后来的一切吗？太阳的确温暖，鸟的叫声藏在树上，到处是树。那个人说："蒋明孝没死，就只当我损失了半车好青枫。"他说的是青枫？最初的激动和诱惑。那你怪谁呢？三桂，吴枫，还剩有一匹变红的叶子夹在那个笔记本里吗？笔记本到哪儿去了？

窦道封住了。他们不知道，那个大荆山的医生使用了一种铅丹，让伤口周围的肌肉蛋白质硬化，强硬封住了伤口，而深处的炎症并没有消下来，还有细菌在里面繁殖，过不了一年，顶多三年，那个地方就会再次溃破，重复过去的流水。可是，至少在眼下是好了，水不再流了。他吃着带回的药粉，然后又去邮寄药粉，她听见他说："吕 ×× 是个好人。"她就说："你吃药吧，你快吃药吧。"

他们的屋里，终日飘着药粉的气味。

那一天是什么日子呢？那一天他们的儿子，横长直长都越来越漂亮的儿子，遭到了雷击。女儿也越来越漂亮了。那时，他们的女儿快小学毕业，儿子也送进了寄宿的乡小学。可是他死活不愿上学，有时候高兴了还得拉着吴三桂的耳朵才能睡觉。在学校里，他经常逃学，失踪，跑到狼牙山的山顶上去，住在山洞里三天两头不回学校。那就不上了吧，村里的人说，曼军这娃儿迟早要被狼吃掉。可他就是没被狼吃掉，赤着脚，总是偷偷地窜回八人刨家里来。回来不进屋，在门上画几个大字，写他的名字或者在门口放一捆柴火（他从山上捡回的）。表明他还活着，在逃学。这样，只好让他回家了。有些娃子天生不是读书的料。

那一天是天狗食日，在地里看见没了太阳的蒋明孝夫妇，一阵惶然，突然间就大雨滂沱，雷声滚滚，整个峡谷伸手不见五指，鸡往人家的屋顶上飞，狗像狼一样嗥叫。就在此时，狼牙山上滚下一个火球，落到树顶上，一声震天霹雳，八人刨所有的屋顶都揭了盖子，瓦片飞溅如火山爆发，村头的大青枫从中劈开，一条丈余长的大蟒腾空而起，如火龙一般，后重重摔在河滩上死去了。天开日出，雨住虹现的那一刻，蒋家的土屋里跑出来一个冒着烟的火人，大家认出那小子是蒋曼军，逃学大王，举着双手大喊道："妈呀，妈呀！"

儿子还是好的，除了烧掉一身衣服和一头头发。这儿子却打木了，木头木脑的。蒋氏夫妻把他揽回屋里，清理他的身上，给他涂些熊油时，他的眼睛是直的，两颗眼珠子在长长的睫毛下像两粒死鱼的眼睛，看着一处，又没看着一处，像在想心事，又没想心事。

"儿呀，曼军呀，我的儿，你看看我的手。"吴三桂用手晃晃。可她的儿子像没看见一样，只是笑，又把脸绷紧了，露出极度的恐惧，说："雷！雷！大蟒蛇！"

儿子就此丢了，不死也丢了。弄了许多药来吃，请了许多神婆，敬了许多山洞和石头，石精树鬼山魈，全敬了，儿子也没能复原。儿子在晚上连三桂的耳朵都不晓得捻了，睡觉的时候，直瞪瞪地看着屋檩和瓦。吴三桂说："你睡呀，曼军，我的儿。"曼军打出了鼾声，可眼还是睁着。半夜，总会大喊："雷！雷！大蟒蛇！大蟒蛇！"

鬼精鬼精的儿子怎么一忽儿就变成这个样子了呢？吴三桂无法明白这世界的蹊跷。吴三桂骂着蒋明孝说："雷公菩萨是到屋里来打你的，你这一辈子做了太多坏事，让你的儿子替你背了。我儿子没有做坏事呀，老天爷不公呀！"

老天爷哟老天爷，这个儿子如何是好？她哭着望着自己的儿子，他见了谁也不认识，不笑，经常从眉宇间泛出那一天惊雷劈出的恐慌。他玩火，经常偷出火柴，要点自家的和别人家的柴垛、畜棚。他从火塘里拿起燃烧正红的火棒棒，把点得着的东西点燃。点衣服，点没有搓的苞谷，点猪身上的毛。他点着后，看着猪毛烧得浑身叭叭的响，到处乱窜，他就高兴地拍手跳起来，唱一些古怪的歌曲，唱“二丫虎，赶母猪，一赶赶到宜昌府。扯块咔叽布，缝条岔裆裤，脱下来，滤豆腐”。

这个儿童纵火犯已经让村里的人大伤脑筋了，许多人家都吃到了他的苦头。蒋明孝没有办法，用绳子把他拴着，趁吴三桂不在的时候，把他送到了屋后的一个山洞里，那里养着蒋家的一头牛。吴三桂从外面回来了，她在找自己的儿子时，发现儿子与牛关到了一起。她一拍桌子说：“你们让他死啊！”这娃儿两脚都是牛屎，身上爬满了牛蝇，瞪着两只大大的招人疼爱的眼睛。吴三桂把他抱出来，给他洗净了，对蒋家人说：“你们把他关在山洞里，他就真的不得好了，我是要救他的，只要有一点救，我是不会放手的。”

她天天牵着他的手，下地干活，寻猪草，下河洗衣裳，都带着他。她给他说故事，哄他，让他认一些过去熟悉的东西，认天，认白云和树，这个树，那个树，认庄稼，认人，认家畜和鸟。她百遍千遍地教他，让他重新开口说话，让他恢复记忆，让他从旷世的恐惧中回到现实中来。“说呀，我是你的妈妈，说妈妈呀。”再也不会有那种巨大的雷声和太阳下的黑夜。可是乌云来了的时候，遮住太阳的时候，她会捂住儿子的眼睛，她说：“不要怕，乖乖曼军，妈在这儿，妈跟你在一起。”打雷的时候，她把他放在被子里，给他揿手电筒玩，让他看见光线，给他唱歌，唱《洪湖水，浪打浪》，唱《军港之夜》。她还要捉住他的手，让他捻她的耳朵，不停地捻，一捻一整夜。

为防止狠心的蒋明孝再把儿子关进山洞，吴三桂进行了防范，还一次一次进行着斗争。蒋明孝还想让吴三桂给他生一个，吴三桂说："我不会再生了，我就这一双儿女，我死活都跟他们在一起。"

晚上的惊恐已经慢慢地少了，雷和大蟒蛇的记忆在慢慢地退却消隐。深夜少了惊叫，鼾声多了起来，儿子也胖了，眉头里正在剔除那残暴的灾变。为了防止儿子再纵火，家里的火塘熄灭了，冬天也不生火，一家四口瑟瑟地发抖，大雪封山的日子，整天煨在被窝里，连狗和猫都冻得抽筋，为了取暖，它们不停地打架，不是狗咬猫，就是猫咬狗。儿子对火的狂热也在慢慢消减，终于有一天，他认出了妈，认出了吴三桂，他笑着羞涩地说："妈。"那是一个夕阳如花的傍晚，他的妈给他摘回了一大篮子他爱吃的五味子。他的妈站在门口，背对着夕阳，散乱辛劳的头发在夕光里一丝一缕地闪亮，透明如蜜，那手上的一串五味子呢，红色的，变成了金色，在夕阳中，一颗颗像玛瑙，她说："曼军，乖乖，看这是什么呀？"他伸手就去抢。可吴三桂不干，吴三桂把五味子举到头顶，引诱他说："喊我一声妈，喊妈，妈——"他就喊了："妈。"他准备了很久，仿佛这是一个灾祸，他把安全守在嘴唇里面，十分艰难地、固执地不让它冲出来，可某一刻，在等待了许久许久之后，一不留心，让它滑落出来了，那就是"妈"。啊妈，一个巨大的字。吴三桂丢下手中的所有的五味子，跑过去抱住了自己的儿子，紧紧搂着他，泪水吧嗒吧嗒往下掉。

初中刚毕业的女儿决定到县城去。这是吴三桂和蒋明孝商量好了的，到一百公里外的县城，那儿人生地不熟。可是吴三桂自有她的想法。她有让女儿只身去县城的办法，她传授给女儿小枫的是：对谁你都死活不同意，不让他近身。天下的男人没一个好东西，你要对他笑，心里却在痛骂他。笑是假的，骂是真的。女儿忽然之间就长大了，来了月经，害羞的时候脸是红的，不害羞的时候脸也是红的，绯嫩，跟她年轻时一个模样，不，比她漂亮，喝了这神农架的水，脸上哪有一点杂质呀，一个痘痘也没有，一颗痣也没有，干净得像天空。这样的姑娘她是不会让她待在这峡谷里的。一个来这儿检查工作的姓关的乡党委委员，答应给这妮子去找份打工的活，说在一个单位的招待所做服务员。吴三桂看到关委员是个老实巴交的机关办事员，就把女儿交给了他，她凭着一股没有异味的直觉，认为女儿应该到县城去。她怀着希望，把目光投向了很远的山外。在那里，生活才是真实不虚的。

可爱的女儿，聪明伶俐的女儿，紧守着自己的女儿，像一朵花一样的女儿。她在给女儿的信中说：你只记着我的话，你不是乡巴佬，你的妈妈是城镇人，你不要自卑，比天下的女人和男人都强，你只有这么想，你才能混出个样子来。果然，小枫的一举一动都没掉一点份，好像她天生就是这县城的人，她哪是从八人刨那老山里长大的妮子呀，看她的衣裳，她的打扮，连头发的发卡，也是十分新鲜的。三个月后的一天，吴三桂去了县城，见到了她的女儿。呀，女儿洋气得连她都不敢认了，没有轻佻，只有青春洋溢的成熟。“妈，我买了胸罩。”她对妈说。她给妈吃一种叫话梅的东西，妈说：“妈什么都吃过。”吴三桂故意轻描淡写地说。她还说：“这里的县城抵个屁，这里的县城抵不到江汉平原的一个小镇。怎么都土气，你比他们差些！你只管扬起头来，哈哈。”吴三桂说到这里猛地示出一个大指头给女儿，说：“等你赚了钱了，把妈也打扮一下。”

小小的女儿，可她长大了，而我老了。吴三桂在招待所的镜子里打量自己。面对许多在女儿面前晃来晃去的男人，她为女儿担心。后来又释然。我是对的，她说，我的选择是对的。在那儿，一晃我不就生活了十多年吗？我不过是借八人刨的老林孵蛋，儿孵出来了，我要带他们出来，现在她出来了，我也应该出来呢。可家里有两个病人。如果不是，我会离开那死鬼和儿子，或者带上儿子，在县城的路边搭个小棚卖茶水，也比那黑暗的峡谷老林强些。

看了在县城打工的女儿，她感觉到自己也年轻了许多，或者本来就年轻，还不老，县城熙熙攘攘的生活唤醒了她蛰伏多年的渴望，那是一种曾经无数次蠢蠢欲动的叛逃心理，又小心翼翼地把它无数次压下去了。这一次，她好好在县城看了两场电影，仔细地在商场挑了一瓶雪花膏。她认为擦脸还是上海的儿童营养霜好些，儿童能擦的东西，大人更能擦，又便宜，气味又正。当她和小枫走在街上的时候，她觉得与女儿是一对姊妹，而不是母女。这种感觉非常愉悦地装饰着她，浑身上下，便给了她很鲜嫩的憧憬，就像在很深的土里翻出了一粒种子——它要开口笑啦！

女儿是一个小女子，白白的小脸，小而圆的屁股，在县城收拾后穿上牛仔裤，没有人爱她才怪呢。想到这里吴三桂也一阵阵伤心，转眼女儿就有人爱啦，人就这么快把一生混过去了？这真是一个巨大的悲剧。女儿在她的来信中并没有说谁爱上她。回家来休息，也没有说诸如此类的事。可是事情会来得很突然，那一年春天吴三桂在自家的一亩多茶园抢摘雨前茶，还寻思着女儿小枫能回来帮帮她就好了，果然有乡政府的人给她搭信，让她速去县城。吴三桂一听就要晕倒了，她想到女儿，莫非女儿……这是唯一一个好女儿了，女儿有个三长两短那可怎么好啊！好在搭信来的说你女儿没有事的，关党委交代了没事的，生了病，让你去看看就是了。吴三桂被她的男人蒋明孝扶着一直走到了乡政府的镇上，她都走不动了，好歹拦上了一辆个体户的车，深更半夜地才到了县城，到了医院。

这一辈子，她吴三桂离医院太近啦，她为何与可恶的医院结缘？她进了死气沉沉如火葬场一样的医院，问有灯光的住院部。问像幻影一样在值班室打盹的护士，才看见了她的女儿蒋小枫。

“你怎么啦我的妮子？你出了什么事呀？菩萨保佑我的妮子。”那个白白净净可可爱爱的妮子从睡梦中惊坐起来，揉着因陷入枕头而通红肉亮的小团脸，然后“呃——”的一声，母女两个抱头大哭起来。“我的乖呀我的乖。”吴三桂左翻右看女儿没有少什么，一切都好好的，为何住进了医院呢？她的女儿还真是少了一点什么，她的女儿遇见了一位游手好闲又是离了婚的三十岁男人。这个男人引诱女孩的技巧是拿着一本时下流行的琼瑶书给小枫看，如果小枫还想看下一本的话他就说你跟我到我家里去拿书。第一次的拿书和第二次的拿书之后就变成了送一张电影票给她，在那个嗑瓜子、啃甘蔗和抽烟的电影院里，那个男人紧拽着小枫的手并侵犯她的胸脯和下身。那是手的侵犯，有一阵子她就不理他了，而他就道歉，又慢慢让她放松了警惕。然后他说，他要做木地板生意了，他给她买来一些零食，话梅和农民提篮卖的炒熟了的松子，有时是一毛钱一个的大柿子。有一天她跟他吃着柿子走到了县城咆哮的河边，他不知怎么就迅速出击抱着她一阵一阵把她吻得摸得惶乱。但是她的妈吴三桂说过或暗示过她你不让脱裤子就什么事都没有了。然而事情哪有这么冷静和简单。她在感冒时吃着那个男人端来的石鱼汤和香菇汤时，她怎么来处理这一场“友谊”呢？她说你做我的叔叔，我做你的侄女好了。好呀好呀！那个男人说是这么说，一倾诉起来那可怜巴巴的样子恨不得把小枫当娘了。女孩子拿什么来怜悯一个男人，一个头发乱糟糟的胡子拉碴的男人，一个有工作有工资在县城生活的男人？孤独呀孤独呀，可怜呀可怜呀，不要脸的老婆跟人跑了呀，他一个善良的男人戴了绿帽子呀，儿子也不认他了呀。而小枫听到的是说这个男人打起女人来那可是下得蛮的，满嘴的尖牙齿把过去老婆的身上咬遍了，鼻子都咬掉了一截。她是哪一天成了俘虏，被他脱掉了衣服？日后她是坚决不同意跟他再好下去并结婚的，她说她还小，而他这么老，又是二婚。这个男人由可怜的单身汉变成一条凶狠的癞皮狗。想想一个离婚了的进入三十岁门槛的男人在得到了一个十六岁少女的肉体后他会轻易放弃？特别在得到后又被拒绝了，这不是刚挑起他的毒瘾又把它扼杀了么？丧失了理智的那个男人在一个星期天的深夜，招待所既没有客人也没有其他人的时候，硬是撞开了小枫的门，并强行脱下她裤子但在依然遭到反抗厮打时，他终于张开了锋利的牙齿，把小枫的阴部咬掉了一块。

“那你就回去吧。”她的母亲吴三桂一次悄悄地对女儿说。

“我不要回去！我不回去！”

然而这是不可以的，她的父亲蒋明孝隐隐地知道了女儿干了伤风败俗的事，他不允许一个女孩儿无依无靠地在这个危险遍地的县城待下去。他要找个人把女儿嫁出去算了，至少早一点定亲。可是吴三桂绝不同意他的主张，她质问道：“你把她嫁给乡下？嫁给一个跟你一样没出息的扒土吃的男人？我受够了，我这辈子被你给害惨啦！我要把她带回娘家去，就是在这里嫁给一个乡长，还不如在江汉平原嫁给一个捡破烂的枯老百姓！”

吴三桂作出了这个决定，她硬着头皮第一次把自己漂亮但遭到伤害的女儿带回小镇去，她要向娘家人求情，把小枫放在那儿。她原想不向爹妈低头的，并发誓永不再回到娘家。两个孩子因娘家人的不努力，成为了农村户口，她跟那边谈不上感情了。可是，她现在只有放下她的硬气来，自己的一切算得了什么呢，孩子的事才是天大的事。为了孩子，她愿意改变自己一千次。变成一条狗也可以。

漂亮的外孙女回来，让吴三桂的爹吴忠由冷漠渐渐转暖了，那时候，吴三桂的妈已经死去，爹因为肺气肿和高血压，已经老态龙钟。可他有丰厚的退休金，吴三桂的妹妹早已出嫁了，这样蒋小枫找到了待在小镇的理由，这便是照顾外公的饮食起居，给他做饭，洗衣，给他捶背，倒大小便，还给他唱歌，唱山歌。尖锐的如山溪一样的嗓子唱着：“郎在园中薅蒜苗，姐在屋里烙火烧，冷水和，热水调，擀杖擀，油渣包，锅里烙，灶里烧，火钳夹，棒棒敲，手袱子打，汗巾儿包，隔墙抛，郎接到，吃了火烧攒劲薅。”这个神农架大山里来的外孙女，就像仙女一样令人不可捉摸，她灵灵醒醒，她毫不懒惰，她能烧饭，能洗菜，洗出的衣裳干干净净，没留一点污迹，她还能做出一两样酱菜、泡菜来。有一阵子，吴三桂的妹妹也就是蒋小枫小姨妈的孩子无人带，交到了小枫手里，有带过弟弟经验的小枫，把这孩子，老的小的伺候得眉开眼笑，服服帖帖。哪来这么能干的丫头呀？我要给她买好衣裳穿，她小姨妈给她许多自己不穿的衣服，还买了一些羊毛衫、旅游鞋之类的。她外公给她买全套的新牛仔，给钱让她自己去买的。她的外公老吴忠喜欢上了这个孩子，拖着自己肺气肿的老朽身子，跑到当地的政府找过去的领导，非要把这外孙女搞来顶职。他早退休了，又不是自己的下一代，隔了一代，如何顶职？顶职不成，却答应干上了临时工，在林业站拉皮尺，填单，还帮着烧开水。年轻的站长说，先搞一段再说，有指标再转正。这丫头片子在站里也得人缘，在家里也什么事都做，依然早晨给外公端豆浆油条或自己熬稀饭，晚上给外公做红烧肉，老外公吃得油津津的，情不自禁地夸奖道："小枫，你比你妈年轻时能干。"后来老外公对外孙女说："万一不能转正，就让你妈把她的户口给你，反正她的户口还搁在这里。一个换一个，你妈无所谓了，户口成了你的，以后就好办了。"

户口不户口的，也不算什么大的问题，吴三桂看到有许多山民搬到了乡政府所在的那条街上，县里的油渣路已经修到了镇里，来来往往的车和人也多了，她想也在镇上做一间或者租一间门面，到沙市去进了服装在这儿卖，她相信自己的眼光比当地人都强，她进的服装一定好卖，因为她从来就不是乡下人。这么想时，她听到了一个消息，说乡政府的两层楼招待所想找人承包，因为过去经营不善，亏得一塌糊涂，房间里老鼠成队，床铺脏得没人敢睡，上头来了客人，还得找个体餐馆去开席。"我能做这个事！"她对自己说。过去她在镇供销社干过，她端过盘子，也炒过菜，当时的饮食店与旅社是在一起的。她知道如何收拾房间让客人住得舒服。她对舒服的理解与山里人迥异。她睡过平原上用棉花塞的松软的大枕头，盖过每年一弹的絮。她爱整洁，喜欢叠床，打扫卫生，消灭蟑螂。

为一千块钱的保证金，吴三桂再一次走到兴山那个姓吕的木材商那里。吴三桂又能怎么办呢。她的男人已经被那个骨病折磨了多年，时好时坏，随着年龄增大，很可能会完全丧失劳动能力，又要经常吃药，而她的儿子曼军也得经常吃药，远在老家做临时工的女儿的那点钱如何能用得？女儿总要找个男人出嫁的，她自己用钱的日子在后头。而吴三桂呢，她自己呢？越来越感觉到她要赶快走出去了。有时候，为那个男人清洗创口，为那个发痴的、下雪天也站在屋外面的儿子擦鼻涕和洗内裤，她都快支撑不住了，她有时候真想一脚一迈就跑了，不管他们了。当她说要出外借钱，她的男人蒋明孝一听就火冒三丈。女人经常去找自己丈夫之外的男人，在村里会受到指责。何况，没有不透风的墙，过去的事已有风言冷语传到了蒋明孝的耳朵里。还有一次，小枫明明说在她那儿妈只玩了两天，可吴三桂回来却说玩了三天，那另外的一天她去了哪儿呢？她在神农架这方圆八百里之地无亲无戚。另外，关于上次借钱看病的三百块钱，姓吕的说不用还了，其理由很让蒋明孝怀疑。那一天晚上为钱争论得面红耳赤；吴三桂本来不想明说是去吕老板那儿借钱的，后来她想说出来还强些，只管理直气壮，不藏着掖着，哪知蒋明孝并不相信这些。他说："穷就穷，穷总比卖 × 强！"

"你说什么，那你是强奸犯！"吴三桂没什么怕他了，她把自己的生命给了他。这些年，他除了没有打她以外，什么也没给她。而她并没有在这种恶劣的环境中沉沦下去，让自己的生命黯淡下去，混同于一个八人刨的乡下的家庭妇女，不让自己邋遢，不让自己麻木，不让自己成为一个可怜之人，虽然她时常都可能成为一个让人怜悯的人，但是她不能够，不允许自己这样。她面带富庶的平原人的微笑，抹雪花膏，勤洗勤换，不像别人把鸡笼放在堂屋里，不让苞谷虫往床上飞，墙上贴有年历画像，用大号的电筒，穿套鞋，用T恤配牛仔裤，等等。我可怜吗？比我更可怜的大有人在，所以我不可怜，我要快乐，总有一天……这一天不是有希望在招手吗？

"我不是为了我，为了我自己我早跑了，管你们这些残兵败将！"

当蒋明孝在劝阻无效，自尊心受到损害时，摔碎了一个很漂亮的青花汤碗，含着泪收拾碎片的吴三桂这么说。她相信她是对的，不跟他计较。

"离婚都可以，我不怕，何况我们根本没扯结婚证，十几年，不过非法同居了一场，我还有在老家的城镇户口，你甭想吓我。我不为自己，我这辈子该受的罪，也不怪别个。"

吴三桂在鸡叫三遍的时候，点灯炒了一碗枯现饭吃了，小声地做着，然后给猪把食，给牛喂水，趁天没亮，打着电筒，踏上了去兴山的路。蒋明孝并没有赶来阻拦闹事。那个早上她是下了巨大的决心的，心中充盈着一种激励和力量。早晨的浓雾尤其寒寂，人像走入一个四面失火的环境中，似乎你永远也走不出去了似的。头上的树丛滴落着露水，有野猪或者别的野兽在两边林子里走动。村庄就那么在后头了，往外的路总是有一种永不熄灭的诱惑，不管千难万险。她那时候忽然想，人在这儿就等于是一个鸟窝，天一亮，人应该飞出鸟窝去觅食，愈远愈好。可是，这儿的人觅食为什么总是要在这周围转悠呢？他们为什么要圈囿自己，他们内心里为何有一种与生俱来的外出的恐惧？莫非他们都是树托生，不肯挪动半步？

一千块钱，她想着的是让吕老板算一股，作为投资，反正那招待所是跑不掉的，赚钱没赚钱，找这儿的镇政府一问便知。如果他现在不在乎千把块钱，只答应还钱便也行了。到时候，她要当着男人的面，还下这笔钱。再呢，她害怕他不再借钱给她，他也许找到了另外年轻的女人，嫌她老了……

一切都证明在漫长山路上的胡思乱想是多余的，她，吴三桂——这个女人是有魅力的，这是一个与众不同的女人。她坚持让他作为入股。她给他讲着那美好的生意前景。镇上不光有公路通过。镇旁边还发现了一个大溶洞，报纸上都登了，是一个巨大的、从没有人走穿的溶洞，估计二三十里路，这儿要开发成旅游区啦，将是神农架新的景点，来来往往的各级领导都招待不赢。姓吕的并不关心这个。他听着她谈着，一种不怀好意的淫荡的目光里突然闪现出一丝儿理解、贴近和怜爱。这个一身铜臭味的人在审视什么，又在打什么鬼主意呢？她听见那个姓吕的这么说："算了吧，三桂，我知道你也可怜，你这辈子害在了蒋明孝手里，"他说，"你说这多有什么用呀，快拿了钱去买一双鞋吧，看你鞋上的泥巴！"吴三桂拿着钱出来的时候，还是坚持说："你也算一股的。"姓吕的挥手让她走了，让她去买了鞋再说。吴三桂在商场买了一双二十块钱的便宜的胶鞋。她在商场外的台阶上换下她那一双爬山的泥糊满面的旧胶鞋时，心想我咋没有觉得我是穿的一双见不得人的破鞋呢？我是不是不自觉地开始过山里人的生活了？虽然我一再警醒自己，可是，在那些有钱人的眼里，我是不是又老又旧，成为山里的婆娘了？吴三桂一边抹着泪一边换鞋。好半天，她系着鞋带子，跺跺脚，穿上新鞋，心里轻松了，流了泪，心里也清爽了，望着街上热闹的人与车，穿着漂亮新潮的人们，年轻人，中年人，她没有太多的悲观，就是有，伤心，也是一时的。“走着瞧吧。”她说。她又说：“算了吧老吕，我断送在谁手里？我哪个也没有断送在哪个手里，我还是我，活到现在我知道我怎么活下去了。”一路上她对自己说。

大概到了第四个礼拜吴三桂就把蒋明孝和儿子曼军接到镇上去了。她做事真是风风火火，不到一个月，就把招待所搞顺了。她请了两个非常能干的人，一个厨房的大师傅，善做火锅，而她自己则善做一些酱菜；另一个是个妮子，很能干，有住宿的招待住宿的，还在餐厅负责上菜、摆碗筷，手脚勤快，人也灵醒。然后呢，将所有窗户的玻璃都换好了，所有水龙头开关修好了，所有的抽水马桶也正常了，所有的被子、垫絮，请了一个弹匠，全部弹过一遍，杯子洗得不留一点茶垢，房间没有一点蛛网。再然后呢，从并没有禁山禁猎的周边县里弄来了一批野猪肉、麂子肉。放了大把从八人刨搞来的野山椒，自制的豆瓣酱和大把野葱的野味火锅，不仅让住宿的客人吃得满意，上头来镇里的人，镇里的头头脑脑，谁吃了都会不由自主地再一次请客时往这里走。蒋明孝来之后可以帮忙择菜，劈柴火，收收拣拣，也可以把儿子照看照看，免得他到处乱跑。儿子曼军现在是很安静了，在招待所看那台唯一的黑白电视机。对电视的好奇使他坐在那儿像一个听话的学生。他能认识自己的父母了，能吃，能讲卫生。晚上的时候，偶尔还是要抓住母亲吴三桂的耳朵才能睡着。

试营业的三个月已经摆脱了亏损，然后，就是完完全全的承包了，订了合同，一订五年，合同上写明五年后吴三桂继续承包有优先权，除非本人放弃续包。招待所的招牌已经改过来了，改成了由县城专门制作的烫金招牌：大溶洞饭店。吴三桂还把后院开放，成为了镇里通往县城的汽车停靠点。这样，她的饭店俨然成了镇的中心。她还在合同上承担了五六个镇委机关的单身汉们的生活——饭店成了他们的食堂。这些远离家庭的小伙子们，十分高兴与这个“吴大姐”或者“吴老板”同吃一个火锅。她给予他们诸多的照顾，免费为他们供应苞谷酒，以最便宜的价钱让他们与她像一家子那样，往一个大杂烩火锅里撮筷子，然后大家吃得汗冒额头，饭后以烟相赠。至于洗衣服呀，钉扣子呀，更不在话下。休息时，打来了一些石鱼，也拿来一起煮了下酒。

噢，可真是累人，什么时候，她成为了一个忙得团团转并且很有本事的女能人啦？什么时候，从哪儿走出来的？一个在八人刨村里守着日落月沉过日子的外乡人，一个没有户口的，被人胁迫来的女人，一个命运不济，穷得发抖的女人。她很高兴每天看到镇上各个单位的头头脑脑们，有钱的个体户们。看到他们在这儿啃野猪肉喝苞谷酒然后签个单子就走。看到他们没一点架子给自己的那个坏了腿的男人敬烟，说：“老蒋，来——”然后大家都互相把烟点燃。在点烟的时候，那种像水一样流动的友情无孔不入地萦绕在大溶洞饭店的客厅里和台阶上。司机也来这儿吃饭，也喝一瓶啤酒，吴三桂说：“师傅，给我带十斤牛肉，三斤鱿鱼回来。”去县上的班车师傅“嗯”了一声，也不需先给钱，东西回来了，再给算账。或者不算账，反正师傅售票员是常吃并住这儿的；县里来的班车，总是晚上得歇一宿，然后再早晨装人了开车回去的。她确实很累，可是，当来了一个陌生的人说住宿，那人同她微笑的时候，给她说后山的山好高，有没有野人与野兽的时候，她就很高兴；厨房的砧板响，锅铲响，火锅满满地冒着热气端上那些互相礼让、客客气气、谈笑风生的大圆餐桌时，她就很高兴。她高兴起来了还会跟他们喝一杯。那些人——还包括镇长说：来，吴老板，我敬你一个（杯），吴三桂就会大大方方地过去，还带点成年妇女的撒娇与放荡与爽朗与主人姿态的复杂表情，说：要喝就喝个鸳鸯杯。勾了手，一饮而尽。若是有上面来的领导？她也不怕，省里的、市里的、县里的，甚至北京来的大记者大干部，她都不怕，不怵，一样当着他们的面笑谑地与镇领导们喝鸳鸯杯。“你跟多少人配了鸳鸯？”他们笑着抹了髭上的酒水说。“我只跟我们家蒋明孝配了鸳鸯。”“原来咱们都是假的？哈哈！”“来真的你也不敢。党不管你你家里有老婆管你。好好，你们慢用，你们慢用，我去忙去了。”她说着就走了。恰到好处的时间走了。留下那些继续喝酒的人对她的背影议论说：“一个能干的女人。”并且对初来的外地客人小声介绍说：“这是被咱们这儿一个农民强迫带过来的，人家是有城镇户口的。十几岁就跟了他，一辈子竟没有跑掉，就在这里了。”然后指着那个腿有点瘸的汉子说：“喏，就是那个。”外地客人看了，大家都不住地叹息，说：“这世上的事就是怪，能做她爹么。”

吴三桂当然不知道别人在怎么议论她，她没有闲空想这些了。又过了半年，一切都顺畅之后，还掉了姓吕的一千元钱之后，她决定把女儿小枫接回来，帮她打理饭店的里外事情。过去的事已经过去很久了，这个世界就是这样，风头一过，一切平静。她相信人们的遗忘，还有原谅的心。一个好人总会这样的，你并没有侵犯他们，仅仅是一件别人的事情。而且，女儿灿烂的微笑，姣好的面容，小眉小眼的稚童般的举止，一定会让人喜爱多于议论。我的小姣姣，我喜欢她，那些事又怎么样，有钱加能干才是让人佩服的根本，一切我都不在乎了。

这一次，轮到她的老父亲吴忠反对了，他极力反对女儿将外孙女弄回神农架去，他有几分把握可以将外孙女的关系转正，但是吴三桂执意要让女儿回来。旅游开发的热潮正在这因过度砍伐而一度沉寂的神农架掀起了，有许多背着包的山南海北的人莫名其妙地走到这里，走到大溶洞，在吴三桂的饭店里歇脚，有时半夜时分还有人拍门，不知他们是如何在山里窜的，就跟很多年以前这山里的野兽一样——现在这野兽们没了，瞎窜瞎跑的游客却多了，真是世事难料哪！

女儿回来，给大溶洞饭店增添了一道闪亮的风景。这不是吹的，女儿像一朵永远开放的鲜花，像一朵行走的花朵。女儿在冬天因为指挥人卸菜卸炭时擤鼻涕的姿势都是优美的，因天寒脚冷跺脚的姿势都令人看了想入非非。这个妮子呀。她回来之后，整个小镇一条街的女娃子们的服装都要变了。她们不认识这个小娘们，哪儿来的小妖精呀，八人刨的，可她有多洋气，她是从平原回来的，人家在城里（！）干过，人家的外公是城里人。哈哈，小枫，就是这么成了她妈的最好的帮手，心灵手巧，会做生意，会待人，不会吃亏，又不张扬，安安静静，甜甜蜜蜜。现在肯定是这样的，谁也不会骗到她了，她经过了，她有身边父母的靠山，很近很近。在镇上，吴三桂成了纳税的先进个人，成了全县的优秀个体户。事情的结局就是这样的。她准备将这个饭店贷款了买下来，已经有了意向，这个新兴的小镇，人也越来越多，门面也越来越多，饭店也越来越多，虽然比不上她的规模。至于户口，镇上的百分之九十九的人是周边乡下的户口，还有一些从外地来的生意人，卖衣的，卖药的，开餐馆的。她已不在意户口不户口的了，户口对她已经没有了实际意义。她把家从八人刨全搬来了，几亩责任地和一块山林交给了蒋明孝的弟弟代管。房子呢？八人刨的房子锁住了。两年以后，她回去过一次，那是蒋明孝的叔叔过世。她一定要去，蒋明孝要她别去，可她坚持要去送送这位叔叔。她不会忘记在她第一次被强行带到八人刨那个老山坳里时，那一双善良的眼睛和一碗热气腾腾的野猪肉。叔叔那儿透给她的一点人心善良的光，才是她没有绝望的根由。她让人背去了二十盘万字响的鞭，一套西服加皮鞋作为寿衣寿鞋，并在镇上请了最好的丧鼓歌师。还挑去了一大担猪肉，海带和海味。这是一个寒冬的季节，神农架的游人也少了，上面来的领导也少了，饭店的生意也少了，吴三桂才得以抽身。雪下有三尺厚，道路不清，山皆覆白，落叶乔木全落尽了叶子，一副灰不溜秋的秃子影像，只有红桦树露出它们的红通通的皮骨，显得有点生气。死寂沉沉的八人刨因死了一个老人更加苍茫无声。可是吴三桂的到来和操办使这里的人知道了什么叫排场。一个孤老头子，他的侄媳妇为什么待他这么好？生前就待他不错，好烟好酒都是从镇上搭回来的。这是为什么啊？那些人不知道，吴三桂却要这么做。鞭炮声把四周山上的野兽都炸跑了，把所有的鸟都炸惊飞了。千百年的鬼魂都炸得没影了，人们的胆大了，兴奋了，都跑过来看热闹，闹丧，吃喝，八人刨成了狂欢的场所，一个老人的死亡成了前所未有的狂欢节日。这个死人哪有这么好的福气呀。吴三桂没有说什么，她什么也没有说。蜡烛、纸，不停地烧，鞭不停地炸，把叔叔热火朝天地送上了山。

那个寒冷的夜晚，吴三桂比蒋明孝多在自己的空屋里住了一夜。她没要火，她偎在被子里，两间房子里就她一个人，空空落落的到处游荡着山精木魅的鬼影。山里的夜晚安静得像地狱，寒鸦从冻僵的梦中醒过来，时常“哇”一两声，接着是风，风吹打着结冰的竹园和树枝，又吹打着薄膜幔着的窗户，月亮倒是格外地亮，照得窗外一片银白。她先想到的是，在镇上买一个地基，做一个楼房，或者买一栋旧房也可以。房子是非常重要的，有了房子，就有了家，家就可以说完全安在镇上了。她的心情如此平静了吗？一晃，老人们都死去了，而她将成为又一代老人？不不，时光是非常缓慢的，她想拉住时光，她感到她现在有一股劲，用一点儿力量就把时光的尾巴拽住了。这是她很释然的一点。现在，时光开始越来越慢了，她可以从从容容地过她的生活，谁都不求，谁都不靠。靠的是自己的双手和头脑。

早晨起来，她用冷水洗脸，锁好了房子，把钥匙放在了蒋明孝的母亲手里，像往常的任何一次出门一样，甩着手，往半山腰的通往峡谷外的路走去。一切都是那么亲切，没有了初来时的恐怖和以后漫长难熬的焦躁。喃，这里是她的家，她的另一个家，这一辈子最真实的感觉。而十七岁之前的所有感觉都不真实了，像一场梦。你看到树、墙、石潭、哪家的狗、篱园、坟山以及荒草，那都是与你的家紧密相连的。她感觉到她还会一次一次地回来，并且深深地喜欢上了这里。因为，周围的空气里有一种叫着“亲切”的东西。她很想奔跑起来，脚下很有劲，石头、峡谷的深旷以及一些未凋的乔木都在往她的脚板下注入力量。她穿着长筒牛皮靴，围着长长的、厚厚的羊毛围巾。她背着一个非常小巧的花背篓——这是山里人的标志。她就是山里人了，她感觉到那个背篓贴在背上，背绳箍在肩上，就像一个可爱的孩子攀趴在她的肩头。就是这么，这个人在山路上独自高兴地走着，像一个极不起眼的行路人，从她嘴里吐出的大团大团的热气在她面前马上就消散了。她下到谷底，再翻过一大块有人烟的田畴，你完全不知道，她在笑着向哪个熟人招手哩。

白眼狼

在铜鼓垭上，最有名的打匠曹某，人称九眼狼，什么猎物也难逃他之手。据说猎物见到他，就不跑了。打匠会兽语，问猎物为何不跑，猎物说：跑也是一死，就不跑了，落得个痛快一死。你点哪儿我让你打哪儿，留张整尸去见阎王。曹打匠就打眼。可伐木队的人悄悄传李山顺，说他是白眼狼，特别是女工。

李山顺其实是个很不起眼的人，有点邪秽，眼斜，看人时黑少白多，看到兴致处，就只剩下一片白了。这人没有能耐，却性功能亢进，吃了萝卜晚上也会硬绷绷的。大家看他半夜赤着下身去拉尿，有点恬不知耻也有点炫耀的意思。

李山顺没老婆。老婆是被他搞跑了的。李山顺每年回家两趟。伐木工都是每年回家两趟。李山顺回家后要把老婆搞三天三夜，然后休息三天三夜（大睡），再然后搞三天三夜，老婆搞成一堆骨头了，他就回神农架伐木队了。老婆忍无可忍，与他离了婚。

因为性功能亢进，干活儿也亢进，热起心来，就像条春天的狗，连主人的卵子都想舔几口。队长就让他去修洗澡棚——这可是累活儿，白手起家，一切要自己动手置办。可这难不倒他，他高兴地接受了任务，将地址选在靠北边的悬崖上，离他的床铺只一墙之隔。起先大家看他去悬崖又是砍竹子又是砍树枝，就吓着了。后来又看他站在悬崖上绞架子，上铁丝，从崖下吹上来的风把他的裤子鼓得像一个气球，都为他捏了一把汗。可他干得得意。山上的风本来就大，靠北的崖上面，人在里面洗澡，就跟冰窟洞里洗澡没两样。人还危险。他搭那棚子还得支架子，像吊脚楼一样。就是吊脚楼。这让队长好生纳闷。我们看见队长腰里挂着的那个洋瓷碗叮零咣啷响着爬上悬崖去质问他，为何要把澡棚修到北面。大致是这个意思；因为队长表情阴沉，不爱说话。他是个南下干部，肺和睾丸都中过枪，指指点点总是一些不顺心的事。我们认为他是在质问。后来就听见风中传来李山顺的说话声。我们只听到了一个大致的意思：

——南边那空地不是要办活动室的吗？这里好，这里好。

两个人在悬崖上指手画脚，两个人被风鼓着。最后以李山顺的胜利告终。似乎队长也不想太干预这件事。而胜利的李山顺干活更卖力，甚至把自己更惊险更漂亮地吊在悬崖上，像一只鼯鼠。

这一切，这用他生命换来的一切，谁知道他只是想看一眼女工洗澡呢，当然，女工中他又更想看的是江红英洗澡。

李山顺在女工洗澡（逢双日）时就把油毛毡戳一个洞，往洞里瞄。所谓“墙壁”，就是一层油毛毡。那天江红英洗澡，就感到有一双眼睛在盯她，背上凉飕飕的。她捂着光胸脯往油毛毡壁一看，看到了一双白眼，白呲呲的像鬼眼。

江红英可是伐木队最稀有的人，脸红得像鸡油菌，光得像太阳。拿男工女工一致的话说，她就是“受看”，而且丰满，屁股不大乳房大，而且长得很上，像从来没有人碰过似的。因为父亲是右派，政治不过关，没有去宣传队。但总场宣传队的来演出，没一个比得上她。看了她，凡是来神农架伐木的女工，都只能算是歪瓜瘪枣，没长成器。

江红英洗澡出来，身上的水还未揩净，一个劲抖。追看江红英的还有队长。队长就迎上前去问她是不是水太凉，是不是风太大，让她别感冒了。可江红英吓得说不出话，队长见她像碰上恶鬼了似的，就追问她，想问出点生理上的事来，因为队长认准了她。虽没有说出，但他想调回山东烟台时一定要把她拐带走的。

队长一追问，江红英就把澡棚的事说出来了。队长看着江红英那烟台苹果一般的脸，就想着战略战术。就不动声色地给江红英备下了一根粗铁丝，交给她。

这事在队里没声张。

过了几天，又轮到女工洗澡时江红英也在众目睽睽下爬上悬崖的澡棚。

江红英当然还是发着抖，可粗铁丝戳进那油毡洞里去之后还没能离开，还抖得直搅和，就像在给自己壮胆一样。

男工人宿舍里就出现了一声像是落下万丈悬崖的惨叫，叫声鲜血淋漓。大家那时候正在外面干活的干活，吃饭的吃饭，打牌的打牌，聊天的聊天，就见李山顺捂着眼睛从工棚里跑出来，满手的指缝里往外喷射着血水。大家还没明白是怎么回事，队长就逮住了他，说是要办一个“乌龟王八蛋”的学习班。

我们看到队长把因为血糊了眼睛而踉跄的李山顺逮进长满白霉菌和田三七草的办公室，受伤的肺一起一伏，用我们听起来有些遥远的、土麻拉叽的胶东话说：

“你这个乌龟王八蛋——知道吗，今天要办一个乌龟王八蛋学习班，我要坛子里捉乌龟，一个个抓你们。老子今天当一回乌龟头。写检查——”

学习班还有两个人，是两个偷吃了炊事班海带的工人，此刻在一个角落里大气不敢出，脖子上围着又长又宽又透亮的海带，就像扎着花环的西哈努克亲王。

血和墨汁儿似的东西从李山顺手缝里流出来；先是红的，后是黑的，就像他捏破了一红一黑的两个墨水瓶。他说：

“队长，让我去看看……”

“看看？”

“到山下去，医院看看。”

“不想写啊？”队长反问说，队长有些气急，“这是乌龟王八蛋学习班。”

“我眼睛看不见了……”李山顺倒很平静，手撑着头和眼部。

“你很好，还一只嘛，白眼狼，眼就跟狼心狗肺一样的——就画个龟头，下面画条狼尾巴，写上你李山顺的名字。”

队长的脸是乌紫的，憋着一口气，在屋子里来回走动，并且摸腰间——那里只一个洋瓷碗。他是摸枪，然而没有了。他这时在抽屉里找东西，找出一支粗粗的自来水笔，摔到桌子上，像摔别人的东西，对浑身血淋淋的李山顺说：

“写呀，写呀，写呀！……”

李山顺坐在那儿用沉静来等待队长的回答——改变态度。

“我眼睛……”

他喃喃地说着这句话时，一个东西从手指缝里掉了下来，是颗软绵绵的破烂的眼珠子！刚才江红英那一下搅得惨了。

队长马上就看到了，他愣了一下，好像打了一个寒战，在寒战中肯定了那个东西是啥东西，浮肿的嘴唇启动着不知道接下来该怎么说。可他说了：

“捡起来！”

李山顺当然得要捡起来。眼珠子掉到地上了，那是属于他的，他身体里的一部分。他在捡拾时看队长的举动，生怕队长因为失去理智，上来一脚把它踩瘪了，踩到泥巴里面去。他那一只好眼在窥视着，不敢贸然行动，不敢去捡，甚至向对面的队长传达出一种要淡化的意思：掉了就掉了，掉下的就算了。

“捡起来放回去。”队长说。

李山顺听到这个话，这是一个能让他接受的动作。队长没有失去理智，虽然——李山顺看到队长因为肺部在燃烧，抓扒着自己的衣领。李山顺就弯下腰去，把那破烂的眼珠子捡起来，用袖子揩了几下上面的泥巴，小心翼翼，生怕碰疼了似的，又放在嘴边吹了几口，就把它慢慢地往眼窝子里按进去。

李山顺没有叫，就像在戴一副眼镜一样。他不想让人看到他的短处。他按着那随时会掉下来的眼珠子，说：

“队长，让我去一下医院吧。”

“不行！你还晓得去医院的吗？你这个乌龟王八蛋！你这是罪有应得！乌龟王八蛋的学习班才刚刚开始。”队长满脸大汗。这是给李山顺也是给屋外面看热闹的工人们说的。

李山顺这时好像完全坍塌下来了，开始发抖，像山猫一样呜呜哼叫，所有的头发都竖了起来。

这个时间有一个冷场，是李山顺尽情表现的时候，这个时间拉长，显然对队长不利，因为这使人觉得他十分残忍。而从事情开始时，从李山顺捂眼跑出来时，大家是对他愤恨的，一个流氓，一个坏蛋，如果那时队长一声令下让大家去剁李山顺鸡巴，把他五马分尸，大家也会一拥而上的。可是李山顺现在这样子，让人感到恐寒，惨不忍睹，李山顺假装的坚强和无事终于瓦解了工人们，特别是那些曾十分恨李山顺的女工们油然生出了恻隐之心，有人就嘀咕说赶快送医院吧。显然队长也找不出下一招出彩的招数。这时候一个外号叫“省长”的退伍军人救了队长一驾，他“跳”了出来，就算站了出来吧——

“把白眼狼李山顺捆起来！”

可是这一声呐喊，只能让李山顺那惨兮兮的情景更凸现，就像从炒锅跳到油锅。李山顺油煎的面孔越来越乌紫，眼眶子的血直往外流，好像挖穿了一个泉眼。另一只好眼眼白越来越多，就像马上要翻死过去一样。这时候，大家都在疼痛中踟蹰时，人群中的江红英突然扒开大家就冲了出去，飞也似的向山坡上跑去，像一只通红的兔子。那时候有晚霞。森林里已一片烟霭。

江红英的一跑，情形就有些乱了，大家都离开了办公室门口，许多人去追江红英，怕她有个三长两短。后来……反正李山顺还是被送下山去了医院。而江红英也被人从山上找回来了，并且把她劝慰住了。

晚上大家围着火塘，不分男女还是议论着白天的事，队长安排重修澡棚。有人就说李山顺家伙是大，有人夸张地一比比黄瓜还长。比画的人辩白说：就是嘛，有人给开了玩笑，量了，三把搭一抓。有人给队长说那东西就是资产阶级享乐思想的祸根。队长却说：“东西是靠人掌握的。他家是雇农，我查了档案的。”

接着就有人说到李山顺之所以这么，是练过铁裆功，是铁裆功害了他。有人说李山顺亲口说的，三岁就吊五斤的铁砣，到了十七八岁，可吊十五斤，硬起两个小时不软。说李山顺爹可吊四十斤，他爷爷到了七十岁，还可吊二三十斤不弯。

气氛就活了，男男女女哈哈大笑，可没注意队长的脸这时霎时变了，气在肺部鼓蹿，只见队长站起来大骂说：

“扯鸡巴淡，快去睡去，明天伐木！”

大家恍然想到队长是个独卵，这不是在揭短，嘲笑队长吗？大家战战兢兢。

可是也没再发生别的什么，队长依然像过去一样，领导和忧郁。

过了大约十来天，一个阳光金爽的日子，伐木队依然在伐木，依然喊着“顺山倒”。林子里，依然飘散着油锯锯出的树脂浓香——初来的人会被这香气醉倒，这叫着“醉木”——四处都飞散着香喷喷的并且新鲜的锯末啊。李山顺就回来了，一只眼睛是黑的，坍陷了。大家以为他不会回来了，可他回来了。而且像没事一样的，腰里挂上烟袋和洋瓷碗，还挂上镰刀（砍灌丛枝子和杂草的），就去伐树，还喊上了他的两个徒弟。

没有多久，就听说队长要跟江红英结婚了。

那一天晚上大家吃到了糖果，还喝了酒。听房的人听到那一夜队长与江红英的新房里那张床响了一夜，就像房里在搬床拆柜。婚礼上队长说了，江红英出身不好，这不要紧，婚后我们要一帮一，一对红，要争取解放她最后解放全人类。听过房的人回到工棚对大家说：山摇地动的，解放一个人也不至于如此吧。

早晨起来，大家看到队长的眼睛干巴巴的，无眼屎。江红英脸上有咬痕。两个人都不滋润。这让大家很诧异。

半年之后队长调走时却没能把江红英带走。后来——大家知道了，终是队长性无能。那新婚之夜的闹腾原来是假做的，做给听房的人听的，江红英的血，听说是队长后来恨不过，用手抠破的。后来江红英嫁给了白眼狼李山顺。

这是一种赎罪么？也是，也不是。可明明——大家知道，是李山顺在林子里捡菌子时，强奸了江红英。江红英先是不肯，又踢又抓又咬，后来就肯了。江红英的父亲是宜昌大医院的医生，给李山顺装了只假眼，是狗眼，黑白分明，比过去他黑少白多的本眼强多了，看起来很正派。李山顺的那个眼眶上，常年汪着一圈猪油，他人细看才看出是只不能转动的假眼。

李山顺每天早晨乐呵呵地端着江红英的尿盆去悬崖上倒尿，然后再给江红英打一盆洗脸水回去。李山顺是个文盲，后来能看报了。江红英为李山顺生了三个雄赳赳的儿子，生活过得十分幸福。

图书在版编目（CIP）数据
神农架. 独摇草 / 陈应松著. 一北京：中国工人出版社，2019.6
ISBN 978-7-5008-7195-8
Ⅰ.①神… Ⅱ.①陈… Ⅲ.①中篇小说一小说集一中国一当代
②短篇小说一小说集一中国一当代 Ⅳ.①I247
中国版本图书馆CIP数据核字（2019）第102945号

洋葱 STUDIO
智识 | 趣味 | 无用之魅

神农架. 独摇草

出 版 人 王娇萍
责任编辑 宋 杨
责任印制 黄 丽
出版发行 中国工人出版社
地 址 北京市东城区鼓楼外大街45号 邮编：100120
网 址 http://www.wp-china.com
电 话 （010）62005043（总编室） （010）62005039（印制管理中心）
（010）62379038（社科文艺分社）
发行热线 （010）62005049 （010）62005042（传真）
经 销 各地书店
印 刷 三河市文通印刷包装有限公司
开 本 880毫米×1230毫米 1/32
印 张 12.25
字 数 180千字
版 次 2019年9月第1版 2019年9月第1次印刷
定 价 46.00元